독일 혁명

18
8
4

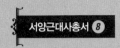
서양근대사총서 **8**

독일 혁명

1848

Die deutsche Revolution von 1848

김 장 수

푸른사상
PRUNSASANG

19세기 초반, 상당수의 유럽 군주들은 프랑스 대혁명(1789)과 같은 미증유의 대사건을 목격했고 거기서 비롯된 갖가지 후유증도 실제로 경험했다. 그런데도 이들은 여전히 계몽사상에 부정적이었는데 그것은 보수주의, 즉 이전의 질서체제가 다시 우위를 차지한 데서 비롯된 것 같다. 이러한 상황에서 일부 군주들은 솔선해서 계몽사상을 실제 정치에 반영하려 시도했지만 그러한 시도는 절대왕정 체제의 기본적 골격에서 벗어나지 못했다. 따라서 유럽의 군주들은 개혁과 같은 온건한 방식으로 당시 제기된 문제들을 해결할 기회를 잃게 되었다. 그뿐만 아니라 이들은 혁명이라는 과격한 상황과도 직면하게 되었다.

일반적으로 혁명은 기존 질서체제를 인정하지 않으려는 속성을 지녔고 그러한 것은 근대사의 여러 혁명에서도 쉽게 확인된다. 여기서 혁명에 대해 몇 가지 의문을 제기할 수 있다. 첫째, 혁명이란 단어가 언제부터 사용되었는가? 둘째, 혁명의 개념이 어떻게 정립되었는가? 셋째, 혁명은 언제 발생할까 등을 살펴보아야 할 것이다.

혁명(revolutio：revolve의 명사형)이란 단어는 로마 후반기부터 등장했는데 '치받음' 또는 '뒤엎음'이란 의미로 사용되었다. 근대에 접어들면서 혁명은 천문학 분야에서, 즉 케플러(Kepler)가 행성들의 순환 및 규칙적 회귀를 설명한 이후부터 그 사용이 보편화되었다. 그러다가 15세기 후반부터 혁명이란 단어가 정치적 분야에서도 사용되기 시작했다. 그것은 현실사회의 모순적 상황에서 이전의 정상적인 상태로 복귀한다는 순환론적 역사 인식에서 벗어나지 않을 뿐만 아니라 역사적 변화를 인정하고 그 변화의 궁극적인 목표가 인간 타락 이전의 낙원으로 회귀한다는 기독교 사상과도 일치했기 때문이다. 따라서 당시 개념은 오늘날과는 달리 순환론적인 측면만을 강조한 것 같다. 이렇게 혁명을 순환론적 변화로 파악하던 개념은 18세기에 접어들면서부터 바뀌었는데 그것은 명예혁명(1688)을 단순한 사건이 아닌 장기간 지속된 변화의 종결점이자 특정 상황이 합친 응축된 사건으로 인식한 데서 비롯된 것 같다. 영국 사회는 명예혁명이 끝난 후에도 새로운 정부, 새로운 사회를 만드는 일련의 과정을 경험했다. 1776년 아메리카 혁명에 이어 1789년 바스티유 감옥이 습격당하면서 사람들은 혁명이 무엇인지를 실제로 목격했다. 변화를 인식하는 과정에서 프랑스 대혁명은 결정적인 계기를 제공했다. 특히 프랑스 계몽사상가들은 이러한 인식 정립에 크게 이바지했다. 디드로(Diderot)는 『백과전서(Encyclopédie)』에서 "혁명은 정치적 용어이며, 한 나라에서 일어난 중요한 변화를 지칭한다."라고 정의했고, 몽테스키외(Montesquieu)는 "프랑스 정치체제의 근본적 변화 또는 법 집행의 큰 변화"를 혁명으로 이해했다. 이제 사람들은 1688년의 영국, 1776년의 아메리카, 그리고 1789년 프랑스에서 일어난 사건들이 연속적으로 전개되는 역사의 특정한 계기라는 인식도 하게 되었고 그것을 정의하기 위해 혁명이란 단어를 광범위하게 사용하기 시작했다.

그렇다면 혁명은 어떤 상황에서 발생할까? 이 점에 대해 미국의 역사가 데이비스(Davies)는 1962년에 발표한 논문인 「혁명이론을 향해(Toward a theory of revolution)」에서 언급했는데, 그것에 따르면 사회구성원의 기대치(정치 및 경제적 측면)와 실제 상황 사이에 극복할 수 없는 격차가 있을 때 혁명이 발생한다는 것이다. 혁명이 발생한 후 그 진행 과정을 연구한 학자들도 있는데 브린튼(Brinton)이 그 대표적인 인물이었다. 브린튼은 1938

년 방대한 자료를 토대로 영국 혁명, 미국 혁명, 프랑스 대혁명, 그리고 러시아 혁명에 대한 비교 연구인『혁명의 해부(Anatomy of revolution)』를 출간했다. 여기서 그는 혁명의 진행 과정을 다섯 단계로 분류하면서 일반적이면서 세분화된 혁명 모델도 제시하려고 했다. 브린튼이 제시한 첫 번째 단계에서는 혁명적 위기를 합법적 방법으로 극복하려는 개혁주의자, 즉 '온건파'의 지배가 나타난다. 하지만 이들이 '극단주의자들의 권력 장악'에 의해 밀려나면서 정치적 전복이 완성되는 두 번째 단계가 전개된다. 이러한 상태는 세 번째 단계인 '공포정치'로 이어지는데, 이는 다시 '반동의 공세'를 불러일으키는 네 번째 단계로 접어든다. 다섯째 단계, 즉 최종 단계에서 혁명의 성과들은 제한된 중앙집권적 '무단정치'를 통해 지속적으로 모습을 바꾸게 된다. 이러한 브린튼의 혁명 모델은 관심을 유발하기에 충분한 것이지만, 이 모델을 도출한 프랑스 대혁명에만 일치하는 한계성도 가진다.

1824년 프랑스 국왕으로 등극한 샤를 10세(Charles X)의 보수 · 반동 정책은 사회구성원의 기대치와 실제 상황 사이에 극복할 수 없는 격차를 유발했고 이로 인해 7월 혁명(1830)도 발생했다. 이 혁명의 영향으로 벨기에 및 폴란드에서도 독립운동이 진행되었다. 이러한 상황들, 특히 폴란드인들의 독립운동은 그동안 보수 · 반동적 정부의 탄압 및 규제로 활동이 중단된 독일의 지식인 계층에게 적지 않은 자극제 역할을 했다. 이제 이들은 민족 통합의 필요성을 다시금 인식하게 되었고 그것을 위해 그들이 무엇을 해야 하는가도 파악했다. 점차 이들은 기존 질서체제의 문제점들을 지적했고 그것들의 타파가 필요하다는 것도 역설했다. 아울러 이들은 기존 질서체제, 즉 절대왕정 체제를 대체할 새로운 정치체제의 도입을 모색했고 거기서 신문이란 매개체를 활용하여 자신들의 관점을 피력하기도 했다. 물론 이러한 시도가 독일 전 지역에서 동시에 이루어진 것은 아니었다. 그러나 남부 독일에서 시작된 이러한 시도는 점차 독일 전역에 지대한 영향을 끼쳤으며 그 일례는 '독일언론과 조국연맹'이라는 단체의 활동에서 확인된다. 독일의 현실적 상황을 독일인들에게 전달하여 독일에 대한 그들의 관심을 증대하겠다는 목적에서 비롯된 이 단체는 점차 전국적인 조직망을 갖추게 되었고 그것은 메테르니히(Metternich)를 비롯한 당시 독일 위정자들이 두려움을 가지게 하는 요인으로도 작용했다.

'독일언론과 조국연맹'은 당시 반메테르니히주의자로 간주하던 비르트(Wirth)와 지벤파이퍼(Siebenpfeifer)에 의해 운영되었다. 특히 지벤파이퍼는 독일 통일의 당위성과 정치체제 개혁을 논의하기 위한 (정치적) 축제 개최도 제안했다. 당시 축제는 정부 허가 없이 참여자들이 자유롭게 그들의 정치적 견해를 제시하거나 조율할 수 있는 유일한 방법이었기 때문에 종종 활용되곤 했다. 이러한 제의를 접한 독일의 지식인들은 전폭적인 지지를 보였을 뿐만 아니라 축제가 원만히 개최될 수 있게끔 협조도 아끼지 않았다. 1832년 5월 27일에 개최된 함바흐(Hambach) 축제에는 약 2만 명에 달하는 사람들이 참여했고 거기서는 독일권의 개혁과 통합, 폴란드의 독립 문제 등이 중요한 안건들로 부상되었다. 이 축제에 참여한 인사들의 대부분이 메테르니히 체제 붕괴를 독일 통합의 선행조건으로 제시함에 따라 연방의회는 새로운 반동정치를 실시했는데, 이것은 부르센샤프트(Burschenschaft)와 이 학생단체 활동에 동조하던 일부 교수가 1817년 10월 18일 바르트부르크(Wartburg)에서 개최한 축제 이후의 상황과도 비슷했다. 즉 연방의회는 각국 의회가 가졌던 정치적 권한들의 일부를 유보했을 뿐만 아니라 정치단체 결성과 민중집회 개최 역시 정부의 승인 사안으로 채택했다. 아울러 연방의회는 독일 내에서 진행되던 혁명적 움직임을 감시하는 체제도 더욱 강화했다. 그러나 연방의회의 이러한 반동 조치에도 불구하고 독일권을 통합해야 한다는 견해는 저변으로 확산했고 그러한 것은 3월 혁명(1848) 이후부터 더 구체화하기 시작했다.

1848년 2월 22일 프랑스에서 시작된 혁명적 상황은 1830년 7월처럼 라인강을 건너 독일로 전파되었다. 이에 따라 독일 전역에서는 다시금 정치적·사회적·경제적 요구들이 제기되었고 그러한 것들을 실현하기 위한 시위도 여러 곳에서 펼쳐졌다. 특히 1848년 2월 27일 바덴(Baden)의 만하임(Mannheim)에서 개최된 대규모 집회에서 참여자들은 출판 및 결사의 자유 보장, 배심원재판제도 도입, 그리고 전 독일 의회의 소집 등을 요구했다. 그리고 이러한 요구들은 향후 3월 혁명의 주요 목표로 설정되기도 했다. 이후 독일 내 도시 및 지방에서의 소요가 지속됨에 따라 각국의 군주들은 수십 년간 거부했던 여러 개혁 및 헌법을 승인할 수밖에 없었고 구질서체제의 보루였던 오스트리아와 프로이센 역시 이러한 정치적 격랑에서 예외는 아니었다.

1848년 5월 18일 프랑크푸르트의 성 파울 교회(St. Paulkirche)에서 국민의회(Nationalversammlung)가 활동을 시작했는데 여기에서의 주된 과제는 독일 연방을 하나의 통합국가로 변형시키는 것이었다. 그러나 역사적으로 형성된 개별 영방국가들을 그대로 둔 채 강력한 중앙권력을 창출한다는 것은 쉬운 일이 아니었고 통합 방안에 대한 의원들의 의견 역시 일치되지 않았다. 그런데도 국민의회에서 제시된 통합 방안들, 특히 프로이센 주도로 독일권을 통합해야 한다는 소독일주의가 향후 독일 통합의 모델이 되었다는 점은 역사적 과업으로 인정해야 할 것이다. 아울러 국민의회가 제정한 헌법, 입헌군주정 체제를 토대로 자유주의적 여러 요인을 명시한 헌법이 향후 통합 독일 헌법의 모체 역할을 담당했다는 것 역시 간과해서는 안 된다. 그런데도 많은 사학자는 3월 혁명을 실패한 혁명으로 간주하고 있는데 그것은 3월 혁명 이후 개혁의 주도 세력으로 등장한 시민계층, 특히 대시민계층의 부적절하고 소극적인 태도로 쟁취한 혁명적 업적들이 철폐되거나 축소된 데서 비롯된 것 같다.

국내 서양사학계, 특히 독일사학계는 독일권의 통합 방안을 구체적으로 제시한 3월 혁명에 그리 큰 관심을 보이지 않고 있다. 이러한 연구 성향에서 확인되는 것은 3월 혁명이 독일 근대사 서술에서 서너 쪽으로 제한되는 경우가 많다는 것이다. 이렇게 국내 독일사학계에서 간단히 취급되는 3월 혁명은 19세기 독일 및 유럽 근대사에서 적지 않은 위상을 차지하고 있다. 따라서 우리가 독일의 통합 과정을 객관적이고 정확히 이해하기 위해서는 3월 혁명을 도외시해서는 안 될 것이다. 왜냐하면 3월 혁명 기간 중 제시된 일련의 정치개혁과 독일의 통합 방안이 독일권의 실세였던 프로이센과 오스트리아에 의해 거부되었지만 이들 양국 역시 개혁 및 통합의 필요성을 인지하면서 그것의 실현에 필요한 여러 정책도 본격적으로 추진했기 때문이다.

여기서 필자는 3월 혁명에 대한 체계적인 서술이 필요하다는 인식을 하게 되었고 그동안 가지고 있던 자료들과 최근에 구매한 전문서들을 토대로 이 혁명을 다룬 단행본의 집필도 계획했다. 그리고 이러한 작업을 통해 필자는 그동안 등한시된 3월 혁명과 이 혁명 이후 구축된 오스트리아와 프로이센의 양강 구도 및 거기서 파생된 양국 간의 전쟁과 그것에 따른 독일 통합에 관한 연구가 보다 활성화되기를 기대한다.

본서에서는 우선 메테르니히 체제가 정립된 이후 시작된 독일의 통합운동을 개괄적으로 살펴보고자 한다. 이어 1848년 메테르니히 체제가 붕괴한 이후 오스트리아와 프로이센을 비롯한 독일 여러 국가에서 진행된 혁명적 상황을 거론하도록 한다. 아울러 1848년 5월 18일 개원한 프랑크푸르트 국민의회의 활동과 업적에 대해서도 언급하도록 한다. 끝으로 3월 혁명이 실패하게 된 제 이유에 관해서도 확인하도록 한다.

인명과 지명 등 고유명사는 해당 국가의 발음과 표기에 따르도록 한다. 다만 영어식 표기로 굳어져 있는 나라(예: '외스터라이히' 대신 '오스트리아')나 지역명(예: '뵈멘' 대신 '보헤미아')은 그대로 사용했다.

짧은 기간의 탈고에서 비롯된 문장이나 내용상의 오류는 개정판에서 시정하도록 하겠다. 그리고 어려운 여건에도 불구하고 이 책의 출간을 기꺼이 허락하신 푸른사상사 관계자 여러분께 이 자리를 빌려 감사의 말씀을 드린다.

2022년 10월
김 장 수

차례

제1장

독일 통합의 필요성

독일 통합의 필요성

1. 카를스바트 협약

1819년 3월 23일 예나(Jena)대학의 부르셴샤프트(Burschenschaft) 회원이었던 잔트(Karl Ludwig Sand)가 만하임(Mannheim)에서 57세의 코체부(August v. Kotzebue)를 살해한 후 독일 전역에서는 대대적인 체포와 수색이 펼쳐졌다.[1] 살해된 코체부는 19세기 초반부터 명성을 날린 극작가로서 1818년부터 민감한 정치적 사안에 대해서도 거론하기 시작했다. 그는 1818년부터 『문학 주보(*Literarisches Wochenblatt*)』를 독자적으로 간행했는데, 거기서는 루덴(Heinrich Luden)을 비롯한 일련의 인물들이 전개한 민족운동에 대한 신랄한 비판이 제기되곤 했다. 당시 코체부는 독일 민족의 민족운동이 아무리 활발하다고 하더라도 통합국가를 탄생시킬 수 없다는 견해를 밝혔다. 게다가 그는 새로운 청소년 운동과 부르셴샤프트, 즉 대학생 학우회 운동을 조롱하는 태도도 보였다.

코체부를 살해한 잔트는 1814년 11월 27일 튀빙겐(Tübingen)대학에

---

1   부르셴샤프트는 대학생 학우회로 번역할 수 있는데 1815년 예나대학에서 그 첫 조직이 결성되었다.

입학하기 10일 전에 이미 같은 대학에서 결성된 부르셴샤프트 토이토니아(Teutonia)에 신입생 신분으로 가입했다. 잔트는 1815년 2월 26일 엘바섬으로 귀양 갔던 나폴레옹이 파리에 입성한 후 레차트(Rezat) 지역에서 결성된 자유군단에 참가하여 프랑스군과 대응하려는 적극성도 보였다. 그러나 프랑스군과의 전투에 실제로 참여하지 못했는데 그것은 1815년 6월 18일 워털루 전투에서 나폴레옹의 프랑스군이 블뤼허(Gebhart Leberecht v. Blücher)와 웰링턴(First Duke of Wellington)의 연합군에 섬멸되었기 때문이다. 다시 대학으로 돌아온 잔트는 지방향우회가 학생활동을 독점하던 에를랑겐(Erlangen)대학에서 학업을 지속했다. 잔트는 당시 이 대학의 지방향우회를 주도한 프랑코니아(Franconia)에 가입했고 그때부터 프랑코니아의 성격 및 목적에 부르셴샤프트적 요소를 첨가하려고 했지만 실패했다. 이에 따라 그는 이 학생단체를 탈퇴했고, 프랑코니아는 잔트를 배척 인물로 발표하는 특별한 조처를 했다. 그런데도 잔트는 에를랑겐대학에서 부르셴샤프트의 이념과 지향을 전파하려 했고 그 과정에서 적지 않은 동조자들도 확보할 수 있었다. 마침내 잔트는 1816년 8월 27일 에를랑겐대학에서 부르셴샤프트를 출범시켰는데 회원들의 특이한 복장 때문에 지방향우회로부터 토이토니아(Teutonia, 독일의 라틴어 표기)라는 조롱을 받기도 했다. 그렇지만 잔트가 결성한 부르셴샤프트는 그의 의지 및 방향 제시에 따라 행동하는 민첩성 내지는 단결성을 보였다. 이후 잔트는 그의 추종자들과 더불어 바르트부르크(Wartburg) 축제에도 참여했다.[2] 여기서 그는 부르셴샤프트 총회 결성의 필요성과 메테르니히 체제의 문제점들을 자세히 열거한 인쇄물을 참가자들에게 분배했

---

2 대학생들, 특히 부르셴샤프트가 주도한 이 축제는 1817년 10월 18일부터 19일까지 열렸고 여기서는 독일 민족 통합의 필요성과 자유주의적 요구들이 제기되었다.

을 뿐만 아니라 대회기를 들고 회의장으로 행진하는 등의 적극성도 보였다.

바르트부르크 축제 이후 잔트는 예나대학으로 학업 장소를 옮겼고 거기서 과격주의적 정치노선, 즉 공화정 체제를 지향하던 폴렌(Karl Theodor Christian Friedrich Follen)의 영향을 받기 시작했다.[3] 그리고 이것은 그가 기존 질서체제를 붕괴시키는 작업에 적극적으로 참여하게 하는 요인이 되었다. 당시 잔트는 기독교와 조국을 하나의 융해된 상태로 보았고, 민족이라는 것 역시 신성하고 거룩하므로 사악한 것을 제거하는 명령도 내릴 수 있다고 확신하고 있었다. 따라서 그는 1년 전부터, 즉 1818년 5월 5일 자신의 일기장에서 민족 통일을 저해하는 코체부를 살해하겠다는 의지를 밝히면서 그를 '매국노(Landesverrater)' 또는 '민중 선동가(Volksverführer)'로 지칭했다. 이후부터 그는 대학에서 해부학 강의를 들었고 거기서 심장을 쉽게 꿰뚫을 수 있는 방법을 터득했다. 잔트는 자신의 목적을 실행하기 전에 부모, 스승 그리고 친구들에게 보내는 편지에서 코체부를 살해해야 한다는 견해를 밝혔고 그것의 당위성에 대해서도 구체적으로 언급했다. 그렇지만 그는 편지에서 다른 인물이 그에 앞서 코체부를 암살하기를 바라는 나약성도 보였는데 그러한 성향은 당시 다른 학생들에게서도 쉽게 발견할 수 있었다.

당시 부르셴샤프트의 반정부 활동에 대해 예의주시하던 메테르니히는 잔트의 정치적 암살과 곧이어 자행된 뢰닝(Karl Löhning)의 암살 시도 후 자신의 체제를 위협하던 세력에게 일격을 가할 기회가 왔음을 인지

---

3   한 연설에서 폴렌은 "우리는 신민의 자유를 위해 우리가 활용할 수 있는 모든 수단을 활용해야 하는데 거기서 일상생활에서 범죄로 간주하는 봉기와 폭군 살해도 가능하다고 봅니다. 그리고 무기가 폭군 살해를 위해 우리에게 남아 있는 유일한 방법이라면 주저 없이 이것도 사용해야 합니다."라고 주장했다.

했다.[4] 이에 따라 그는 프로이센 정부와 긴밀한 협력을 모색했다. 1819
년 8월 1일 메테르니히는 테플리츠(Teplitz)에서 하르덴베르크(Karl August
v. Hardenberg)와 회동했는데 거기서 그는 "마치 내가 세계의 정복자 나폴
레옹을 제압한 것처럼 신의 은총으로 독일에서의 반정부적 소요도 가능
한 한 빨리 진압할 수 있기를 바란다."라는 견해를 밝혀 부르셴샤프트에
대한 그의 조치가 매우 신속 · 단호하리라는 것을 예측하게 했다.[5] 하르

---

4 잔트가 처형된 지 얼마 안 된 7월 1일, 약사 뢰닝은 나사우(Nassau) 공국의 추밀원
고문 이벨(Karl Friedrich Justus Emil v. Ibell)을 살해하려고 했지만 실패했다. 이에
뢰닝은 유릿가루를 먹고 자살했다. 그런데 뢰닝의 암살 시도는 잔트의 경우와는
달랐는데 그것은 폴렌이 의뢰인에게 직접 암살 지시를 내린 데서 확인할 수 있
다. 친프로이센 성향이었던 이벨은 하르덴베르크가 측근으로 고용할 정도로 뛰
어난 정치적 감각을 지니고 있었다. 자유주의를 추종하고 정치개혁을 지향한 이
런 인물이 암살 대상이 된 것은 아마도 부르셴샤프트가 적대시한 유대인 해방을
지향한 데서 비롯된 것 같다.

5 1807년 7월 7일 패전국 프로이센은 승전국인 프랑스의 요구에 따라 굴욕적인
틸지트(Tilsit) 조약 체결에 동의했다. 이 조약으로 프로이센은 유럽 지도에서 거
의 사라질 위기에 처했지만 러시아 황제 알렉산드르 1세(Alexander I, 1801~1825)
가 나폴레옹을 집요하게 설득한 덕분에 프리드리히 빌헬름 3세(Friedrich Wilhelm
III, 1797~1840)의 지위는 겨우 보존되었다. 이제 프로이센은 브란덴부르크(Bran-
denburg), 동프로이센, 그리고 슐레지엔(Schlesien) 지방으로 구성된 동유럽의 주
변 국가로 전락했고, 인구 역시 1천만 명에서 450만 명으로 줄어들었다. 또한 15
만여 명의 프랑스군이 프로이센에 주둔함에 따라 프로이센은 그 주둔 비용과 더
불어 1억 5,450만 프랑의 배상금도 지급해야만 했는데 이것은 당시 프로이센의
열악한 재정 상황을 더욱 악화시켰다. 또한 프로이센은 프랑스에 라인강과 엘
베강 사이의 모든 지역을 자유로이 사용할 수 있는 권리까지 부여해야 했다. 이
러한 상황에서 프로이센에서는 '위로부터의 혁명 내지는 개혁(Revolution bzw.
Reform von oben)' 필요성이 강하게 제기되었는데 이것은 붕괴 직전의 국가를 되
살려야 한다는 위기의식에서 비롯되었다. 이러한 개혁을 주도한 인물들은 프로
이센 출신이 아닌, 나사우 출신의 슈타인(Heinrich Friedrich v. Stein)과 하노버에
서 관료로 활동한 하르덴베르크였다. 1807년 프로이센 수상으로 임명된 슈타인
은 당시의 현실적 상황을 고려할 때 점진적이고 단계적인 개혁을 통해 시민사회
체제로 이행해야 한다는 관점을 밝혔고 그것을 자신의 정책에 적극적으로 반영

20

덴베르크 역시 부르센샤프트 문제를 해결해야 한다고 인식했기 때문에 메테르니히의 관점을 지지했다. 다음 날 이들 양인은 독일 내 반정부 활동을 규제하기로 의견의 일치를 보았는데, 거기서의 중요한 것들을 거론한다면 반정부 신문들의 간행 금지와 독일 대학 내 반정부적 요소들을 제거한다는 것이었다. 이들의 이러한 합의는 그동안 신문들과 대학이 반메테르니히 정책을 확산시키는 데 주도적 역할을 했다는 인식에서 비롯된 것 같다. 메테르니히는 하르덴베르크와의 합의를 구체화하기 위해 1819년 8월 6일 보헤미아 지방의 휴양도시인 카를스바트(Karlsbad)에서 연방 비밀의회(Geheimkonferenz)를 개최했다. 여기에는 오스트리아, 프로이센, 바이에른, 작센, 하노버, 뷔르템베르크, 바덴, 메클렌부르크-슈베린, 메클렌부르크-슈트렐리츠, 그리고 나사우 대표가 참여했는데 이들 모두는 메테르니히 정책을 지지하던 국가들이었다. 메테르니히 주도로 진행된 회담에서는 진보적 시민 계층의 성장을 막는 방법도 심도 있게 논의되었다.

하려 했다. 당시 프리드리히 빌헬름 3세의 신임을 받던 하르덴베르크도 1810년 "군주제적 통치하에서 자유주의적 여러 원칙을 실행한다"는 목표로 개혁을 추진했다. 그가 추진한 개혁 목표는 명확했는데 그것은 절대왕정 체제에서 신분제 굴레에 묶여 있던 수동적 신민을 자유롭고 평등한 능동적 시민으로 전환시켜 그 에너지를 국가 발전의 동력으로 활용하겠다는 것이다. 또한 그는 각 행정 부처가 법률 제정에 책임을 진다는 원칙도 제시했다. 그 결과 국왕의 칙령에도 주무장관의 확인 서명이 필요하게 되었다. 하르덴베르크는 1810년과 1811년에 무역 규정과 영업세에 관한 일련의 법령을 제정하여 길드(Gilde, 동업조합)의 독점권을 폐지하고 영업의 자유를 보장하고자 했다. 이제 모든 영업은 길드가 아닌 국가의 감독을 받게 되었으며, 그 결과 그것에 대한 통제도 예전과 같이 심하지 않게 되었다. 이러한 정책은 경제성장을 자극해 국가 세입을 증대시키고 도시와 농촌의 과세 불평등을 시정하기 위한 것이었다. 재임 기간 중 하르덴베르크는 귀족들의 면세특권도 폐지하려고 했지만, 귀족들의 강한 반발로 시행되지는 못했다.

카를스바트 비밀회의 참석자들은 독일 연방의 약관 13조를 군주제와 연계시켜 재해석하려고 했다. 이러한 시도는 대의제가 명시된 일부 국가들의 헌법을 무력화하는 동시에 그것의 도입을 제도적으로 막으려는 조치로도 볼 수 있을 것이다. 아울러 여기서는 일련의 규제 조항들이 논의되고, 통과되었는데 그것들을 살펴보면 다음과 같다. 첫째, 향후 5년간 신문 및 정기간행물에 대해 엄격한 사전 검열을 시행한다. 전지 20매, 즉 8절판 320쪽 미만의 출판물에 대해서도 이러한 검열 방식을 적용한다. 그리고 8절판 320쪽을 초과하는 출판물들은 사후 검열도 시행한다. 아울러 독일 연방에 대한 권위와 연방 회원국들의 평화와 질서를 저해하는 서적들이 발견되면 즉시 회수하여 폐기한다. 그리고 이러한 서적들을 출간한 출판사들의 책임자는 5년간 동일 업종에 종사할 수 없다. 둘째, 대학들과 고등학교들은 각국 정부가 지명한 특별전권위원 (Landesherrlicher Bevollmächtigter)의 엄격한 감독을 받는다. 다만 이 인물은 이들 교육기관의 학문적 문제나 교육과정에는 간섭할 권한이 없다. 그리고 기존 질서체제를 부정하는 강의를 하거나 학생들을 선동하는 교수들은 강단에서 추방한다. 그리고 이렇게 추방된 교수들은 독일의 다른 대학에서도 강의할 수 없다. 셋째, 부르셴샤프트는 즉시 해산하고 향후 이 학생단체와 관계하는 학생들은 향후 국가 관료로 임명하지 않는다. 그리고 특별전권위원이나 대학 평의회의 결정에 따라 제적된 학생들은 독일의 다른 대학에 재입학할 수도 없다. 넷째, 11명의 법률가로 구성된 중앙조사위원회(Centraluntersuchungscommission)를 마인츠(Mainz)에 설치하여 각 지역에서의 혁명적 소요를 조사하고 그것을 연방의회에 보고하는 임무를 가지게 한다. 그리고 독일의 모든 국가에서 체포권 및 구인권을 가지게 될 이 위원회는 한시적으로 운영한다.

2. 7월 혁명

1824년 9월 16일 67세의 샤를 10세(Charles X, 1824~1830)[6]가 루이 18
세(Louis XVⅢ, 1814~1824)에 이어 프랑스 왕위를 계승했다. 정치적 성향
이 반동적 · 복고적이었던 그는 즉위 즉시 몰수 토지에 대한 배상을 시
행하고자 했다. 즉 그는 '망명귀족에 대한 10억 프랑'이라는 법을 제정
하여 프랑스 대혁명 기간 중 국외로 망명한 2만 5천 명의 귀족에게 연간
3천만 프랑에 달하는 배상금을 영구적 연부금 형태로 지급하려고 했다.
여기서 그는 국채 이자를 5%에서 3%로 인하하여 배상 재원을 마련하려
고 했는데 그것은 자본가와 시민 계층에게 경제적 타격을 가져다주는
계기가 되었다. 아울러 그는 교회의 영향력을 확대하려 했고 거기서 성
직자들을 공립학교의 교장 및 행정 책임자로 임명했다.[7]

이러한 반동적이고 복고적인 샤를 10세의 정책에 대해 티에르(Adol-
phe Thiers)와 기조(François Guizot)는 부정적이었다. 당시 이들은 프랑스
대혁명을 긍정적으로 평가했을 뿐만 아니라 의회를 통한 헌법 제정의
필요성도 강력히 주장했다. 샤를 10세의 반동적 정책이 본격적 궤도에
접어들던 1827년 의회 선거가 시행되었고 거기서 자유주의자들은 예상
보다 많은 180석의 의석을 차지했다. 이에 따라 샤를 10세는 다음 해 1
월 5일 중도파 정치가인 마르티냐크(Jean Baptiste Gay Vicomte de Martignac)
를 내각 책임자로 임명하여 의회와의 타협 및 협력을 모색했으나 구체
적 성과를 거두지는 못했다. 이후 샤를 10세는 의회와의 협조 시도를 포

---

6   아르투아(Artois) 백작이자 루이 16세(Louis XVI)의 막냇동생.
7   당시 파리 정부는 전도(mission)를 장려했고 그것에 따라 주교들은 중학교에 대
     한 감독권을 부여받았다. 이후 고등사범학교(Ecole normale superieure)는 폐교했
     고, 소르본(Sorbonne)대학에서도 지나치게 자유적이라고 판단된 강의들은 강제
     로 폐강되었다.

기했고 그것에 따라 1829년 8월 8일 정치에 대한 문외한이고 보수적 성향의 폴리냐크(Jules Auguste Armand Marie de Polignac) 공작을 내각 책임자로 임명했다. 상황이 이렇게 전개됨에 따라 의회는 1830년 3월 18일 "정부가 국민의 희망을 고려하지 않았다"라는 선언문을 작성·발표하여 그들의 불편한 심기를 표출했다. 이러한 의회의 반발에 샤를 10세는 의회해산으로 대응했고 국민의 관심을 대외적으로 돌리기 위해 1830년 5월 16일 알제리 원정을 단행했다.

알제리 원정이 성공을 거둔 후 샤를 10세는 1830년 7월 5일 다시 의회 선거를 시행했지만, 그 결과는 그의 기대에 어긋났다. 새로 실시한 의회 선거에서 자유주의자들의 의석은 이전보다 53석 많은, 즉 221석에서 274석으로 늘어났다. 1830년 7월 5일에 실시된 의회 선거에서 라파예트(Marie-Joseph-Paul-Yves-Roch-Gilbert de Motier La Fayette)와 콩스탕(Henri Constant)이 주도하던 자유주의자들이 득세함에 따라 샤를 10세는 7월 25일 의회를 해산하고 7월 칙령을 발표했는데 거기서는 우선 출판의 자유를 엄격히 제한하고 정부가 향후 신문 발간에 대한 승인권을 가진다는 것이 명시되었다. 이어 투표권 부여의 기준 강화와 국왕만이 신헌법 제정권을 가진다는 것이 언급되었다. 또한 의회 구성을 위한 선거를 다시 시행한다는 것도 거론되었다.

이러한 조치에 격분한 파리 시민들, 특히 소시민계층과 학생들은 샤를 10세의 퇴위를 요구하는 시가전을 7월 27일부터 7월 29일까지 펼치게 되는데 이를 지칭하여 '영광의 3일(Trois Glorieuses)'이라고 한다.[8] 이에 따라 샤를 10세는 자신이 취했던 조치들을 철회하여 사태를 수습하고자 했으나 아무런 성과도 거두지 못했다. 따라서 그는 8월 3일 영국

---

8 파리에서의 증권시세 폭락이 7월 혁명의 외양상 원인이었다.

으로 망명할 수밖에 없었다.[9] 곧 의회는 당시 57세였던 루이 필리프(Lou-is-Philippe, 1830~1848)[10]를 시민 왕으로 추대했다. 1830년 8월 7일 의회는 1814년의 헌장을 충실히 준수한다는 조건으로 루이 필리프의 왕위 계승을 승인했다. 이러한 파리에서의 혁명, 즉 7월 혁명은 메테르니히 체제에도 적지 않은 영향을 가져다주었는데 그것은 정통성의 원칙 및 그것을 뒷받침하던 5강 체제, 즉 영국-프랑스-프로이센-러시아-오스트리아 체제가 붕괴했다는 점이다.

3. 7월 혁명의 영향

카를스바트 협약으로 휴면기에 접어들었던 독일의 통합 및 개혁운동은 프랑스에서 발생한 7월 혁명과 그것의 영향을 받아 전개된 벨기에인들과 폴란드인들의 독립운동을 계기로 다시 점화되었다. 벨기에는 1815년부터 네덜란드의 지배를 받기 시작했다. 그러나 통치 과정에서 문제점들이 제기되었는데 그것은 언어, 종교, 그리고 산업 활동의 차이에서 비롯되었다. 이러한 차이점을 배제하기 위해 덴 하그(Den Haag) 정부는 벨기에인들에게 네덜란드화를 강요했고 그것은 이들의 반발을 유발하는 요인이 되었다. 프랑스 7월 혁명의 영향으로 벨기에서도 1830년 8월 25일 혁명적 소요가 발생했다. 여기서 벨기에인들은 네덜란드의 빌렘 1

---

9 혁명의 진행 과정에서 165명의 스위스 출신 근위병과 정규군이 살해되었다.

10 오를레앙(Orleans) 공작. 부르봉(Bourbon) 왕조의 방계. 프랑스 대혁명에 우호적 자세를 보인 필리프 공작의 아들로 태어난 루이 필리프는 프랑스 혁명군을 이끌던 부친이 1793년 오스트리아군에 투항한 후 전개된 비극적 상황, 즉 같은 해 11월에 진행된 부친의 처형을 실제로 목격해야만 했다. 이후 오를레앙 공작이 된 그는 유럽의 여러 국가와 미국에서 체류하다가 1817년 프랑스로 돌아왔는데 그 것은 당시 자유주의를 지향하던 세력과의 연계를 구체화하려는 과정에서 비롯 되었다.

세(Willem I, 1815~1840)가 그들의 국왕이 아니라는 것을 천명했다. 이에 따라 네덜란드 국왕은 영국, 프랑스, 러시아, 오스트리아, 프로이센이 참여한 5국 동맹에 도움을 요청했지만 각 국가가 안고 있던 문제점들로 인해 지원을 받을 수 없었다. 실제로 당시 러시아는 폴란드 문제를 해결해야만 했고, 프랑스는 정통성이 없는 루이 필리프 때문에 개입할 수가 없었다. 1830년 11월 벨기에인들은 국민의회를 소집하여 독립을 선언했다. 다음 해 국민의회는 작센-코부르크와 고타(Sachsen-Coburg und Gotha) 대공국의 레오폴트(Leopold) 대공을 그들 국왕으로 선출했는데 이과정에서 메테르니히가 깊숙이 개입했다. 당시 메테르니히는 빌렘 1세의 벨기에 지배가 정통성을 가진다는 것을 강조했지만 혁명적 상황에서 차선책을 고려하게 되었고 그 과정에서 자신과 친밀한 레오폴트 대공을 벨기에 왕국의 위정자로 추천했다.[11]

러시아 지배에서 벗어나기 위해 폴란드인들 역시 1830년 11월 29일 바르샤바에서 러시아 식민 통치에 대항하는 민족봉기를 일으켰다.[12]

---

11 레오폴트 대공은 프란츠(Franz) 대공의 막내아들이며, 빅토리아 여왕의 외삼촌이기도 하다.

12 1763년 슐레지엔 지방을 차지한 이후에도 프리드리히 2세(Friedrich Ⅱ, 1740~1786)는 정확한 정치적 안목과 뛰어난 외교적 수완을 통해 프로이센의 영역을 지속적으로 확대해나갔다. 당시 그는 러시아와 동맹하여 서프로이센을 프로이센 왕국에 편입시킨다는 구상을 하고 있었다. 이에 따라 프리드리히 2세는 서프로이센의 자국 병합에 대한 러시아 여제 예카테리나 2세(Ekaterina, 1762~1796)의 반응을 확인하려고 했고 거기서 그는 그녀가 폴란드 영토에 대한 불가침성을 보장한 폴란드-러시아 사이의 영구동맹조약을 준수하려 한다는 것도 파악했다. 실제로 예카테리나 2세는 프리드리히 2세가 추진하던 폴란드 분할에 원칙적으로 반대하고 있었다. 그러나 1768년 2월 29일 포돌리아(Podole)의 바르(Bar)에서 반러시아 군사동맹체인 바르 동맹이 결성됨에 따라 러시아는 폴란드 분할 반대를 포기했고 이것은 프리드리히 2세가 자신의 구상을 보다 구체화하는 계기가 되었다. 이제 프리드리히 2세는 폴란드 분할에서 세력 균형을 유지하기 위한 이상적인 탈출구를 찾고자 했고 거기서 나름대로 해결책도 마련했

비소츠키(Piotr Wysocki) 중위가 인도하는 사관학교 학생들과 나비엘락(Ludwik Nabielak)이 이끄는 시민자원대로 구성된 조직이 봉기를 주도했다.[13] 바르샤바 시민들도 대거 봉기에 참여했고 이들은 무기고를 장악한 후 러시아군과 정면으로 대응하는 용감성을 보였다. 다음 날 아침 바르샤바는 러시아의 압제로부터 해방되었다. 이후 폴란드 제국의회는 러시아의 로마노프(Romanov) 왕조를 더는 인정하지 않겠다는 성명을 발표했을 뿐만 아니라 러시아-폴란드 지방을 폴란드 왕국에 병합하겠다고도 선언했다. 이러한 정치적 행보를 주도했던 인물로 차르토리스키(Adam Czatoryski)와 미츠키에비츠(Adam Mickiewicz)를 들 수 있다. 일시적으로 폴란드로부터 철수한 러시아군은 1831년 2월 5일 12만 명의 군대를 폴란

다. 당시 그의 계획은 우선 러시아가 오스만튀르크와의 전쟁에서 점령한 몰도바(Moldova)와 왈라키아(Walakia)를 포기하게 하는 것인데 그것은 이 두 지방이 오스트리아의 관심 지역이었기 때문이다. 프리드리히 2세는 러시아가 합당한 반대급부를 받지 않는다면 점령 지역 포기에 절대 동의하지 않을 것이라고 판단했고, 러시아와 접경을 이루고 있던 폴란드 왕국의 동부 지역을 러시아에 제공하려는 구상도 했다. 이러한 절충안은 발트해 연안의 폴란드 영토, 즉 서프로이센을 프로이센에 편입시키겠다는 그의 숙원에서 비롯된 것이다. 오스트리아의 동의를 끌어내기 위해 프리드리히 2세는 폴란드 남부에 있는 갈리시아(Galicia)를 합스부르크 가문에 귀속시키게끔 계획했다. 이렇게 할 때 오스트리아에는 프로이센에 빼앗긴 슐레지엔에 대한 보상 기회가 제공되는 셈이었다. 1772년, 1793년, 그리고 1795년에 시행된 폴란드 분할에서 러시아는 영토 458,600제곱킬로미터와 주민 5,650,000명, 프로이센이 136,300제곱킬로미터와 2,534,000명, 오스트리아가 135,000제곱킬로미터와 3,767,000명을 차지했다. 러시아가 차지한 영토는 폴란드 면적의 62.8%로서, 프로이센이나 오스트리아보다 무려 3배나 더 많았다. 그리고 폴란드인의 47.3%, 다시 말해 폴란드인의 약 절반 정도가 러시아 국민으로 바뀌었다.

13 귀족 가문에서 태어난 비소츠키는 피아리스트(Piarist) 학교에서 수학했다. 1818년 그는 보병 생도학교에 입학했고 졸업 후에는 제4척탄병 연대에서 복무했다. 1828년부터 보병 생도학교의 강사로 활동한 비소츠키는 반정부적 단체인 '비밀 독립노조'도 결성했다.

제1장 독일 통합의 필요성

드에 재투입했다. 초기에 폴란드군은 러시아군에 효율적으로 대응했는데 이것은 이들이 지형에 익숙하고 바르샤바에 잘 조직된 중앙본부를 운영한 데서 비롯된 것 같다. 그러나 러시아군은 9월 바르샤바에 입성하여 마지막 진지들을 점령해버렸다. 이로써 스크쉬네츠키(Jan Zygmunt Skrzynecki) 장군이 주도한 폴란드인들의 민족봉기는 실패로 끝나게 되었고 325일간의 자유 역시 종료되었다. 독자적인 국가로서의 폴란드와 헌법, 의회, 군대, 대학 등도 사라졌다. 이후 폴란드는 러시아가 직접 관리하는 행정구역으로 분할되었다.

벨기에인들과 폴란드인들의 민족봉기는 독일의 지식인 계층, 즉 자유주의와 민족주의를 추종한 계층의 관심을 유발시켰다. 그리고 두 사건은 독일의 민족주의자 및 자유주의자들에게 메테르니히 체제를 붕괴시켜야 할 당위성을 부여했을 뿐만 아니라 독일 통합을 실현할 수 있다는 확신도 가져다주었다. 이러한 확신은 폴란드를 적극적으로 지원하게 하는 요인도 되었다. 즉 이들은 전쟁터로 달려가 부상자들을 치료했을 뿐만 아니라 시와 산문 등을 통해 폴란드인들의 승리를 기원했다.[14] 폴란드인들의 승리를 기원하는 기사들은 주로 비르트(Johann Georg August Wirth)의 『독일 연단(Deutsche Tribüne)』에 게재되었다.[15]

비록 폴란드인들의 민족봉기가 실패로 끝났지만, 이것은 독일 및 유럽의 지식인들에게 커다란 충격을 가져다주었다. 나아가 독일인들은 이들을 위해 무엇을 해야 하는지도 잘 알고 있었다.[16] 그것은 폴란드에서

---

14 이 과정에서 주도적 역할을 담당한 인물들의 대다수는 부르셴샤프트 회원으로 활동한 전력을 가지고 있었다.

15 당시 라인팔츠(Rheinpfalz) 지방에서 언론인으로 활동하던 비르트는 메테르니히 체제가 존속되는 한 독일 통합이 불가능하다는 견해를 가지고 있었다. 따라서 그는 메테르니히 체제를 반드시 붕괴시켜야 한다고 지속적으로 주장했다.

16 러시아는 폴란드의 민족봉기를 진압한 이후 일련의 반동적 조처도 취했다. 첫

독일을 거쳐 프랑스로 망명하려던 수천 명의 피난민을 지원하는 것이었다. 그러나 독일 연방은 피난민 대다수가 독립투쟁에 적극적으로 참여한 인물들이었다는 점을 주목하여 그러한 지원을 용납하지 않으려 했다. 당시 메테르니히를 비롯한 독일 위정자들은 독일의 자유주의자들과 민족주의자들이 폴란드인들을 지원하면서 그들과 연계를 모색하지나 않을까 깊이 우려했다.[17] 따라서 베를린과 빈 정부는 자국민의 폴란드 피난민 지원을 법적으로 금지했을 뿐만 아니라 독일 내 다른 정부들에게도 같은 조치를 요구했다. 그러나 이러한 요구는 오히려 지식인 계층의 반발만 유발시켰다. 특히 파리에 머무르고 있던 하이네(Heinrich

---

째, 폴란드의 헌법 기능을 정지시킨다. 둘째, 폴란드의 국가 위상을 러시아의 한 지방으로 격하시킨다. 셋째, 혁명에 참여한 인물들을 코카서스(Caucasus, 동쪽으로 카스피해, 서쪽으로 흑해와 아조프해를 경계로 한 지방)와 시베리아로 유형 보낸다. 넷째, 폴란드 자치군을 즉시 해산한다 등이다.

17 근대세계에서 민족주의는 항상 관심의 대상이었다. 그러나 민족의 개념을 정확히 설명한다는 것은 그리 쉬운 일이 아니다. 그런데도 같은 종족, 지방, 그리고 직업을 중심으로 그 성원들의 충성심만으로도 개괄적 설명은 가능하다. 즉 같은 경험적 배경을 가진 사람들은 그들 스스로를 하나의 집단으로 생각하고, 그들 이외의 사람들을 이단시하는 경향이 있다는 것이다. 따라서 민족 역시 자기를 집단으로 의식하는 하나의 단위로 볼 수 있을 것이다. 그러나 그것은 다른 집단과는 달리 그 자신만의 독특한 성격을 지니고 있다. 일반적으로, 그 규모는 비교적 크며, 수백 명 이상의 성원을 중심으로 각종의 계급·직종 그리고 다양한 지방적 하부문화까지 포함하는 경우가 많다. 아울러 그 성원들은 다양한 종파에 속하며, 때에 따라서는 다른 언어를 사용하는 예도 있다. 그러나 이러한 이질적인 요소에도 불구하고, 자신들을 하나의 집단으로 생각하고 그 밖의 모든 사람을 외국인이라고 부르는 하나의 민족은, 그러한 유대감을 유발하는 과거 또는 현재에 무엇인가 서로 공감할 수 있는 것도 가지고 있어야 한다. 민족을 구성하는 요인들을 인지한다는 것은 그리 쉬운 일이 아니다. 따라서 그것은 다만 그것의 결과에 따라 정의할 수밖에 없다. 이유야 어떻든, 하나의 민족은 스스로를 타민족과 뚜렷이 구별하려는 의식을 가진 집단으로서 외국 지배를 혐오하며 자기 자신의 주권국가를 요구하는 것이다. 바로 그러한 요구가 근대정치발전에 매우 중요한 역할을 하게 되었다.

Heine)와 뵈르네(Ludwig Börne)는 이러한 조치를 강력히 비난했을 뿐만 아니라 메테르니히 체제를 붕괴시키는 방법까지 구체적으로 제시하는 적극성도 보였다.[18] 즉 이들은 독일에서 7월 혁명과 같은 무력시위가 벌어진다면 메테르니히 체제 역시 붕괴할 수 있다는 확신을 하고 있었다.

베를린과 빈 정부의 금지 조치에도 불구하고 남부 독일의 시민 계층과 노동자 계층은 폴란드 피난민을 위한 환영회, 시위 및 모금 운동에 적극적으로 참여했다. 그리고 이러한 분위기는 바이에른, 작센, 바덴, 그리고 대다수 남부 국가들이 메테르니히의 조치를 충실히 이행하지 못하게 하는 요인으로도 작용했다.

4. 독일권에서의 상황 변화

부르셴샤프트가 활동을 재개하던 시기 작센-안할트(Sachsen-Anhalt), 브라운슈바이크(Braunschweig), 헤센-카셀(Hessen-Kassel), 하노버 등의 북부 독일 국가에서는 헌법이 제정되거나 마련 중이었는데 그러한 것은 7월 혁명 이후 이 지역 신민들이 펼친 정치적 투쟁의 산물이었다. 특히 브라운슈바이크 대공국에서 진행된 정치적 투쟁은 다른 지역보다 그 강도가 훨씬 심했는데 이것은 위정자 카를 2세(Karl Ⅱ)가 절대군주처럼 국

---

18 하이네는 1822년에 출간된 『시집(Gedichte)』으로 사회적 지명도가 높아졌다. 이어 그는 『시가집(Buch der Lieder)』과 『여행기(Reisebilder)』를 출간하여 명망 높은 작가로 부상했다. 1839년 파리로 여행 간 하이네는 그곳에서 장기간 체류하면서 『독일 종교 및 철학의 역사에 대해(Zur Geschichte der Religion und Philosophie in Deutschland)』를 출간했고 거기서 프랑스인들에게 칸트와 헤겔 철학에 내재해 있는 혁명적 함의도 정확히 전달했다. 즉 하이네는 시민계층의 이성적 비판력으로 적절치 못한 국가권력을 교체하면서 계급의식으로 무장한 혁명적 주체가 국가권력도 장악해야 한다는 것을 피력했고 이것에 대한 프랑스 지식인들의 반응 역시 매우 호의적이었다.

가를 통치해왔기 때문이다.[19] 실제로 카를 2세는 1827년 지방 신분제의
회 소집을 거부했을 뿐만 아니라 개인적 향락을 위해 국고도 임의로 탕
진하는 등의 실정을 저질렀다.[20]

브라운슈바이크 대공국의 이러한 상황에 대해 보수적 성향의 연방의
회마저 우려를 표명했다.[21] 이후 연방의회는 카를 2세에게 그것의 시정
을 강력히 요구했지만, 그는 수용하지 않았다. 이에 따라 하노버 왕국의
게오르크 4세(Georg Ⅳ, 1820~1830)는 연방의회가 브라운슈바이크 대공
국 문제에 즉시 개입해야 한다는 의견을 밝혔고 그것을 연방의회에 긴
급 안건으로 상정하기도 했다. 그러나 이 제의는 연방의회에서 통과되
지 못했는데 그것은 메테르니히를 비롯한 일련의 핵심 정치가들의 반대
에서 비롯되었다. 이후 브라운슈바이크 대공국의 상황은 프랑스에서 발
생한 7월 혁명으로 급격히 악화되었다. 실제로 9월 9일 대공국에서는 노

---

19 역사가이며 언론인인 트라이취케(Eduard Heinrich v. Treitschke)는 카를 2세의 이
러한 통치행위가 '군주의 완전한 무책임(in voller fürstliche Unverantwortlichkeit)'에
서 비롯되었다는 분석을 했다.

20 카를 2세는 귀족계층이 가졌던 법률제정권을 더는 인정하지 않으려고 했다.

21 독일 연방은 34개의 국가와 4개 도시, 즉 브레멘(Bremen), 프랑크푸르트(Frank-
furt), 함부르크(Hamburg), 뤼베크(Lübeck)로 구성되었다. 연방을 창설하게 된 목
적은 '국내외적으로 평화를 유지하고 연방 내 개별 국가들의 독립과 신성불가침
을 보존'하기 위함이었다. 각 국가에서 파견된 대표들은 프랑크푸르트에서 개최
되는 연방의회에 모여 오스트리아 대표 주제로 국사를 논의했다. 오스트리아와
프로이센이 '상임위원회'나 본 회의에서 안건을 제안했을 때 그들이 작센, 바이
에른, 하노버, 뷔르템베르크와 같은 왕국의 지지를 받았다 하더라도 다른 국가
들에 의해 부결되기도 했다. 따라서 독일 연방은 일반적으로 생각하듯이 오스트
리아와 프로이센의 독무대는 아니었다. 개별 국가의 주권은 연방법에 따라 규제
받았으며 연방이나 다른 국가들을 위협하는 동맹 관계도 맺을 수 없었다. 연방
법령 제13조는 모든 연방 내 국가들이 헌법을 도입해야 한다고 했지만, 프로이
센과 오스트리아는 1848년 혁명 때까지 그 규정을 무시했다. 그런데도 제13조
규정은 독일의 자유주의자들에게 큰 힘이 되었다.

동자, 수공업자, 그리고 시민들이 대거 참여한 대규모 소요가 발생했다. 아울러 이 소요에서는 사회주의적인 요소들도 드러났는데 그러한 것들은 주로 노동권과 연계되었다. 실업자 보조정책(Arbeitslosenunterstützung)의 즉각적 실시가 바로 그 일례라 하겠다. 9월 소요로 브라운슈바이크의 카를 2세는 동생인 빌헬름(Wilhelm)에게 양위해야만 했다.[22] 이렇게 독일 내에서 정통 군주가 혁명으로 제거된 것은 메테르니히 체제의 보루였던 지역에서도 동요의 징후가 나타난 것으로 볼 수 있을 것이다. 브라운슈바이크 대공국의 새로운 위정자로 등장한 빌헬름은 자유주의의 여러 요소가 내포된 헌법 제정을 승인했다. 동시에 시민과 농민계층이 대거 참여한 지방의회의 활동도 승인했다.[23] 브라운슈바이크 대공국에 이어 헤센-카셀, 작센-안할트, 그리고 하노버에서도 헌법이 제정되었다.

당시 이미 헌법이 제정된 바이에른, 뷔르템베르크, 바덴의 시민들도 헌법 개정 및 의회 활성화를 통해 그들의 권익을 보다 증대하려고 했다.[24] 그 일례로 바이에른 왕국의 루트비히 1세(Ludwig I, 1825~1848)가 지방의회 결의에 따라 1831년 5월 26일 내무장관 센크(Eduard v. Schenk)를 파면한 것과 의회의 법률안 제출권을 인정한 것을 들 수 있다. 그렇다면 바이에른의 위정자는 왜 그러한 조처를 했을까. 7월 혁명 이후 독일의 여타 지방과 마찬가지로 바이에른에서도 정부 정책을 비난하는 움직임이 표출되기 시작했다. 그 대표적인 일례로 1830년 12월 10일 뮌헨에서 개최된 폴란드 축제를 들 수 있을 것이다. 많은 사람이 참여한

---

22 카를 2세는 용병을 동원하여 폭동을 진압하려고 했으나 그 계획은 불발되었다.

23 단원제 의회로 바뀐 의회는 이제 법률안 발의권(Gesetzeinitiative)을 가지게 되었다. 그뿐만 아니라 신헌법은 의회에서 통과된 법률안에 대한 국왕의 거부권도 인정하지 않았다.

24 바이에른, 바덴, 그리고 뷔르템베르크에서 헌법이 효력을 발휘하기 시작한 시점은 1818년 5월 26일, 1818년 8월 22일, 그리고 1819년 9월 25일이었다.

이 축제에서는 프랑스 대혁명 기간 중 국가로 제정된 〈라 마르세예즈(La Marseillaise)〉가 합창되었을 뿐만 아니라 정치적인 개혁도 요구되었다. 그러나 뮌헨 정부는 이러한 요구에 관심을 표명하지 않았을 뿐만 아니라 군대를 동원하여 축제마저 해산시켰다. 정부의 이러한 조치에도 불구하고 자유주의적 움직임은 더욱 확산했고 이것은 바이에른의 자유주의자들이 1831년 1월에 실시된 지방의회 선거에서 대승을 거두는 계기가 되었다. 그러나 내무장관이었던 센크는 정부에 비판적이었던 인물들이 의정 활동에 참여해서는 안 된다고 생각했기 때문에 그는 이들의 의사당 출입을 제한했을 뿐만 아니라 공무원 신분을 겸직했던 의원들에게 공무원직 사임도 요구했다. 특히 후자의 조치는 당시 의원들이 받던 월급과 연계시킬 수 있는데 그것은 의원들이 봉급만으로 그들의 생계를 유지할 수 없었기 때문이다.[25]

바이에른 지방의회 의원들은 센크의 이러한 조치에 대해 강한 불만을 표시했다. 아울러 이들은 센크가 1831년 1월 28일에 발표한 '언론검열법'에 대해서도 반발했는데 그것은 정치적 문건들(politische Schriften)을 출간 전에 검열 관료에게 반드시 제출하여 허가를 받아야 한다는 내용에서 비롯되었다. 따라서 이들은 국왕에게 그의 파면을 요구했다.[26] 파면 요구를 접한 루트비히 1세는 지방의회 의원들의 요구를 수용할 수밖에 없었는데 그것은 그 자신이 프랑스를 비롯한 일부 국가에서 진행되던 상황을 깊이 우려했기 때문이다.

---

25 당시 유럽에서 의정 활동을 하던 정치가들은 국가로부터 직책수당을 거의 받지 못했다.

26 센크의 파면과 동시에 언론검열법도 자동으로 폐기되었다.

5. 함바흐 축제

1832년 5월 27일 라인 지방의 노이슈타트(Neustadt an der Haardt)에서 대규모 집회가 열렸다. 여기에는 독일의 전 지역에서 2만 명에 달하는 사람들이 참여했다.[27] 그런데 당시 축제 참여자들의 대다수는 노이슈타트의 숙박시설을 고려할 때 이 도시와 인접한 지역, 즉 당일 왕복이 가능한 지역인 카를스루에(Karlsruhe), 하이델베르크, 트리어(Trier), 프라이부르크, 슈트라스부르크(Straßburg)에서 왔다고 볼 수 있다.[28]

이 축제의 개최와 진행을 주관한 지벤파이퍼(Philip Jakob Siebenpfeifer)는 1789년 11월 12일 라르(Lahr; Schwarzwald)에서 태어났다. 인문계 고등학교(Gymnasium)를 졸업한 그는 경제적 어려움 때문에 서기로 활동하다가 1810년, 당시로는 만학의 나이라 할 수 있는 21세에 프라이부르크대학 법학부에 입학했다. 그가 부르셴샤프트 활동에 관심이 있었음은 그의 이름이 부르셴샤프트 토이토니아의 회원 명부에서 확인된 것으로 알 수 있다. 1813년 대학을 졸업한 지벤파이퍼는 대학에 남기를 원했지만, 생활고가 그것을 허락하지 않았다. 이후 그는 크로이츠나흐(Kreuznach), 트리어, 라우터(Lauter), 그리고 크바이흐(Queich) 등 여러 지역에서 관료생활을 하다가 1818년 홈부르크(Homburg) 지방전권대사(Landkommissar-iats)로 임명되었다. 이 도시에서 그는 엄격한 행정을 실시하면서도 신민에 대한 배려를 등한시하지는 않았다. 지벤파이퍼는 1829년 루트비히 1세가 라인 지방을 방문했을 때 그에게 충성을 서약하는 즉흥시를 썼는데 그것은 그의 정치적 성향을 가늠하게 하는 일례가 되었다. 그러나 이러한 친정부적 입장은 1830년대에 접어들면서부터 바뀌었는데 그것

---

27 집회가 개최된 5월 27일이 일요일이었기 때문에 예상보다 많은 사람이 참여했다.

28 당시 노이슈타트에는 총 566채의 건물이 있었다.

은 그가 1830년 항소심 법원 고문관(Appellationsgerichtsrat)인 호프만(H. Hoffmann)과 더불어 츠바이브뤼켄(Zweibrücken)에서 『라인바이에른(*Rhein-bayern*)』이란 잡지를 간행한 데서 확인할 수 있다. 여기서 지벤파이퍼는 라인 지방의 정치적 상황을 집중적으로 거론했는데 그것은 뮌헨 정부의 우려를 불러일으키는 요인도 되었다. 이에 따라 뮌헨 정부는 1830년 11월 29일 그를 오버도나우(Oberdonau) 교도소 소장으로 좌천시켰지만 지벤파이퍼는 정부의 이러한 조치에 응하지 않았다.

함바흐 축제 개최를 준비하던 지벤파이퍼는 1832년 4월 20일 초청장을 작성했는데 거기서 그는 "정치적·사회적으로 경시되는 독일의 여성들과 처녀들(Frauen und Jungfrauen)이여, 당신들의 참여로 집회는 더욱 활성화될 것이고 당신들의 지위 향상, 즉 사회구성원으로 활동하는 것 역시 현실화할 수 있는 계기가 될 것입니다."라고 언급했다. 당시 지벤파이퍼는 여성들에게 평등권을 부여하는 것 자체를 자연권 일부로 간주했다. 아울러 그는 결혼한 여성이 인간의 욕구를 덮어둔 채 가사 및 아이 양육에만 전념하는 자체를 불평등 요인으로 보았다.

함바흐 축제가 개최된 이후 준비위원회는 축제 참석자들의 사회적 신분도 확인했다. 그것에 따르면 우선 농민과 노동자 계층의 참여율이 다른 계층보다 훨씬 높았는데 그 비율은 전체의 50% 이상을 상회했다. 수공업자를 비롯한 소시민계층이 이들 계층의 뒤를 이었는데 그 비율 역시 20%에 달했다. 그리고 이 축제에는 300명에 달하는 부르셴샤프트 회원들이 참여했다.[29] 물론 이러한 숫자가 전체 참석자에서 차지하는 비율은 미미했지만, 이들이 축제 기간 중 펼쳤던 역할은 간과할 수 없다. 아울러 이 집회에는 폴란드, 영국, 그리고 프랑스의 민족주의자들도 참여

---

29 이들의 절반 이상이 하이델베르크 대학에서 왔다.

했다.[30]

　5월 27일 노이슈타트에 모인 사람들은 옛 성터인 함바흐로 행진하면서 축제 행사를 시작했다.[31] 참가자들이 든 흑·적·황의 삼색기에는 '독일의 재생(Deutschlands Wiedergeburt)'이라는 문구가 새겨져 있었는데 이 색깔과 문구는 바르트부르크 축제 이후부터 민족 통일을 위한 투쟁적 의미를 내포하고 있다. 아울러 참석자들은 저마다 모자에 흑·적·황의 모표도 달았다. 이러한 함바흐 상황은 즉시 연방의회에 보고되었는데 거기서 언급된 것들을 요약하면 다음과 같다: 축제에 참석한 사람들의 대다수가 3색, 즉 흑·적·황색의 휘장(Kokarden)을 걸쳤다. 이들은 부르셴샤프트가 사용한 3색으로 현 질서체제를 붕괴시키고 독일 통합도 모색하려는 의지를 강하게 부각시키고 있다.

　함바흐 축제에서는 독일의 개혁 및 통일, 폴란드의 독립 지원 문제, 그리고 프랑스의 자유주의자들과의 연계 문제가 중요한 안건으로 부각되었다. 따라서 이 고성의 성벽 위에는 백·적색의 폴란드기가 삼색기와 더불어 게양되었고 폴란드 망명 정치가들은 폴란드 민족의 대표로 참여했다. 그런데 축제가 진행되면서 참가자들 사이에 의견적 대립이 있었는데 그것은 독일 연방과 신성동맹에 대한 투쟁 방식에서 비롯되었다. 그리고 사회적 불만을 품고 있던 노동자 계층의 대거 참여는 회의 흐름을 과격화시키는 요인으로 작용했다. 물론 대회 집행부는 이들 계층의 참여를 막기 위해 계획에도 없던 참가비와 음식비를 참가자들에게 부담시켰지만 별다른 효과를 거두지 못했다. 그것은 집회에 참석한

30　슈바이겐(Schweigen) 국경 세관청은 프랑스로부터 참여하려는 사람들의 여권을 철저히 조사하여 상당수를 프랑스로 돌려보냈다.

31　이 성에 밤나무(Kastanien)가 많았기 때문에 카스타니엔베르크(Kastanienberg)라는 명칭이 사용되기도 했다.

기독교 단체가 이들 계층에게 무료로 음식을 제공했기 때문이다.[32] 실제로 축제 집행부는 노동자 계층의 돌발적 행동으로 함바흐 축제가 중도에 중단될 수도 있지 않을까 우려했는데 그것은 바이에른 정부군 8천 명이 5월 26일부터 노이슈타트 근처의 란다우(Landau)에 주둔하고 있었다는 데서 비롯된 것 같다. 축제 집행부를 대표하여 개회사를 한 노이슈타트의 개업 의사 헤프(Philipp Hepp)는 귀족뿐만 아니라 투쟁과 위험을 두려워하고 모든 행동을 이기적 잣대에 따라 저울질하는 거짓 자유주의자들까지도 성토했다.[33] 개회사에 이어 개인적으로 의사를 밝히려 했던 인물은 무려 24명에 달했다.

이들 중에 가장 먼저 등장한 지벤파이퍼는 민족을 자연과 동일시했는데 그것은 자연 섭리와 같이 민족 역시 번영하고 결실도 볼 수 있다는 것을 강조하기 위해서였다. 이어 그는 독일 통합에 대해 무관심한 군주들에게 동물 이름을 붙여 비하했다. 그리고 그는 독일 연방의 활동에 대해서도 신랄히 비판했는데 그것은 독일에서 확산하던 자유주의 사상을 저지하는 것과 통합 시도를 분쇄하는 것이 독일 연방의 과제라는 그의 판단에서 비롯된 것 같다. 즉 독일 민족을 위해 결성되었다는 독일 연방이 독일 민족을 불행으로 이끌고 있다는 것이 그의 견해였다. 아울러

---

32 이 축제에서 1회 음식값은 1굴덴(Gulden) 45크로이처(Kreuzer)였는데 그것은 부유한 시민계층만이 감당할 수 있는 금액이었다.

33 '독일언론과 조국연맹'의 노이슈타트 지부장이었던 헤프가 와병 중이던 쇼프만(Johann Jakob Schoppmann)을 대신하여 함바흐 축제에서 개회 선언을 했다. 축제가 개최되기 이전 헤프는 라인 지방의 행정 책임자였던 안드리안-베어붕(Ferdinand Freiherr v. Andrian-Werbung) 남작의 우려, 즉 함바흐 축제가 정치적 토론장으로 변모하지 않을까를 불식시키는 데 주력했는데 그것은 안드리안-베어붕 남작의 우려가 해소되지 않는다면 축제 개최가 무산될 수도 있다는 판단에서 비롯된 것 같다. 실제로 안드리안-베어붕 남작은 축제에서 기존의 질서체제를 붕괴시키는 방법이 구체적으로 논의될 것이고 그것을 가시화하는 방법 역시 강구되리라고 예상했다.

함바흐 축제

그는 부유층을 비판했고 군주와 자유주의자들 사이의 타협에도 동의하지 않았다. 그의 이러한 비판은 기득권 계층에 국한된 것이 아니었는데 그것은 그가 애국심이 없는 독일인 모두를 비난한 것에서 확인할 수 있다. 그는 이러한 비난을 통해 독일인들이 애국적 감정을 가지기를 기대했다. 또한 그는 독일인들이 역사 속에서 민족적 영광을 찾아야 하고 또 그것을 근거로 현재적 상황도 타파해야 한다고 주장했다.

이어 지벤파이퍼는 자유주의적 통합국가 건설이 독일 민족의 최대 과제라고 강조했다. 그리고 그것을 위해서는 첫째, 민족의 대의기구를 즉시 구성할 것. 둘째, 주권재민설을 인정할 것. 셋째, 남녀평등권을 인정할 것.[34] 넷째, 자유로운 상업 및 교역 활동을 통해 독일의 경제적 위상을

34 여기서 지벤파이퍼는 여성의 과제를 언급했는데 그것은 자녀들을 양육하는 이

증대시킬 것. 다섯째, 일상생활, 교육, 학문, 예술 등에서 애국심을 고양할 것 등을 제시했다. 아울러 그는 독일 민족이 프랑스, 폴란드 민족과 더불어 협력 체제를 구축해야 한다고 주장했다. 지벤파이퍼는 자신이 제시한 것들이 단시일 내에 실현될 수 없다는 것을 인지했기 때문에 지속적이고 장기적 노력이 필요하다는 것도 역설했다. 끝으로 그는 "자유 독일 만세! 폴란드 만세! 프랑스 만세! 속박을 무너뜨리고 독일인과 자유 동맹을 결성하는 모든 민족 만세!"를 외쳤고 그것에 대한 참석자들의 반응은 매우 긍정적이었다.[35]

개회식의 정점은 자유, 계몽, 민족을 강조한 비르트의 연설에서 찾을 수 있다. 지벤파이퍼와 더불어 함바흐 축제 개최에 결정적 역할을 한 비르트는 1798년 11월 20일 프랑켄(Franken) 지방에 있는 호프(Hof)에서 태어나, 1816년 인문계 고등학교를 졸업한 후 에를랑겐대학 법학부에 입학했다. 이후 그는 알레마니아(Alemania)라는 부르셴샤프트에 가입했고 그것은 그가 정치적 사안, 특히 기존 질서체제의 문제점에 관해 관심을 가지게 하는 요인으로 작용했다. 1820년 학업을 수료한 비르트는 브레슬라우대학에서 강사로 활동했지만, 그 기간은 그리 길지 않았다. 이후 그는 슈바르첸바흐(Schwarzenbach)에 위치한 쇤부르크(Schönburg) 공작의 기사재판소(Patrimonialgericht)와 바이로이트(Bayreuth)의 카임(Franz Keim) 변호사 사무실에서 근무했다. 여기서 그는 바이에른 왕국의 재판 절차에 많은 문제점이 있음을 알게 되었다. 실제로 바이에른 왕국에서 고의

들에게 정치적 책임의식(politisches Verantwortungsbewußtsein)도 부여하는 것이었다.

35 지벤파이퍼는 독일 민족을 정의하면서 문화적 측면을 강조했다. 즉 그는 공동의 언어와 역사를 가진 집단을 동일 민족으로 간주했는데 그것은 통합 독일의 영역을 확장하는 계기가 되었다. 그런데 지벤파이퍼의 이러한 관점은 이미 상당수의 학자로부터도 제기되었는데 그 대표적인 인물로는 아른트를 들 수 있다.

로 재판을 지연(Verschleppung)하거나 또는 시민들이 공정한 판결을 받기 위해 사건을 재판에 넘기는 것을 법률적 위반(Rechtsbruch) 행위로 간주하는 예가 허다했다. 게다가 시민들은 고액의 재판료 때문에 법정 해결을 기피하기도 했다. 비르트는 이러한 문제점을 해결하기 위해 1823년 '민사소송법 개정안'을 뮌헨 정부에 제출했지만 아무런 답변도 얻지 못했다. 1830년 프랑스에서 7월 혁명이 발생한 이후, 비르트는 정치적 문제에 대해서도 깊은 관심을 보였고 그에 따라 신문 간행의 필요성도 인지하게 되었다. 이에 따라 비르트는 1831년 1월 1일부터 바이로이트에서 『코스모폴리트(Kosmopolit)』라는 신문을 주 2회씩 간행했는데 준비 부족과 정부의 간섭으로 1월 28일 간행을 중단해야만 했다. 이후 비르트는 뮌헨으로 활동 장소를 옮겼다. 여기서 그는 정부 정책에 대한 자신의 반론과 반정부 의원이었던 슐러(Friedrich Schüler)의 견해를 홍보하는 데 주력했고 그것은 뮌헨 정부가 그를 반정부 인물로 간주하게 하는 결정적 요인이 되었다.

비르트는 자신의 연설에서 절대왕정 체제를 제거하지 않는다면 독일의 구원 역시 불가능하다는 견해를 밝혔다. 아울러 그는 기존 질서체제하에서 국민의 주권이 보장될 수 없으므로 혁명을 통해 그것을 구현해야 한다는 관점도 제시했다.[36] 이어 그는 폴란드와 프랑스에서 야기되는 상황에 대해 유럽인들이 관심을 가져야 한다고 주장했다. 여기서 그는 독일인들뿐만 아니라 에스파냐, 포르투갈, 헝가리 그리고 이탈리아인들도 신성동맹에 대항하는 동반자로 간주하려고 했다. 비르트는 세계무역의 자유화를 옹호하면서 영국의 비합법적인 우위를 비난했다. 이어 그

---

36 당시 비르트는 기존 질서체제와의 협력을 통해 정치체제를 개혁할 수 없다고 판단했는데 그것은 기존 질서체제가 절대왕정 체제의 근간을 견지한 데서 비롯된 것 같다. 따라서 그는 혁명이라는 방법, 즉 기존 질서체제와 협력 내지는 조율할 수 없을 때 동원되는 과격한 방법을 선택한 것이다.

는 독일 개혁이 유럽 재구성의 기초이기 때문에 모든 민족의 공통 관심사로 부각해야 한다고 했다. 즉 독일 민족의 장래가 주변 민족들이나 세계 평화를 좌우할 수 있다고 주장한 것이다. 비르트는 자신의 연설에서 지벤파이퍼가 언급한 프랑스와의 협력에 반대했는데 이것은 프랑스의 지원으로 독일이 통합될 때 파리 정부가 반대급부를 요구할 수도 있다는 우려에서, 즉 라인 지방을 상실할 수 있다는 가능성에서 비롯되었다고 볼 수 있다.

이어 등장한 연사들 역시 독일 통합이 메테르니히 체제 때문에 실현되지 못하고 있음을 지적했다. 브뤼게만, 사프(Christian Scharff), 피스토르(Danlel Friedrich Ludwig Pistor), 호흐도르퍼(Heinrich. Hochdörfer), 그리고 베커(Johann Philipp Becker)의 연설은 내용 면에서 비르트나 지벤파이퍼보다 훨씬 과격했다. 브뤼게만은 주권재민설을 현실화해야 한다고 주장했다. 그는 특권, 우선권, 그리고 신분제적 대혼란(Wirrwar)을 제거해야만 자유, 평등, 그리고 정의 구현이 가능하다고 했다. 그리고 때에 따라서는 폭력 행사도 병행해야 한다는 강경한 태도도 표방했다.[37] 사프는 신의 은총을 받았다는 제후들이 실제로는 인간사회의 반역자에 불과하다고 주장했다. 피스토르는 독일의 경제적 상황을 언급했다. 특히 그는 대중적 빈곤(Pauperismus)이 무엇에서 비롯되었는가를 구체적으로 거론하면서 제후들의 경제정책을 맹렬히 비난했다.[38] 여기서 그는 통치자들

---

37 하이델베르크대학 재학 중 능동적으로 부르셴샤프트 활동을 한 브뤼게만은 "권력자들이 법률을 존중할 경우, 합법적인 방법으로 독일 통합이 가능하지만 그렇지 못할 경우, 즉 언론이 부정되고, 법률이 무시당하고, 그리고 인간성을 교육하기 위한 수단들이 부정될 때 모든 수단을 정당화시키는 투쟁 이외의 다른 선택은 없다고 봅니다. 왜냐하면 투쟁은 가장 무훈에 빛나며 가장 신속히 상황을 종료시킬 수 있기 때문입니다."라는 연설을 했다.

38 대중적 빈곤은 산업혁명의 초기에 나타나는 일반적 현상이라 하겠다. 산업혁명의 초기 과정에서 수요 및 공급의 균형(노동시장)이 일시적으로 무너지게 되었고

이 궁전을 호화롭게 꾸미는 것, 호화 소비품을 생산하는 것, 그리고 호화 소비품 교류에 관해서만 관심을 가졌기 때문에 신민 다수의 희생이 강요되고 있다는 사실을 지적했다. 즉 그는 통치자들이 신민들의 세금을 국가 경제 활성화에 사용하지 않기 때문에 신민들의 경제적 상황은 날이 갈수록 더욱 악화하고 있다는 것을 언급했다. 솔 만드는 장인 베커는 현재적 상황을 극복하기 위해서는 시민 무장이 필요하다고 역설했고 그것의 전제조건이 바로 왕군 폐지라 했다.[39] 이에 반해 다이데스하이머 (Friedrich Deidesheimer)[40], 슐러, 비드만(Gottfried Widmann), 그리고 빌리히 (Justus Willich)를 비롯한 상당수의 인물은 기존 질서체제와의 협력을 통해 통합을 모색해야 한다는 의견을 밝혔다.

6. 기존 질서체제의 대응

연방의회는 함바흐 축제가 개최된 것에 불만을 표시했다. 나아가 바이에른 왕국의 조치도 강력히 비난했는데 그것은 뮌헨 정부가 축제 금

거기서 임금의 급격한 하락 현상이 나타나게 되었다. 여기서 일부 계층이 사회적 부의 대다수를 차지하게 됨에 따라 사회구성원 대다수를 차지하던 노동자 계층(=생산수단을 가지지 못한 계층)의 생활 수준은 이전보다 훨씬 열악해졌고 그것으로 인해, 사회적 빈곤 현상, 즉 대중적 빈곤 현상도 나타나게 되었다.

39 1886년 10월 8일 엥겔스는 베벨(August Bebel)에게 편지를 보냈는데 여기서 그는 베커를 다음과 같이 평했다. "베커는 민중 속에서 성장한 유일한 지도자라 할 수 있다. 그는 함바흐 축제에서 현재적 상황을 극복할 수 있는 최선의 방안을 제시했음에도 당시의 참석자들은 그것을 무시하고, 등한시하는 실수를 저질렀다."

40 다이데스하이머는 자신의 연설에서 다음과 같이 강조했다. "우리는 혁명을 원하지 않는다. 단지 우리의 권리만을 요구할 뿐이다. 우리는 법적으로 보장되고, 위정자들이 자의적으로 맹세한 우리의 제 자유를 보존하고 확대해야 할 것이다. 만일 위정자들이 이러한 것들의 극히 일부라도 해치려 한다면 그들은 거짓 맹세를 한 것이고 사회의 적으로도 부각될 것이다."

지를 포기한 것과 축제 기간 중 제시된 혁명적 언급들에 대해 시의적절한 조치를 하지 않은 데서 비롯되었다. 연방의회는 1832년 6월 28일 새로운 반동적 조치를 시행했다. 1820년 5월 15일 빈 협약에서 체결된 군주제 원칙에 따라 각국 의회의 권한을 제한한다는 내용을 담은 것으로, 각국 의회가 가졌던 청원권 및 조세 승인권 제한이 그 일례라 하겠다. 이어 연방의회는 7월 5일 일련의 추가 조치도 공포했는데 거기서는 첫째, 향후 정치단체의 결성 또는 민중집회를 개최할 때 반드시 해당 정부의 승인을 받아야 한다. 둘째, 흑·적·황색의 옷이나 그것과 연계된 띠를 착용해서는 안 된다. 셋째, 독일 각 정부는 혁명운동을 효율적으로 차단하기 위해 상호 군사 협력체제를 더욱 확고히 유지한다. 넷째, 대학에 대한 연방의회의 감시를 부활시킨다. 다섯째, 바덴 지방의 언론법 (Preßgesetz)을 폐지한다 등이 언급되었다.

아울러 연방의회는 함바흐 축제를 주도한 비르트, 지벤파이퍼, 푼크 (Friedrich Funck)를 경찰 감시하에 놓이게 했다. 거의 같은 시기 뮌헨 주재 프로이센 외교관은 뮌헨 정부에게 공개 질의서를 보냈는데 이는 함바흐 축제에 참여한 인물들에 대한 정부의 의법 조치가 무엇인가를 알아보기 위한 것이었다. 사태의 심각성을 파악한 뮌헨 정부는 프로이센 외교관에게 적절한 조치를 즉시 취할 것이라고 답변했다. 얼마 후 루트비히 1세는 팔츠 지방에 계엄령을 선포했고 저항 운동의 중심지에 브레데(Karl Philipp Fürst v. Wrede) 장군이 이끄는 군대를 파견했다. 노이슈타트에 도착한 브레데 장군은 함바흐 축제에 적극적으로 참여했던 인물들을 체포하여 재판에 넘겼다.[41]

---

41 비르트와 지벤파이퍼 역시 반역죄로 체포된 후 재판을 받게 되었다. 재판에서 비르트는 무죄를 선고받았지만, 뮌헨 정부는 공무원모독죄로 비르트를 재기소했다. 여기서 비르트는 2년 형을 선고받고 바로 교도소에 수감되었다. 이에 반해 지벤파이퍼는 탈출로 처벌에서 벗어났다. 이에 앞서 헤프를 비롯한 일련의 인물

1833년 4월 3일 괴팅겐 소요의 핵심 인물이었던 라우센플라트(Johann Ernst Arminus Rauschenplatt) 강사와 그를 추종하던 하이델베르크대학의 부르셴샤프트 회원 50여 명이 독일 중앙정부의 구성과 독일공화국 선포를 실현하기 위해 프랑크푸르트 연방의회를 습격하려고 했다. 이를 위해 이들은 우선 프랑크푸르트 위병대기실(Wachlokale der Stadt Frankfurt)을 습격하여 이곳에 갇혀 있던 수감자들을 석방했다. 그러나 연방의회의 신속한 군대 투입 명령으로 도시의 질서는 바로 회복되었고 뒤이은 2만 5천 명의 연방군 추가 투입으로 도시의 안전은 이전보다 확고해졌다. 이에 자신의 계획 실행을 중단한 라우센플라트는 스위스로 도주했고 습격에 가담한 학생들 역시 제각기 흩어졌다. 프랑크푸르트 위병대기실 습격 사건 이후 독일 연방의회는 정치범에 대한 추적과 박해를 보다 강화하기 위해 1834년 6월 28일 새로운 반동적 조치를 발표했다.[42]

1833년 6월 30일 프랑크푸르트에 '중앙사문회의(Zentralbehörde für politische Untersuchungen)'가 설치되었는데 이 기관은 1842년 활동을 중단할 때까지 2천 명에 달하는 반정부적 인물들을 사찰하고, 추적하는 데 주력했다. 당시 2천 명에 달하는 혐의자는 중앙사문회의가 작성한 '흑서(Schwarzes Buch)'에 등재되었고 프랑크푸르트 위병대기실 습격에 참여한 학생들 이름 역시 '흑서'에서 확인되었다. 얼마 후 프랑크푸르트 위병대기실 습격에 참여한 학생들의 대다수가 체포되었다. 15명이 실형 선고를 받았는데 이 중 11명은 종신형 판결을 받았다. 1837년 유죄 선고를

들은 1832년 6월 10일 반박문(Protestation)을 발표했다. 여기서 이들은 뮌헨 정부가 자의적인 방법으로 라인-팔츠 지방을 통치하려는 것에 비난을 가했다. 아울러 이들은 뮌헨 정부의 그러한 의도를 저지하기 위해 모든 수단과 방법을 동원하겠다는 강한 의지도 밝혔다.

42 모두 60개 항목으로 구성된 새로운 반동적 조치는 카를스바트 협정 내용을 보다 강화한 것으로 볼 수 있다. 그러나 새로운 반동적 조치는 공개되지 않았다.

받은 15명 중에서 일부는 탈출했고 나머지는 사면되었다. 독일 내 일부 국가에서 진행된 정치범 판결, 특히 불법화된 부르셴샤프트 회원이거나 또는 위병대기실 습격에 관여한 인물들에게는 '국가반역죄'라는 죄명이 부여되었다. 특히 프로이센에서 진행된 재판은 매우 가혹했다. 1836년 베를린 고등법원(Kammergericht)은 부르셴샤프트 회원 204명에 대해 판결을 했는데 이 중에서 39명이 사형선고를 받았고(4명은 말 바퀴에 깔리는 환형, 35명은 참수형) 나머지는 종신형 내지는 수십 년형을 선고받았다. 중앙사문회의와 각국 정부의 지속적이고 집요한 탄압으로 지식인 계층이 주도한 독일 통합은 일시적으로 그 동력을 잃게 되었고 그것에 따라 많은 지식인, 학생, 수공업자들은 국경을 넘어 프랑스, 스위스, 영국, 그리고 미국으로 망명했다.

급진적 공화주의자들은 파리에서 '망명자동맹'을 결성했고 그 일부는 다시 '의인동맹(Bund des Gerechten)'을 조직했다. 망명자동맹의 요청으로 마르크스(Karl Marx)가 「공산당 선언(Kommunistisches Manifest)」을 쓴 것도 바로 이때였다.[43] 마르크스와 엥겔스(Friedrich Engels)가 공동으로 작성한

---

43 마르크스는 1818년 5월 5일, 독일 남부 트리어에서 변호사인 하인리히 마르크스(Heinrich Marx)의 장남으로 태어났다. 그는 가계 혈통상 유대인이었지만, 가톨릭으로 개종한 자유주의자였던 아버지의 영향으로 다소간 개방적인 어린 시절을 보낼 수 있었다. 아버지는 자신과 마찬가지로 마르크스가 법학을 공부해서 변호사로 활동하기를 바랐다. 그러나 그는 어릴 때부터 종교와 문학, 철학에 심취했으며 점차 법학으로부터 멀어져갔다. 아버지는 아들이 변해가는 것을 두려워했는데 그것은 그가 자기 아들이 뛰어난 자질을 활용하여 자신에 맞는 사회적 지위를 성취하기를 원했기 때문이다. 마르크스는 아버지의 뜻에 따라 본(Bonn)대학에서 베를린대학으로 전학했다. 그러나 마르크스는 변호사라는 사회적 지위가 보장하는 미래를 포기했을 뿐만 아니라 교수직마저 등한시하는 자세를 보였다. 마르크스가 교수의 길을 접고 대신 선택한 것은 잘못된 제도와 가치, 허위적인 의식들을 가차 없이 폭로하고 비판하는 언론인의 길이었다. 1842년 1월, 검열제도를 비판하는 날카로운 글을 『독불연보』에 기고하면서 마르크스

이 문서는 모두 4장으로 구성되었다.[44] 제1장인 '부르주아지(Bourgeoisie)와 프롤레타리아(Proletariat)'에서는 모든 사회의 기본적 발전 법칙, 즉 계급투쟁(Klassenkämpfen)을 언급하고 각 역사적 사회 구성체의 이행 과정을 간략히 살펴본 후 자본주의 체제의 내적 모순에 따른 필연적 붕괴도 분석했다. 또한 노동자 계급의 궁극적 목적인 공산주의 체제의 근간도 제시했다. 제2장인 '프롤레타리아와 공산주의'에서는 노동자 계급의 전위로서의 당의 역할을 언급하고 당의 강령도 서술했다. 여기서 공산주의 투쟁의 기본적 목표로 생산수단에 대한 사적 소유 폐기 및 사회적 소유화, 이를 토대로 한 인간의 자유로운 발전 및 문화와 과학 발전을 위

의 본격적인 비판 작업은 시작되었다. 1842년 가을, 마르크스는 24세의 나이에 쾰른(Köln)에서 창간된 시민적 민주주의를 신봉하는 반정부기관지인 『라인 신문 (Rheinische Zeitung)』의 편집장이 되었다. 여기서 마르크스는 라인 지방에 살던 주민들의 실생활을 주로 언급했다. 예를 들어 그는 당시 빈번히 자행되던 산림 도벌 행위와 그것이 무엇에서 비롯되었는가를 밝히는 데 주력했다. 1843년 4월 1일 『라인 신문』이 정부로부터 폐간 처분을 받은 후 마르크스는 독일에서 자신의 활동이 더는 의미가 없음을 인지했고 그에 따라 같은 해 10월 파리로 떠났다. 이후부터 마르크스는 역사이론에 사회주의를 접목하려고 시도했고 그 과정에서 인류의 역사는 '계급 간의 투쟁사'라는 관점을 제시하기도 했다.

44 엥겔스는 생의 대부분을, 즉 1849년부터 1883년까지 산업혁명의 본거지였던 영국에서 보냈다. 엥겔스는 마르크스보다 두 살 아래로, 1820년 11월 28일 독일의 바르멘(Brmen)에서 방적공장을 운영하는 같은 이름의 아버지, 프리드리히 엥겔스와 엘리자베트 사이에서 장남으로 태어났다. 그의 아버지는 엥겔스가 경영 수업을 받아 사업을 승계하기를 원했다. 그러나 엥겔스는 돈 버는 일보다 세계를 인간답게 변화시키는 일에 더 몰입하고 있었다. 엥겔스 또한 마르크스처럼 아버지의 기대를 벗어난 길을 걸었다. 엥겔스는 18세 때부터 『독일을 위한 전신』에 정례적으로 실린 '부퍼탈 통신'에 기고하기 시작했다. 이를 통해 엥겔스는 고향 부퍼탈(Wuppertal)에서 벌어지던 비참한 상황과 공장주들의 위선을 폭로했다. 마르크스가 24세에 『라인 신문』의 편집장으로 활동하면서 인간의 삶에서 필요한 물질적 조건들, 즉 경제적 관계들에 눈을 뜨기 시작했다면 엥겔스는 훨씬 이전부터 이 관계에 주목하고 있었다.

한 가능성 창출을 제시했다. 그리고 마르크스주의에서 가장 핵심적 사상인 프롤레타리아의 독재 사상도 구체화했다. 제3장은 부르주아적이거나 프티부르주아적인 비프롤레타리아 사회주의에 대해 비판했다. 그리고 제4장은 당의 전략 및 전술의 여러 원칙을 서술했는데 거기서 공산주의는 언제 어디서나 현 사회 및 정치제도를 거부하는 모든 혁명운동을 지지하고 봉건체제에 대해서는 시민계층과 공동투쟁에 참여한다는 등이 거론되었다. 또한 공산주의자들은 그들의 기본적 의무, 즉 프롤레타리아와 부르주아지 사이의 화해할 수 없는 적대적 모순에 기초한 계급의식을 노동자들에게 전달하는 임무를 잠시라도 게을리해서는 안 된다는 것과 노동자 계급의 최종적 목적이 현 자본주의 체제를 폭력적 방법으로 타도해야만 달성될 수 있다는 것도 명시했다.

의인동맹으로 독일 노동자들은 독자적 조직을 구축하게 되었는데 이러한 동맹 창설에 주도적 역할을 담당한 계층은 수공업 분야에 종사하던 노동자들이었다.

독일 연방의회의 반동정책으로 침체에 놓여 있던 독일 통합은 새로운 동력원도 확보하게 되는데 그것은 1837년 하노버 국왕으로 등극한 컴벌랜드(Comberland) 공작 아우구스트(Ernst August, 1837~1851)가 실시한 반동정책에서 비롯되었다. 1837년 영국 국왕 윌리엄 4세(William Ⅳ, 1830~1837)가 서거함에 따라 빅토리아(Victoria, 1837~1901) 여왕이 영국을 통치하기 시작했다.[45] 같은 해 하노버 공국에서도 군주 교체가 있었는데 윌리엄 4세의 동생인 컴벌랜드 공작 아우구스트가 국왕으로 등극

---

[45] 빅토리아 여왕이 등극함으로써 1714년부터 123년 동안 유지되었던 영국과 하노버와의 동군연합(Personalunion, 같은 군주를 모실 뿐 각자의 주권을 유지하는 국가 간의 연합)은 종료되었는데 그것은 하노버 공국의 왕위계승에서 부계 혈통만이 인정되었기 때문이다.

했다.[46] 아우구스트는 즉위 직후인 1837년 11월 1일 1833년에 제정된 헌법 기능을 정지시켰을 뿐만 아니라 1815년부터 1820년에 걸쳐 제정된 헌법에 따라 신분제의회 소집을 위한 선거를 시행하겠다는 칙령을 발표했다.[47] 동시에 그는 기존 헌법을 일방적으로 폐기한 일과 관련해 독일 연방을 끌어들이고 옛 제국의 추밀원회가 가졌던 사법적 기능마저 회복시키려 했다. 국왕의 이러한 반동적 정책에 대해 법학자인 달만(Friedrich Dahlmann)과 알브레히트(Wilhelm D. Albrecht), 역사학자인 게르비누스(Georg Gottfried Gervinus)와 그림 형제(Jacob Grimm/Wilhelm Grimm), 물리학자인 베버(Wilhelm Eduard Weber), 그리고 동양학자인 에발트(Heinrich Georg Ewald) 교수가 11월 18일 괴팅겐대학에 모여 자신들의 뜻을 정리했다. 여기서 이들은 우선 자신들이 1833년 헌법 앞에서 취임 선서를 한 사실을 환기하면서, 국왕이 그러한 헌법을 일방적으로 무효화시킨 것을 인정할 수 없다는 견해를 밝혔다. 또한 이들은 국왕의 조치가 시대를 역행하는 반동적 발상에서 비롯되었다는 항의편지(Protestbrief)를 달만의 이름으로 담당 행정부서에 발송했다. 항의편지를 받은 아우구스트는 여기에 서명한 7인 교수를 혁명적이고 국가 전복을 지향하는 위험적 인물들이라고 헐뜯었는데, 그것은 이들 교수가 그들의 저항적 자세를 이웃에게 전파하고 공개했다는 데서 비롯된 것 같다. 특히 아우구스트는 달만, 야코브 그림, 그리고 게르비누스에게 3일 내 하노버 왕국을 떠날 것을 명령했다. 이러한 소식을 접한 괴팅겐대학의 학생들은 7인 교수를 지지한다는 태도를 밝혔고 이들은 7인 교수들을 향해 주저 없이 '만

---

[46] 당시 그의 나이는 66세였는데 국왕으로 취임하기 전 그는 영국 토리당에서 극우 세력을 주도했고 왕조적 독재정(Königliche Autokratie)을 옹호하는 데 주저하지 않았다.

[47] 아우구스트가 1833년 헌법을 폐기한 것은 1833년에 국유화된 자신의 영지를 되찾으려는 시도에서 비롯되었다.

세(Vivat)'를 외쳤다. 학생들의 이러한 행동은 법률적으로 어긋나는 행위였고 때에 따라서는 체포될 수도 있었다. 아울러 이들은 7인 교수에 대해 부정적이었던 교수들의 강의에 참석하여 '쉬이 쉬이' 하는 소리나 '긁는 소리'를 내어 그들의 불쾌감을 표시하기도 했다.

달만, 야코프 그림, 그리고 게르비누스가 흉갑을 착용한 기병들에 둘러싸여 괴팅겐을 떠날 때 200명의 학생도 도보로 그들의 뒤를 따라갔다. 이어 나머지 교수들도 괴팅겐 대학에서 추방되었는데 이것은 향후 이들의 생계에 커다란 타격을 가져다주었다. 예나로 간 달만 교수는 언론을 통해 아우구스트를 비판했고 그림 형제는 그들의 고향인 쿠어 헤센(Kurhessen)으로 돌아갔다. 당시 아우구스트는 달만과 그림 형제가 독일의 다른 지역에서 새로운 교수 자리를 확보하지 못하게끔 방해전략을 펼쳤고 소규모 국가들에게는 공개적인 압박도 가했다. 이러한 상황에서 달만을 비롯한 7인 교수들은 그들의 의견서를 국내가 아닌 국외, 즉 스위스에서 출판했다. 베를린에서도 7인 교수를 위한 집회가 비공개로 개최되었는데 이것은 교수들의 정치 참여를 국가 질서를 파괴하는 기도로 간주한 로쇼(Werner Rochow) 장관의 압박에서 비롯되었다. 그런데도 이들은 독일 전역을 다니면서 하노버 정부와 연방의회의 반동적 정책을 비난했다. 특히 달만은 독일에서 정착되기 시작한 평화로운 헌법 개혁에 대한 믿음이 연방의회의 결정으로 사라졌다는 견해를 밝히기도 했다.

소위 '괴팅겐의 7인 교수(Die Göttinger Sieben) 사건'으로 지칭되었던 이 사건의 파문은 독일 전역으로 확산했으며 그들에 대한 후원 운동이 전개되면서 독일 전체를 하나로 인식하는 여론도 형성되기 시작했다. 괴팅겐 7인 교수 사건은 메테르니히 주도로 개최된 연방의회에서도 밀도 있게 논의되었다. 그런데 메테르니히의 기대와는 달리 바이에른, 작센, 뷔르템베르크, 그리고 바덴 공국이 하노버의 1833년 헌법을 지지한다는 반기를 들었고 이것은 메테르니히에게 적지 않은 타격을 가져다주었다.

7. 혁명적 분위기 조성과 대응 방안

1844년 6월 4일 프로이센의 슐레지엔 지방에서 섬유 직조공들의 폭동이 일어났다. 이 폭동은 시위대가 페터스발다우(Peterswaldau)에 위치한 건실한 섬유회사 '츠반지거 운트 쇠네(Zwanziger & Söhne)'를 공격하면서 시작되었다. 츠반지거 운트 쇠네는 지역의 과잉 노동력을 악용해 임금을 터무니없이 낮추고 노동 조건 역시 매우 열악한 것으로 악명이 높았다.[48]

모직과 면직물의 생산이 늘고 독일 직물업자들이 영국이나 프랑스, 벨기에 등과 어깨를 나란히 하게 되었지만, 여전히 낡은 도구를 사용하여 직물을 생산하던 리넨 산업은 위축되어갔다. 직조공들은 임원들의 사택으로 난입하여 벽난로에서부터 금박거울, 값비싼 도자기 등을 닥치는 대로 때려 부수었다. 이들은 그들의 부채가 명시된 장부와 채권, 차용증, 각종 문서를 보이는 대로 찢어버린 다음, 방과 헛간, 창고를 짓밟고 다니면서 발에 걸리는 것은 무조건 박살냈다. 파괴는 날이 저물 때까지 계속되었다. 거의 같은 시간 주변 마을의 사람들도 이러한 파괴적 행동에 동참하기 위해 몰려들었다. 다음 날 아침 직조공들은 지붕을 비롯해 멀쩡하게 남아 있던 구조물들까지 훼손시켰다. 아마 누군가 집주인들이 화재보험에 가입해서 보상받을 거라는 것을 지적하지 않았다면 모

---

48 당시 슐레지엔은 프로이센에서 경제적으로 가장 활성화된 지방이지만 점차 사양화되던 리넨 공장에서 일하던 섬유 직조공들의 생활은 매우 열악했다. 이들은 하루 14시간씩 일을 했지만 자기 가정을 제대로 꾸려갈 수 있을 정도의 임금을 받지 못했다.

조리 불탔을 것이다. 도끼와 쇠갈퀴, 돌멩이 같은 것으로 무장한 직조공들은 3천 명으로 수가 불어난 가운데, 페터스발다우를 빠져나와 디리그(Dierig) 가족의 저택이 있는 랑겐빌라우(Langenbielau)로 향했다.[49] 여기서 이들은 겁에 질린 회사 직원들로부터 회사 건물을 공격하지 않는 대가로 전원에게 은화 5그로셴(Silbergroschen)을 지급하겠다는 말을 들었다. 그 사이 로젠베르거(Rosenberger) 소령이 지휘하는 슈바이트니츠(Schweid-nitz)의 2개 보병 중대가 질서를 회복하기 위해 현장에 도착했다. 군인들은 디리그 저택 앞의 광장에 자리 잡았고 이로써 재앙이 일어날 모든 조건은 갖춰졌다. 디리그 저택이 공격당하지 않을까 우려한 로젠베르거는 사격 명령을 내렸다. 세 차례의 일제사격이 끝나자, 11명이 바닥으로 쓰러지며 죽었다. 그중에는 군중 틈에 섞인 여자와 아이가 한 명씩 있었고 바느질을 배우러 가던 여자아이를 포함해 시위에 참여하지 않은 사람들도 목숨을 잃었다. 사망자 중에는 현장에서 200보쯤 떨어진 대문 앞에서 시위를 지켜보던 여자도 한 명 있었다. 목격자들의 증언에 따르면, 한 남자는 일제사격을 받고 머리통이 날아갔다고 한다. 피로 얼룩진 머리가 몸통에서 분리되어 몇 미터 떨어진 곳에서 발견되었다는 것이다. 분노가 폭발한 군중은 끝없이 저항했다.

군인들은 성난 군중의 기세에 놀라 정신없이 도망쳤고 밤새 군중은 디리그의 집과 부속 건물들을 짓밟고 다니면서 귀중품과 가재도구, 회사 장부 등 8만 탈러(Taler)에 이르는 재물을 파괴했다. 그러나 최악의 사태는 지나갔다. 다음 날 아침 일찍이 포병대까지 가세한 증원군이 랑겐빌라우에 도착하자 디리그의 건물 안이나 주변에 있던 군중은 순식간에 흩어졌다. 인근의 프리드리히스그룬트(Friedrichsgrund)에서 몇 차례 더 폭동이 일어나고 브레슬라우에서도 장인들이 유대인 주택을 공격하는 일

---

49 당시 페터스발다우에는 6천 명, 랑겐빌라우에는 1만 2천 명이 살고 있었다.

이 있었다. 하지만 시내에 주둔한 부대는 더 이상의 소요를 허용하지 않았다. 이후 약 50명이 소요와 관련해 체포되었고 이들 중에 18명은 중노동 및 체형(채찍[Peitschenhiebe] 24대)과 더불어 징역형에 처해졌다.[50]

이렇게 슐레지엔 지방에서 발생한 섬유 직조공들의 소요가 진압되었지만, 하층민의 경제적 상황은 더욱 악화되었다.[51] 3월 혁명 이전의 빈곤 현상, 즉 대중적 빈곤 현상은 여러 가지 중요한 측면에서 전통적인 빈곤과는 형태를 달리했다. 이것은 질병과 부상 혹은 흉작에 따른 후유증에서 비롯된 산물이라기보다 집단적이고 구조적인 현상이었고 계절적인 현상이 아니라 지속적이었다. 이때의 빈곤은 장인계급과 영세 자영농처

---

50 슐레지엔 섬유 직조공들의 소요는 극작가 하웁트만(Gerhart Hauptmann)의 『직조공(Die Weber)』(1893)의 소재가 되기도 했다. 1844년 7월 프리드리히 빌헬름 4세는 슐레지엔의 에르드만스도르프(Erdmannsdorf)에 있는 여름별장에서 특별성명을 발표했는데 거기서는 슐레지엔 섬유 직조공들이 처한 상황을 자세히 조사하여 적절한 대책을 마련하겠다는 것이 명시되었다. 그뿐만 아니라 프리드리히 빌헬름 4세는 같은 해 베를린에서 개최된 산업박람회에서도 눈에 띄게 모직물과 면직물에 관한 관심을 표명했다. 당시 프로이센 국왕은 공산주의적 혁명가들과 반정부적 언론이 구상한 전국 단위의 소요를 두려워하고 있었다. 게다가 그는 자신의 암살을 시도한 인물이 슐레지엔 직조공들과 긴밀한 관계가 있다는 것도 확신하고 있었다.

51 당시 파리에 머물고 있던 루게(Arnold Ruge)는 급진파 신문인 『돌격(Vorwärts)』에서 직조공의 반란이 프로이센의 정치권력 구도에 아무런 위험도 되지 않는 단순한 기아 폭동에 불과하다고 했다. 실제로 당시 프로이센의 노동자들은 열악한 작업환경에서 매일 12시간에서 16시간까지 일했지만, 빈곤 상태(Mühsal)에서 벗어나지 못했다. 따라서 집안의 생계를 유지하기 위해서는 가족 구성원, 즉 부인과 아이들도 노동시장에 참여해야만 했다. 당시 여성들이 노동시장에서 차지하는 비율은 지역에 따라 다르지만 30%를 상회하는 지역이 많았다. 특히 산업화가 비교적 빠른 작센 지방에서의 비율은 37%나 되었다. 전체 노동시장의 17% 정도를 차지하던 미성년자는 10세 이후부터 매일 10시간 정도 일했는데 이것은 정부의 지침에서 나왔다. 미성년자에 대한 이러한 제한은 건강상의 배려보다는 건장한 신병의 충원 필요성에서 나왔다고 보아야 할 것이다. 그런데도 어린 나이에 노동시장에 투입되었기 때문에 이들은 종종 불치의 병에 걸리기도 했다.

럼 그 이전 시기에 상대적으로 지위가 안정적이었던 사회집단을 몰락시키는 특징이 있었고 이것은 노동과 거기서 나온 상품의 가치가 하락한 데서 비롯되었다. 그리고 이러한 현상은 비숙련 노동자와 수공업에 종사하는 사람들뿐만 아니라 그 수가 점점 늘어나 상당 규모가 된 다양한 형태의 가내수공업으로 살아가던 지방민에까지 지대한 영향을 미쳤다. 점차 프로이센 신민의 대다수는 생존 위기의 압박감을 겪게 되었다.

식량 가격이 최대로 폭등한 1847년 4~5월에만 158회의 식량 폭동이 일어났다. 4월 21일과 22일에 걸쳐 베를린 시민들은 노점과 상점을 습격하고 약탈했으며 감자 상인을 공격하기도 했다.[52] 그런데 식량 폭동이 발생한 지역과 식량 부족이 가장 극심한 지역이 일치하지 않는 경우가 많았다. 식량 폭동은 수출용 식량을 생산하거나 수시로 식량 수송 마차가 통과하는 지역에서 더욱 자주 발생하곤 했다. 따라서 작센 왕국과 국경을 접하고 있던 프로이센 지역은 특히 폭동이 일어나기 쉬웠다. 상대적으로 산업화한 작센 왕국에서 늘어난 수요 때문에 수출되는 곡물들이 이 지역을 통과할 가능성이 크다는 것을 사람들은 인지했다. 프로이센에서의 이러한 경제적 상황은 오스트리아 제국에서도 확인되었다. 특히 빈과 주변 도시에서 급속히 확장되던 섬유공업은 지속된 경제적 불황으로 파산 위기에 내몰리게 되었고 그것은 급격한 임금 삭감, 실업률 증대, 그리고 임금이 저렴한 노동력, 즉 여성과 미성년자의 고용이 많이

---

52 사유재산에 대한 범죄행위는 시간이 지날수록 증대되었다. 특히 난방을 위해 불법적으로 행해지던 산림 도벌(Holzdiebstahl)은 1840년 한 해에만 무려 265,000건이나 되었다. 이렇게 산림 도벌로 범법자가 되는 프로이센인이 매년 30만 명이나 되었다는 것을 통해 당시의 경제적 상황이 매우 어려웠음을 확인할 수 있다. 실제로 제멋대로 자란 무산계층의 아이들, 거지, 그리고 부랑자들이 길에서 생계를 위해 배회할 때 종종걸음으로 이들을 피해 다녔던 시민들은 당시 일상생활의 그림이었다.

늘어나는 요인도 되었다. 그리고 이것은 산업혁명 초기에 나타나는 대중적 빈곤도 유발했고 이러한 상황은 사회계층 간의 갈등을 증대시키는 결정적 요인이 되었다. 그러나 당시 프로이센과 오스트리아의 위정자에게는 이러한 경제적 위기를 극복한 대안이 없었다. 경제적 위기와 더불어 정치체제의 개선 및 개혁을 촉구하는 사회적 요구 역시 제기됨에 따라 당시 독일권의 위정자들은 나름대로 자구책을 마련하기 시작했다. 여기서 독일의 위정자들은 정치체제의 개혁을 통해 당시 제기된 경제문제를 다소나마 완화할 수 있다는 희망도 품었다.

프로이센 국왕 프리드리히 빌헬름 4세는 1847년 2월 3일 8개 지방 신분제의회가 요구하던 연합지방의회(Vereinigter Landtag)의 베를린 개원을 허용했는데 이것은 정치체제 개혁 시도의 대표적 일례라 하겠다.[53] 4월 11일 베를린 궁의 백색 홀에서 개최된 연합지방의회에는 모두 612명의 의원이 참석했다. 이렇게 연합지방의회가 베를린에서 개원한 것은 1847년 2월 3일에 발표한 프리드리히 빌헬름 4세의 칙서에서 비롯되었다.[54]

연합지방의회는 새 헌법기관이 아니라 단순히 각 지방의회를 조합한 단일 기구에 불과했다. 의원들은 지방과 신분에 따라 따로 앉았으면서도 표결은 개인적으로 했으며, 의회는 상정된 안건에 대해 국민의회와 같은 단일 기구처럼 운용되었다. 왕자와 백작, 왕실에 소속된 귀족 및

---

53 이러한 결정에 앞서 프리드리히 빌헬름 4세는 지방의회 대표 회의에서 선발된 대표자들로 구성된 통합신분대표(Vereinigter ständische Ausschuß)의 활동을 허용하는 방식으로 출로를 찾고자 했다. 그러나 44인의 기사 대표와 32인의 시 대표, 그리고 20인의 지방 대표로 구성되고 필요한 경우에만 소집하게 되어 있는 이 위원회는 국가 전체의 이익을 위해 발언하는 위치에 있던 전체 대의기구를 대체하는 방안이 될 수 없었다.

54 연합지방의회에 참석한 의원들은 8개 지방 신분제의회의 의원들이었다.

왕실 구성원이 앉는 상위구역(Herrenkurie)이 있었고, 나머지 위원들은 지방 귀족과 시민, 농민의 대표로서 3신분 지역(Dreistandekurie)에 앉았다. 복잡한 표결 방식 때문에 각 지역의 대표는 그들의 이익을 침해하는 안건에 거부권을 행사할 수 있었으며, 이런 점에서 연합지방의회는 1815년 이후 보여준 프로이센의 '연방' 구조를 반영했다. 당시 프로이센의 자유주의자들은 국왕의 이러한 양보적 자세에 그다지 강한 인상을 받지 못했는데 그것은 발표된 국왕의 칙령이 의회의 권한을 새로운 조세 부과 및 국채 승인으로 한정시킨 것과 임명 귀족들로 구성된 상원을 제시하여 하원에 대한 또 다른 제동장치를 마련한 데서 비롯되었다.[55] 그러나 의회가 개원한다는 사실 자체가 중요한 것이었으므로 독일 여러 곳에서 자유주의자들이 의회 활동을 참관하기 위해 베를린에 모여들었다. 그런데 헌정사에 실제적 진전이 있으리라는 희망은 곧 사라졌다. 그 이유는 프리드리히 빌헬름 4세가 개회사에서 자신과 신민 사이에 성문헌법이 제정되는 것을 허용하지 않을 것이라고 단언했기 때문이다. 국왕을 설득하여 의회를 정기적으로 소집하게 하고 의회 권한을 확대하려는 시도는 완전히 실패했다. 이에 대한 보복 조처로서 자유주의자들은 연합지방의회를 설득하여 쾨니히스베르크와 베를린 사이를 잇는 동부 철도 건설에 필요한 2,500만 탈러의 공채를 포함하는 여러 건의 재정 지출에 대한 인준을 보류시켰다.[56] 격분한 국왕은 이미 궤도에 오른 헌법 제정 작업을 중지하고 1847년 6월 연합지방의회를 해산시켰다. 그러나 연

---

55 1820년 1월 17일 하르덴베르크의 절친한 동료인 로테르(Samuel Lother)의 주도로 국가부채법(Staatsverschuldungsgesetz)이 제정되었고 이 법에 따라 프로이센 정부는 전국적인 신분제의회, 즉 연합지방의회의 승인 없이는 국채를 발행할 수 없었다.

56 당시 프리드리히 빌헬름 4세는 철도 건설에 매우 긍정적이었다. 이는 그가 증대되던 수송기술의 경제적·군사적·전략적 중요성을 인지했기 때문이다.

합지방의회는 캄푸하우젠과 한제만 같은 기업가들이 주도한 라인란트와 베스트팔렌 지방의회 출신의 자유주의자들이 지주인 아우어스발트(Rudolf v. Auerswald)가 이끌던 동프로이센 자유주의자들과 긴밀하게 협력할 수 있는 계기를 제공했다.

같은 해 11월에 발생한 스위스 사태는 남독일 자유주의자들의 관심을 유발시켰다. 분리파(Sonderbund)에 속한 가톨릭 주들과 스위스 연방을 연방국으로 전환하려고 투쟁해온 프로테스탄트 주들 사이에 내전이 발발했다.[57] 그런데 예상과는 달리 보수주의적 성향의 분리파는 한 달도 안 되어 와해되었고 이것은 분리파 측에 서서 내전에 간섭하려 했던 메테르니히와 그의 추종 세력에게 큰 타격을 주었다.[58]

남독일의 자유주의자들은 스위스 자유주의자들의 승리로부터 신선한 자극을 받았다. 당시 바덴에는 독일 내 다른 지역보다 자유주의를 추종하는 세력이 많았다. 실제로 자유주의자들은 하원을 장악하고 있었고 이들은 1848년 2월 그들의 지도자인 바서만을 통해 독일 국민의회의 즉각적인 소집을 요구하기도 했다. 바이에른에서는 몬테츠(Lola Montez) 추문 사건으로 신민들의 불만이 유발되었고 이것은 개혁정책 시행의 요인으로도 작용했다.[59] 1846년 10월 초 바이에른 국왕 루트비히 1세(Ludwig I, 1825~1848)는 아일랜드 출신 무희인 몬테츠에게 큰 관심을 보였다. 당

---

57 루체른(Luzern), 우리(Uri), 슈비츠(Schwyz), 운터발덴(Unterwalden), 추크(Zug), 프라이부르크(Freiburg), 그리고 발리스(Wallis) 주가 분리파에 가담했다.

58 1848년 9월 12일 신자유주의적 헌법이 국민투표에 넘겨졌고 절대다수의 지지로 통과되었다. 이때부터 권력의 핵심으로 등장한 자유주의자들은 1919년까지 연방정부를 주도했다.

59 아일랜드에서 태어난 몬테츠는 스코틀랜드 장교 출신의 딸로, 원래 이름은 엘리자 길버트(Eliza Gilbert)였다. 이후 그녀는 인도, 스코틀랜드, 그리고 영국에서 성장했다. 에스파냐에서 그녀는 춤 교습을 받았는데 이때부터 몬테츠라는 예명을 사용하기 시작했다.

시 25세였던 몬테츠는 뮌헨에 오기 전부터 많은 추문을 일으켰는데 그 중 한 사람이 작곡가 리스트(Franz Liszt)였다. 이렇게 스캔들이 끊이지 않자 몬테츠는 베를린, 바르샤바, 그리고 바덴바덴(Baden-Baden)에서 강제로 추방되었다. 뮌헨 왕실 국립극장이 몬테츠의 출입을 불허하자 그녀는 그것을 번복시키기 위해 국왕을 알현하기로 했다. 결국 몬테츠는 루트비히 1세를 만날 수 있었고 거기서 루트비히 1세는 그녀에게 완전히 빠져들게 되었다. 당시 루트비히는 60세였지만 젊은 여자들에 관한 관심은 식지 않았다. 몬테츠와의 첫 만남에서 루트비히 1세는 그녀의 균형 잡힌 몸매가 진짜인지를 물었고 몬테츠는 자신의 누드로 답변했다. 이후부터 양인 사이는 연인관계로 바뀌었고 루트비히 1세는 그녀를 위해 국고를 사용했을 뿐만 아니라 법률까지도 훼손시켰다. 점차 몬테츠는 바이에른 왕국의 국사까지 관여하는 과감성도 보였다. 결국 그녀의 안하무인격 태도는 바이에른 왕국 신민들의 울분을 유발시켰다. 그 일례는 우체국에서 몬테츠가 보인 행동에서 찾을 수 있다. 몬테츠는 우체국에 가서 직원에게 이미 부친 편지를 돌려달라고 했는데 담당 직원은 그러한 요청을 수용할 수 없다면서 우편 업무와 관련된 법률 조항을 제시했다. 이에 그녀는 손바닥으로 직원의 따귀를 때렸고 미친 듯이 날뛰면서 편지를 돌려주지 않으면 '나의 루이스(Mein Louis)'가 직원과 우체국장도 파면할 것이라고 외쳤다.

1847년 초, 루트비히 1세는 보수적인 아벨(Karl v. Abel)에게 몬테츠가 란스펠트 백작부인(Gräfin von Landsfeld) 작위를 수여 받을 수 있게끔 그녀에게 바이에른 시민권을 부여하라고 명했다. 이에 격분한 아벨 내각의 장관들은 사임했다.[60] 이후 유명한 법사학자(Rechtshistoriker)가 주도하

---

60 특히 당시 국왕에 대해 충성적 자세를 보였던 보수주의자들과 성직자들의 반발이 컸다.

는 마우어스(Georg Ludwig v. Mauers)의 신임정부가 등장했다. 이 정부는 국왕의 요구를 수락했고 괴뢰스(Joseph Görres) 교수를 비롯한 일련의 지식인이 뮌헨에서 주도한 소요도 진압했다.[61] 1846년부터 1848년까지의 몬테츠의 지나친 사치 생활 비용은 야전사령관 강당(Feldherrnhalle) 신축에 드는 비용보다 훨씬 많았다. 1848년 2월 초 뮌헨 대학생들의 주도로 소요가 다시 발생했다. 이에 루트비히 1세는 대학을 폐쇄했으나, 소요는 연이어 발생했고 바이에른에서의 불안 역시 다시금 고조되었다. 소요 과정에서 '창녀 왕은 물러가라(Fort mit dem Huren-König)' 또는 '미끼인 루트비히 1세를 처형하라(Schlagt das Luder tot)'라는 과격한 구호까지 나왔다. 상황이 이렇게 진행됨에 따라 국왕은 대학을 다시 열고 의회를 소집하여 몬테츠를 뮌헨으로부터 추방한다는 데 동의했다. 이것으로 사태가 완전히 끝난 것은 아니었지만, 이미 바이에른 왕권은 큰 타격을 입은 뒤였다. 루트비히 1세는 3월 6일 정치체제 개혁에 동의했고 이로부터 5일 후인 11일에는 신정부도 출범했다.[62]

---

61 마우어스는 몬테츠가 백작부인 신분을 획득하는 데 동의했지만, 그녀가 향후 사회생활을 하는 데 필요한 조치들을 마련하는 데는 반대했다. 이후 그는 내각 총리직에서 물러났다.

62 1848년 3월 19일 루트비히 1세는 로텐한(Hermann v. Rotenhan) 남작에게 의회에 대한 장관 책임제가 명시된 헌법이 실제로 작동하느냐에 대해 질문했다. 이에 로텐한 남작은 그렇다고 답변했고 루트비히 1세는 다소 실망한 듯한 표정을 보이면서 "남작, 이러한 상황에서 나에게 왕위는 아무런 의미도 없는 것 같다. 따라서 나는 왕위를 왕세자에게 곧 이양할 것이다."라고 언급했다.

제2장

3월 혁명

3월 혁명

1. 2월 혁명(1848)

7월 혁명(1830) 이후 등장한 루이 필리프의 7월 정부는 대시민계층의 지지로 유지되었기 때문에 당연히 이들 계층의 이익을 옹호하는 정치를 펼치는 데 주력했다. 점차 라마르틴(Alphonse Marie Louis de Lamartine)을 중심으로 한 소시민계층의 공화파 세력과 블랑(Louis Blanc)이 주도하던 노동자 계층의 사회주의 세력은 7월 왕정에 불만을 표시하게 되었다. 7월 혁명 이후 선거권 행사가 가능한 유권자 수가 이전의 9만 4천 명에서 1832년에는 16만 6천 명으로 늘어났는데 이것은 능동적 유권자가 되는 데 필요한 납세액이 3백 프랑에서 2백 프랑으로 인하되었기 때문이다. 1845년 실질적 유권자 수가 24만 명까지 늘어났지만, 이는 당시 전체 인구인 3,550만 명의 0.7%에 불과한 비율이었다.[1] 그리고 의원으로 활동하려면 일반 유권자들보다 더욱 엄격한 조건을 충족해야 했는데 그것은 일반 시민들이 상상하지도 못할 금액의 세금을 내야 한다는 것이었다. 따라서 실제 정치는 극히 일부 유권자들에 의해 부유한 자본가들

---

1 1846년의 유권자 수는 24만 983명으로 다소 늘어났다.

이 선출되는 의회에 의해 시행되었다. 그리고 루이 필리프의 소극적이고 회피적인 외교정책은 나폴레옹 시대의 영광을 회상하던 국내 왕당파들의 반발도 불러일으켰다.

이렇듯 국내 반정부세력의 저항이 심해지자 루이 필리프는 1840년 자유주의자였던 티에르(Louis Adolphe Thiers) 대신 보수파의 기조(François Pierre Guillaume Guizot)를 수상으로 임명했다.[2] 이후 기조는 의회를 매수하고자 의원들에게 관직 및 정부 관급 공사의 주주 자리를 제공하거나 정부 기간산업의 계약 특혜를 주는 등 온갖 정치적 부정 및 부패를 조장했다.[3] 이러한 정치적 부정부패와 더불어 흉작 및 경제적 공황에서 비롯된 파산과 실업률 역시 급증했다.[4] 이에 따라 공화주의자와 사회주의자들은 1848년 2월 22일 정부의 실정을 비난하는 정치개선촉진회(Reform Banquet)를 파리 시내, 샹젤리제 근처에서 개최하기로 합의했지만, 기조 정부의 개입으로 열리지 못했다.[5] 이에 『국민(Le National)』지의 편집 책임

---

2 2월 혁명 이후에도 정치활동에 계속 참여한 티에르는 1871년 8월 31일 제3공화정의 초대 대통령으로 선출되었다. 이에 반해 혁명 이후 영국으로 망명한 기조는 1849년 다시 프랑스로 돌아온 후 학문적 활동에만 전념했다.

3 기조는 선거권의 확대 요구에 대해 다음과 같이 대응했다. "부자가 되십시오, 그러면 여러분들도 선거권을 얻을 수 있을 것입니다."

4 1845년 아일랜드에서 발생한 병충해가 프랑스에도 전파되었기 때문에 다음 해부터 감자 가격이 급등하기 시작했다. 게다가 기상 악화로 밀가루 가격 역시 상승함에 따라 이를 원료로 하는 빵 가격 역시 두 배 이상 올랐다. 이러한 상황은 일부 지방에서 식량 봉기까지 유발하기도 했다. 전대미문의 대흉작으로 농민들의 구매력까지 크게 격감함에 따라 경제위기는 산업계, 은행, 그리고 주식시장까지 확산했다. 더욱이 철도 건설 등의 대규모 토목공사가 중단되면서 실업률역시 크게 높아졌다.

5 당시 루이 필리프는 '찬 장대비(ein kalter Schnürregen)'가 내리는 파리에서 진행되던 집회 효과에 부정적이었다. 그는 프랑스 대혁명 역시 60년 전 여름, 즉 1789년 7월 14일에 발생했음을 근거로 제시하면서 "혁명은 겨울에 발생하지 않는다"라고 말했다.

자인 마라스트(Marast)가 정치개선촉진회에 참석하려던 군중에게 시위를 촉구했다. 이에 따라 정치개선촉진회 참석자들은 기조의 관저를 습격하고 국민방위대와도 충돌했다.

한편 국민방위대는 2월 23일부터 정부의 명령을 거부하고 시위대와 보조를 맞추고 있었다. 2월 24일 대학생, 실업 노동자, 소상점주, 그리고 장인들이 참여한 시위대는 시가전에서 우위를 차지했다.[6] 이들은 호텔 드 비유(Hotel de Ville) 및 파리 시청을 점령한 후 튀일리궁도 습격했다.[7] 이에 따라 루이 필리프는 퇴위를 선언하고 영국으로 망명했다.[8] 곧

---

6 당시 프랑스의 산업화는 영국의 그것보다 훨씬 늦게 진행되었다. 그런데도 노동자 수는 6백만 명으로 급증했고 이들 중 130만 명은 공장에서 근무했다. 한 성인 노동자가 하루 13시간 노동으로 버는 일급은 약 2프랑 정도였다. 당시 양복 한 벌의 가격은 80프랑을 초과하는 경우가 많았는데 이것은 40일 동안 노동해야만 벌 수 있는 금액이었다. 또한 젊은 노동자들의 반수 이상은 건강상 문제로 병역의 의무도 제대로 이행할 수 없었다. 그리고 섬유산업에 종사하던 노동자들의 평균 수명은 30세를 초과하지 못했다. 노동자 계층의 이러한 열악한 상황에도 불구하고 이들에 대한 사회적 배려정책은 없었는데 이것은 열악한 국가재정에서 기인한 것으로 보아야 할 것이다.

7 1559년 앙리 2세(Henri Ⅱ, 1547~1559)가 사망한 후 왕비 카트린 드 메디시스(Catherine de'Medicis)는 새로운 궁전을 세우려고 했다. 그녀는 1564년 튀일리 인근에 신궁 건축 계획을 밝혔고 당시 유명한 건축가인 로름(Philibert de l'Orme)에게 시공을 맡겼다. 신축된 궁전은 하나의 큰 정원과 두 개의 부속정원을 갖춘 특이한 구조였다. 1600년 초반까지 지속된 궁전의 증축으로 이 궁전은 루브르 궁전과도 접하게 되었다.

8 루이 필리프는 아들인 오를레앙 공작이 1842년 사고로 사망했기 때문에 상속권을 가진 손자 파리 백작에게 왕위를 넘겨주려고 했다. 그런데 당시 파리 백작은 10세에 불과했기 때문에 모친인 오를레앙 대공녀 헬레네(Hélène)가 당분간 섭정을 맡기로 했다. 왕위 이양서에 서명한 루이 필리프는 왕 제복을 벗고 양복으로 갈아입은 후 시계, 서류, 그리고 열쇠 등의 개인 물품을 챙겼다. 이후 그는 부인과 같이 마차를 타고 왕궁을 떠났다. 퇴위에 앞서 루이 필리프는 파리에서의 다급한 상황을 해소하기 위해 몰(Louis Mathieu Molé) 백작을 기조의 후임으로 임명했다. 몰에 이어 티에르가 신임 수상으로 기용되었는데 그는 당시 의회 및 선거

라마르틴을 중심으로 한 공화주의파와 블랑과 30세의 기계공인 알베르(Martin Alexandre Albert)가 주도하던 사회주의파가 합세하여 임시정부를 수립했다.[9] 임시정부는 언론의 자유와 집회의 자유를 보장했을 뿐만 아니라 식민지에서의 노예제도를 폐지하고, 정치범에 대한 사형 역시 금지했다.

라마르틴의 임시정부는 2월 혁명에 이바지한 블랑의 사회주의 세력에 보답하고자 했다. 이에 따라 2월 25일 사회주의자들의 노동권 보장 요구를 수용했고 그것을 가시화시키기 위해 국립공장(ateliers nationax, 작업장)을 전국 여러 도시에 세웠다. 국립공장은 1839년에 출간된 블랑의 『노동조직론(L'Organisation du travil)』에 따라 설치되었다. '사유재산은 절도이다.'라고 주장한 블랑은 저서에서 자본주의의 자유경쟁에서 비롯되는 폐단과 심화되던 노동자 계층의 빈곤과 비참을 지적하고, 공업과 농업 분야에서 실업 노동자들이 그들의 전문기술을 살릴 수 있는 '사회작업장(ateliers sociaux)'의 설치를 제안했는데 이것은 국가만이 노동자 계층의 비참한 상황을 개선할 수 있다는 확신에서 비롯된 것 같다. 그런데 국립공장은 루이 블랑의 원안대로 운영되지 않았다. 이는 1일 2프랑을 주고 10만 명 이상의 실업자를 채용하여 철도 건설을 위한 사전작업에 투입하거나 제방 공사 또는 공원에서 흙을 나르는 일을 시킨 데서 확인된다. 경제적 실효성이 상실된 이러한 행위는 일종의 구빈사업에 불과

법 개정과 하원의 즉각적 해산을 수상직 수용의 조건으로 제시했다. 티에르는 이미 1830년대 수상으로 활동한 바 있다. 국왕의 이러한 조치에도 불구하고 국민방군 대신 동원된 군대는 시위대에 총격을 가했고 그 과정에서 52명의 사망자와 74명의 중상자가 발생했다.

9 블랑은 룩셈부르크위원회 의장직도 맡았는데 이 위원회는 일종의 '노동자의회'로 간주할 수 있다. 당시 룩셈부르크위원회는 실업률 완화책과 임금 인상 방안을 강구하고 거주 부족 및 대중적 빈곤 현상을 퇴치하는 정책 마련을 위원회의 주요 과제로 설정했다.

했기 때문에 국가예산 낭비라는 비판도 받았다. 또한 국립공장의 운영 경비를 부담했던 지방민의 불만 역시 크게 고조되었는데 그것은 지방민에게 부과하던 기본세를 45%나 기습 인상했기 때문이다. 실제로 이렇게 올린 기본세는 국립공장의 운영 비용으로 사용되었다.[10]

2. 중부 소독일 국가 혁명

프랑스에서 전개된 혁명 상황은 1830년 7월처럼 라인강을 건너 독일로 전파되었다. 이에 따라 독일 전역에서는 정치적·사회적·경제적 요구들이 제기되었고 그러한 것들을 실천하기 위한 시위도 여러 곳에서 전개되었다. 특히 1848년 2월 27일 만하임 예수회 인문계 고등학교 강당에서 개최된 집회에는 3천 명이 참여했다. 집회에서 독일인들은 출신 성분과 관계없이 복지, 교육, 그리고 사회적 분야에서의 동등권을 요구할 수 있다고 주장하면서 국민개병제(Volksbewaffnung) 도입, 출판 및 결사의 자유 허용, 영국의 배심원재판(Schwurgericht) 제도 도입, 그리고 전 독일 의회의 조속한 소집 등도 강력히 요구했다. 그리고 이러한 요구들은 향후 3월 혁명(Märzrevolution)의 주요 목표로 설정되기도 했다. 집회를 마친 후 참여자들은 거리로 나가 그들의 요구를 다시금 강조했다.

2월 28일 카를스루에(Karlsruhe) 정부가 만하임에서 거론된 요구들을 수용한다는 견해를 밝혔음에도 불구하고 3월 1일 수천 명이 바덴 대공

---

10 루이 블랑의 사회주의적 관점은 국가사회주의(Staatssozialismus)로 정의할 수 있다는 주장이 일부 학자들로부터 제기되고 있다. 그리고 프랑스에서 제대로 뿌리를 내리지 못한 국가사회주의는 1860년대 산업화가 본격화되기 시작한 독일에서도 등장했다. 라살(Ferdinand Johann Gottlieb Lassalle)은 당시 세력 집단으로 부상하던 노동자 계층에 대한 배려가 실효를 거두려면 국가가 이 문제에 적극적으로 개입해야 한다고 주장했다.

국의 수도에 다시 모여 '만하임 요구'의 즉각적 실천을 요구했다. 여기서는 장관 책임제, 군부의 헌법 준수, 봉건적 특권의 완전 폐지 등도 거론되었다. 3월 5일 하이델베르크에서 가게른(Heinrich v. Gagern), 뢰머(Friedrich Römer), 바서만(Friedrich Daniel Bassermann), 헤커(Friedrich Hecker), 게르비누스 등을 비롯한 51명의 정치가가 다시 모였다. 여기서는 제2의 대의기관 임무를 수행할 '예비의회'를 프랑크푸르트에 설치하고 독일 국민의회 선거를 준비할 7인 위원회(Siebenerausschuß)의 설립도 거론되었다. 이 시기 도시에서와 마찬가지로 농촌에서도 소요가 있었고 그 과정에서 농민들은 봉건적 공납 및 의무의 무상 철폐를 요구했다. 이러한 소요가 지속됨에 따라 각국의 군주들은 수십 년간 거부했던 각종 개혁들을 용인하고 헌법 도입 역시 허용할 수밖에 없었다.

혁명적 소요는 중부 소독일 국가에서 가장 먼저 시작되었는데 바덴 대공국에서 그 첫 징후가 나타났다. 만하임 집회 이후 여러 도시에서 민중집회가 개최되었는데 거기서는 청원서를 작성한 후 대표자를 통해 카를스루에로 전달하는 방식이 채택되었다. 정부의 신속한 양보를 얻어내어 혁명의 열기를 식히려 했던 자유주의자들과는 달리 소시민계층의 민주파들은 군중을 동원하는 데 집중했고 이들을 활용하여 시위도 적극적으로 펼쳤다. 슐뢰펠(Gustav. Adolph Schlöffel)과 블린트(Karl Blind) 주도로 혁명적 소요를 일으키려던 학생들의 시도는 밀고로 실패했지만, 3월 1일 바덴의 여러 도시에서 카를스루에로 모여든 대표자들이 노동자 및 수공업자들과 결합하여 정부의 양보를 얻어내는 데 성공했다. 3월 4일 민주파의 요구에 부응하는 법률 초안이 작성되었고 3월 9일에는 신정부도 수립되었다. 다음 날인 3월 10일 사면 및 봉건의무제 폐지에 관한 법률 초안이 지방의회에 제출되었다. 바덴의 북부 지역에서 진행되던 농민 소요는 오덴발트(Odenwald)를 휩쓸고 그 여파는 뷔르템베르크 왕국과 헤센-다름슈타트까지 확산했다. 무장한 농민들이 세무 서류를 소각하

고 지주들에게는 그들에 대한 봉건적 권리 포기를 요구하기도 했다.[11]

뷔르템베르크 왕국에서도 2월 29일부터 민중봉기가 시작되었고 도시의 청원운동 역시 고조되었다. 이곳에서는 이미 2월 2일 언론 자유가 약속되었다. 국왕은 정부 개편을 통해 자유파의 요구를 수용하지 않고도 아래로부터의 압력에서 벗어날 수 있다고 생각했지만, 3월 9일에 발생한 새로운 민중봉기로 자유정부 수립을 허용할 수밖에 없었다. 신정부에서 자유파 지도자였던 뢰머가 주요 역할을 담당했다. 1525년 농민봉기의 거점이었던 바인스베르크(Weinsberg) 지역과 호엔촐레른-헤힝겐(Hohenzollern-Hechingen) 공국, 니더슈테텐(Niederstetten)성 주변에서 일어난 농민 소요는 도시 소요를 지속적으로 활성화했고 봉건의무제 폐지를 위한 법안이 신속하게 통과되게끔 작용하기도 했다.

헤센 공국의 봉기 중심지는 하나우(Hanau)였다. 이 도시에서 셰르트너(August Schärttner)가 주도하던 체조회원들이 봉기의 중심세력으로 등장했다. 2월 29일에 이미 반동 정부의 사퇴를 요구하던 혁명세력은 군대 위협에 대처하기 위해 자위대를 구성하기도 했다. 헤센 대공이 카셀(Kassel)에 모인 대표자들의 요구를 거절하자, 하나우 시민들은 3월 8일 새로운 민중집회에서 시 정치를 담당할 민중위원회를 구성했다. 이 위원회는 당시 정치제도를 개혁할 방법을 제시했고 대공과의 끈질긴 협상을 통해 3월 혁명 기간 중 전 독일에서 제시된 것과 같은 요구, 즉 자유정부의 수립, 정치범 사면, 그리고 언론·집회·양심의 자유 등을 관철했다. 비스바덴(Wiesbaden)에서는 농민들이 소요의 주도 세력으로 등장했다. 대규모 시위를 호소한 민주파들의 유인물을 읽고 3월 4일 3만 명

---

11 당시 바덴 대공국의 위정자인 레오폴트는 대공국을 안정시키고 결속하는 것이 최우선 과제라 했다. 그러나 그는 통치 과정에서 파생되는 정신적 부담을 해소하기 위해 매일 저녁 취할 정도로 술을 마셨는데 이것은 바덴 대공국 주재 프로이센 외교관이 베를린으로 보내는 비밀문서에서도 확인된다.

이 비스바덴에 모였는데 대다수가 농민이었다. 이 집회는 3월 혁명 초기 발생한 시위 중에서 가장 규모가 컸다. 집회 참여자들의 주요 관심사는 봉건적 의무의 폐지였다. 당시 상황에서 헤센 대공은 이들의 요구를 수용하지 않을 수 없었다. 새로운 자유내각이 구성되었고 언론 자유 및 국민 무장화까지 허용되었다. 이와 더불어 농민들은 반동적인 지방정부를 해산하고 수렵 자유권마저 관철했다. 이후 도시와 농촌에서 안보위원회가 설치되었고 급진세력이 이 위원회를 장악했다.

바이에른 왕국에서는 루트비히 1세의 경제정책에 반발하여 뮌헨을 중심으로 한 대도시에서 혁명운동이 시작되었고 3월 4일에 그 절정을 맞이했다. 루트비히 1세가 혁명을 진압하기 위해 반동적 인물에게 군 통수권을 부여했다는 소식이 전해지자 3천여 명의 노동자와 직인들이 뮌헨의 병기창을 습격하여 자체 무장을 한 후 군대에 대항했다. 이에 당황한 뮌헨 정부는 무력 대결을 회피했고 국왕은 3월 6일 언론의 자유, 내각책임제, 선거권의 확대, 배심원제 재판 등을 약속했다. 그러나 3월 8일, 16일, 18일에 계속해서 봉기가 준비되어 약속의 이행을 촉구했다. 3월 7일에 출범한 자유파 내각은 3월 하순에야 합당한 조처를 했다. 몬테츠의 과도한 국사 개입에서 비롯된 혁명적 소요를 종료하기 위해 국정 개혁에 동의한 루트비히 1세는 몬테츠가 다시 뮌헨으로 돌아온 후 발생한 소요로 3월 20일 권좌를 아들 막시밀리안 2세(Maximillian Ⅱ, 1848~1864)에게 넘겨주었다. 권좌를 넘겨받은 막시밀리안 2세는 자유주의적 신정부를 구성하여 신속한 개혁을 추진했다. 바이에른 왕국은 독일의 다른 국가들과는 달리 혁명이 아닌 '당돌한 로라(kesse Lola)' 때문에 왕위계승과 정치개혁이 이루어진 특별한 예라 하겠다.[12]

---

12 몬테츠가 국외로 추방된 후 루트비히 1세는 국왕으로서의 활동들에 대해 회의하게 되었고 가능한 한 빨리 아들에게 왕위를 넘겨주려고 했다.

작센 왕국에서는 라이프치히가 혁명운동의 출발점이 되었다. 자유파 대변인인 비더만(Karl Biedermann)이 드레스덴 정부에 보내는 성명서에서 언론의 자유 및 독일 연방 의회 구성을 요구했고 민주파도 그를 지지했다. 동시에 이들은 민중집회를 위한 조직 결성도 서둘렀다. 그러나 작센의 반동정부는 이러한 운동의 확산을 저지하려고 했다. 우선 라이프치히를 군사적으로 봉쇄하고 민중운동을 중단시키려 했다. 그러나 사태가 심각해짐에 따라 반동정부는 자유파의 요구를 수용할 수밖에 없었다. 3월 13일 반동내각이 사퇴하고 3월 16일 자유파 정부가 출범하면서 개혁안을 발표했다.

비슷한 사건들이 비슷한 형태로 다른 독일 국가에도 확산했다. 하노버 왕국은 3월 17일 정치적 변화로 3월 20일 슈튀페(Johann Stüve)가 이끄는 자유파 정부가 출범했다. 브라운슈바이크 대공국, 자유시였던 뤼베크, 브레멘, 함부르크, 프랑크푸르트 등에서도 정치적 변화가 나타났다. 곳곳에서 급속히 퍼져 나가던 민중운동은 구정권을 무너뜨렸고 바리케이드를 쌓는 시가전 없이도 곳곳에서 승리를 쟁취했다. 당시 정부군은 무력 대결을 회피하거나 아예 투입되지도 않았다.

3. 빈 혁명

프랑스에서 발생한 2월 혁명의 영향은 오스트리아 제국에서 그리 빨리 확산하지는 않았다. 다만 빈 정부의 핵심 인물들이 그들의 정치적 행동반경을 다소 축소하는 등의 조심성을 보였는데 이것이 최초의 성과라 하겠다. 더불어 파리 혁명과 독일권에서 진행된 일련의 정치적 변화에 위기감을 느낀 빈의 시민들이 은행에서 예금을 찾아다가 은화로 바꾸었는데 이로 인해 제국 내 많은 은행이 유동성 부족 문제에 직면하는 경제 위기 상황도 나타났다.

코슈트

오스트리아 제국에서 정치적 움직임이 최초로 감지된 곳은 헝가리 의회가 열리고 있던 프레스부르크(Preßburg)였다. 메테르니히 체제에 대한 첫 공격은 3월 3일 헝가리 의회에서 행한 코슈트(Lajos Kossuth)의 연설에서 나타났다.[13] 코슈트는 빈 정부가 오스트리아 제국에 적합한 헌법을 제정해야 한다고 했는데 이것은 제국이 다민족국가라는 특성을 가진 데서 비롯된 것 같다. 이어 그는 오스트리아 제국의 헝가리 지배를 강력히 비판하며 그 종식을 요구했다. 동시에 자유를 보장하는 여러 개혁, 즉 헌법 제정, 헝가리 자치정부 구성 등을 목표로 제시했다. 이러한 내용을 담은 코슈트의 연설문은 빈 정부의 금지에도 불구하고 제국 내에서 크게 확산했고 이것은 결국 빈의 반정부세력을 자극하는 결과를 초래했다.[14]

3월 초부터 빈에서도 정치적 저항이 나타났다. 3월 3일 니더외스터라이히 신분의회의 좌파 의원 33명이 절대왕정 체제를 종식하고 전국 단위의 신분제의회 소집 필요성을 언급한 청원서를 제출했는데 거기서는 자유주의를 추종하던 귀족계층의 희망도 동시에 표출되었다. 3월 6일 오스트리아 시민계층을 대표하던 '법·정치 독서회'도 전 오스트리아 의회 소집 요구 등의 구체적인 개혁안을 제시했다.[15] 오스트리아 진보당

---

13 당시 『페스트 저널』의 책임편집인인 코슈트는 변호사 및 정치가로도 활동했다.

14 실제로 코슈트의 연설 내용은 전단 형태로 제작되어 수백 부나 배포되었다.

15 이 독서회의 고문 자격으로 참석한 프란츠 카를(Franz Karl) 대공과 콜로브라트-리프슈타인스키는 메테르니히 체제의 문제점들을 언급하면서 이 체제의 타파를

(Fortschrittspartei Österreichs) 역시 3월 4일 신분제의회 소집 이외에도 입헌군주제로의 이행, 취업의 자유, 검열제도의 폐지 등을 요구하는 성명을 발표했다. 3월 7일 자유주의 세력을 주도하던 바흐(Alexander Bach)와 바우어른펠트(Eduard v. Bauernfeld)가 제시한 청원서도 반메테르니히 여론조성에 크게 이바지했다.[16] 수천 명의 빈 시민들이 서명한 이 청원서는 입법권 및 조세 승인권을 행사하는 전국 단위의 의회, 즉 제국의회의 소집을 요구했다.[17] 그러나 이 성명서보다 더 큰 영향력을 끼친 것은 3월 3일에 초안이 마련되어 3월 12일 2천여 명에 달하는 대학생들이 서명한 청원서였다. 이 청원서에서는 신분대표제 이념에서 벗어나 언론 및 출판의 자유, 교육 및 종교의 자유, 시민병 체제의 도입, 독일 연방의 개혁 및 국민의회의 구성 등이 요구되었다.

그러나 빈 정부는 어떠한 양보도 하지 않으려고 했다.[18] 물론 합스부르크 가문은 황위 계승자로 간주하던 프란츠 요제프(Franz Joseph)의 어머니 조피(Sophie)를 중심으로 시민계층의 요구를 부분적으로 수용해야 한다고 인식하기 시작했는데 이것은 이러한 양보만이 가문의 안전을 보장받을 수 있다는 판단에서 비롯된 것 같다. 그러나 이러한 시도는 기존 질서체제의 근간을 유지하려던 메테르니히와 그 추종 세력의 반대로 실현되지 못했다. 그런데도 메테르니히와 추종 세력은 계엄령 선포와 같은 단호한 조처를 할 수 없었는데 그것은 이들이 오스트리아에서도 혁

강력히 요구했는데 이들은 당시 메테르니히와 대립각을 구축하던 인물들이었다. 즉, 이들은 혁명적 소요를 활용하여 자신들의 경쟁자를 완전히 제거하려는 의도도 가졌다.

16 그들은 세금과 국가 예산의 내역 공개, 시민계층의 대표가 참여하는 신분의회의 권한 확대, 재판과 행정의 공공성 보장 등을 청원서에서 거론했다.

17 아울러 여기서는 국가 예산 내역 공개와 재판 및 행정의 공공성도 거론되었다.

18 그런데도 빈 정부는 마비 상태에 놓이게 되었다. 실제로 당시 이 정부는 태평과 무력, 숙명과 마비 사이에서 흔들리고 있었다.

명 상황이 발생할 수 있다는 우려에서 비롯된 것 같다. 따라서 빈 정부는 무력을 동원하지 못한 채 사태 추이만을 관망할 수밖에 없었다.

3월 13일부터 오스트리아 혁명은 본격적으로 시작되었다. 이날 니더외스터라이히 신분의회가 개최됨에 따라 빈의 시민들은 이 의회 활동에 커다란 기대와 희망을 품었다. 이른 아침부터 이들은 의사당 앞으로 몰려들었는데 그 수는 약 4천 명 정도였다. 이들 중에는 학생, 변호사, 의사, 예술가, 그리고 자영업자들도 다수 포함되었는데 이것은 단순히 민중집회의 성격에서 벗어난 것으로 보아야 할 것이다. 당시 우연히 이 집회 장면을 본 메테르니히의 부인 멜라니(Melanie)는 동반자에게 "빈 소시지 판매대에서 사람들이 맛있는 소시지를 사려는 풍경과 너무나도 흡사하다(Sie brauchen nichts anderes als einen Würstchenstand, um glücklich zu sein)"라는 비하 발언을 했다.

빈 일반병원 의사로 지금까지 자신을 공개적으로 드러내지 않았던 피쉬호프(Adolf Fischhof)를 포함한 많은 연사가 제국의회의 소집, 헌법 제정, 독일 연방의회의 소집, 반동 정부의 해산, 시민병 체제 도입을 요구했다.[19] 이어 등장한 티롤 출신의 언론인 푸츠(Franz Putz)가 코슈트의 연설을 독일어로 낭독하여 박수갈채를 받기도 했다. 푸츠의 낭독 후 집회 참석자들은 수차례에 걸쳐 '헌법 제정'이라는 구호를 외친 후 메테르니히 정부 및 루트비히 대공 타파도 부르짖었다. 또한 피쉬호프는 '메테르니히 역시 완전히 제거해야 한다'라고 외쳤고 집회 참여자들도 박수로 호응했다. 이후 집회 참여자들은 그들 대표를 의회에 파견하여 그들 입장을 거론하게 했다. 이어 이들은 오전 11시 의회로 몰려가 학생들이 포

---

19 피쉬호프는 프랑스 대혁명 시기 활동한 미라보처럼 중도적 성향을 지녔다. 따라서 그는 기존의 질서체제와의 협력을 지향했고 기존의 질서체제 역시 당시 상황을 직시해야 한다고 주장했다. 즉 양보를 통해 당시 드러난 문제점들을 해결해야 한다는 것이었다.

빈에서의 시가전

함된 대표단을 구성하고 정부와의 협상도 요구했다.[20] 같은 날 정오 정부군이 투입됨에 따라 오후 2시부터 무력 충돌이 발생했다. 의사당 앞에서 정부군이 먼저 시위대를 향해 발포하자 시위자들은 돌 세례로 대응했고 그 과정에서 4명의 남자와 1명의 여자가 목숨을 잃었다. 무기고와 다른 중요한 건물 앞에서도 충돌이 발생했다. 비록 정부군이 중무장했음에도 불구하고 이들은 시위대를 진압할 수 없었는데 이것은 학생들과 노동자들의 저항이 의외로 완강했기 때문이다.[21] 학생들과 노동자들은 소비세청, 경찰서, 렌베크(Rennweg)에 위치한 메테르니히 저택, 왕립

---

20 당시 빈의 유력 일간지인『노이에 비너 저널(*Neue Wiener Journal*)』은 3월 13일의 집회로 이날이 '오스트리아 역사에서 가장 기억할 만한 날로 남게 되었다'라고 분석했다.

21 이 과정에서 5명의 시위 참여자가 희생되었다. 3월 혁명 기간 중 총 희생자는 48명에 달했다.

종축장 등을 습격했고 오후에는 다른 지역의 노동자들도 가세했다.[22] 특히 노동자들이 대거 참여한 시위대는 상가들을 불태웠고 공장에서 기계를 파괴했고 빵가게, 푸줏간 등도 공격했다.[23]

같은 시간 시민 대표자들도 황궁으로 진입했고 거기서 이들은 메테르니히와 경찰청장인 제들니츠키(Joseph v. Sedlnitzky)의 즉각적인 해임, 정부군의 철수, 그리고 학생들의 무장 허용을 요구했다. 그리고 자신들의 요구가 수용된다면 사회적 질서 회복을 위해 협력하겠다는 최후통첩성 양보안도 제시했다.

빈에서의 혁명적 소요가 심화함에 따라 합스부르크 가문은 위기감을 느꼈지만, 메테르니히와 그의 지지세력은 어떠한 정치적 타협도 불가하다는 태도를 견지했다. 그러나 빈의 중심지와 교외에서 발생한 노동자들의 봉기에 황실은 사태의 심각성을 깨달았다. 결국 같은 날 저녁 7시 황궁에서 임시 국가비밀회의가 개최되었는데 여기에 메테르니히는 참석하지 않았다. 회의에서 조피를 비롯한 일부 참석자들은 메테르니히를 혁명의 희생양으로 이용해야 한다고 제안했고 1836년부터 메테르니히와 지속적으로 대립하던 콜로브라트-리프슈타인스키(Franz Anton Graf v. Kolowrat-Liebsteinsky)도 동의했다. 이에 반해 루트비히 대공은 메테르니히 견해에 동조하는 자세를 보였다. 즉 그는 병력을 증강하여 혁명적 소요를 가능한 한 빨리 진압해야 한다고 했지만, 조피와 그녀의 남편 프란츠 카를(Franz Karl) 대공은 혁명세력과의 타협을 강력히 요구했고 그것을

---

22 마리엔힐퍼(Marienhilfer) 가에 있던 소비세청은 식료품에 부과된 과중한 소비세를 징수하던 주관부서였다.

23 서민들이 주로 이용한 상점들이 습격받은 것은 이들 상점이 상품 가격을 지나치게 높게 책정한 데서 비롯되었다. 또한 높은 임대료를 받던 주택 소유자들 역시 습격의 대상이 되었다. 여기서 노동자들은 특정 계층의 일원이기보다 정의가 부정되는 상황에서 지역공동체 대표로서의 임무를 수행하는 데 주저하지 않았다.

위해서는 메테르니히가 무조건 물러나야 한다고 했다. 결국 조피의 주장이 임시 국가비밀회의에서 채택되었다.[24] 이렇게 혁명세력과의 타협을 강조한 조피는 이들 세력, 특히 코슈트가 프란츠 요제프를 차기 황제로 추대해야 한다고 주장한 것에 크게 고무받았다.[25]

임시 국가비밀회의의 결정이 내려짐에 따라 황실을 대표한 루트비히 대공이 메테르니히에게 수상직 사퇴를 권고했고 메테르니히 역시 그 결정에 따르기로 했다. 황궁을 떠나기 전 메테르니히는 페르디난트 1세(Ferdinand I, 1835~1848)를 알현했고 거기서 황제는 "주권자인 내가 당신의 파면을 결정했다. 그리고 나는 빈 시민들의 정당한 요구를 앞으로도 수용할 것이다."라고 말했는데 이것은 메테르니히 파면을 자신이 주도했음을 우회적으로 표명한 것이라 하겠다.[26] 황제의 이러한 언급에도 불

---

24 거의 같은 시간 메테르니히는 부인 멜라니와 자택에서 대화를 나누고 있었다. 여기서 멜라니가 메테르니히에게 "우리는 이제 완전히 죽었나요?"라고 묻자 메테르니히는 "사랑스러운 부인, 우리는 완전히 죽었어요."라고 의기소침하게 대답했다.

25 이러한 황실의 결정은 메테르니히에게 공식적으로 전달되기도 전에 황궁에 알려졌다. 이는 메테르니히의 부인이 에스터하지(Franz Esterházy) 백작부인으로부터 남편의 실각 사실을 전달받은 것에서 확인할 수 있다.

26 프란츠 1세(Franz I, 1792~1835)에게는 4명의 아들이 있었다. 장남 페르디난트 1세는 너무도 잦은 근친결혼의 영향으로 태어날 때부터 기형아였고, 간질(Epilepsie), 구루병(Rachitis), 그리고 뇌수종(Hydrozephalus)까지 앓고 있어서 자주 발작을 일으켰다. 발작은 심하면 하루에 서너 번씩 일어났다. 페르디난트는 성장하면서 얼굴은 일그러지고, 입은 비뚤어졌으며, 말을 더듬어 조리 있게 의사를 표시하기도 힘들어했다. 따라서 빈 황실의 전통적 관습에서 벗어난 양육법이 그에게 적용되었으니, 6세 이후부터 남성 양육인 감독하에 교육을 받아야 하는데 페르디난트는 9세까지 여성 양육인에 의해 교육을 받은 데서 그것을 확인할 수 있다. 장자상속제의 원칙에 따라 1804년 황태자로 책봉된 페르디난트는 비정상적인 태도로 인해 공개석상에서 배제되었고 점차 자신의 의지에 반하는 상황이 닥칠 때마다 광란적 행위(Tobsuchtanfall)를 일으키곤 했다. 그런데도 페르디난트는 1831년 38세의 나이에 6촌 여동생 마리아 안나(Maria Anna)와 결혼했다. 마리

구하고 메테르니히는 임시 국가비밀회의의 결정이 누구 주도로 이루어졌는가를 알고 있었기 때문에 황제에게 아무런 반응도 보이지 않았다. 나아가 "제 인생의 주된 과제는 제국의 안녕과 질서를 지키는 것입니다. 저의 수상직 계속 수행이 국가 안녕에 위해적 요소로 부각된다면 저는 즉시 물러난다는 생각을 해왔기 때문에 황제께 사의를 표하는 것입니다."라고 답변했다.

메테르니히 축출에 선봉 역할을 담당한 인물은 콜로브라트-리프슈타인스키였다. 그는 메테르니히를 제거해야만 자신이 빈 정부 수상으로 활동할 수 있다고 생각했고 3월 혁명이 그 기회라고 믿었다. 그러나 메테르니히의 판단에 따르면 콜로브라트-리프슈타인스키는 건강상 문제가 있었을뿐더러 혁명 상황의 국가를 효율적으로 이끌어 나갈 능력도 없었다.[27] 따라서 그는 콜로브라트-리프슈타인스키가 빈 정부를 장악한

아 안나는 마리아 테레사 다스부르고 에스테 공녀와 사르데냐-피에몬테 국왕 빅토르 에마누엘레 1세(Vittorio Emanuel I, 1802~1821) 사이에서 장녀로 태어났다. 페르디난트와 마리아 안나 사이의 결혼 역시 메테르니히의 주도로 진행되었다. 1831년 페르디난트는 빈의 노이슈타트와 노이키르히(Neukirch)의 중간 지점에서 신부와 처음으로 상면했다. 마리아 안나는 그때까지 빈 황실에서 토리노로 보낸 인위적으로 잘 다듬어진 페르디난트의 초상화를 보았을 뿐이다. 그런데 어색한 걸음걸이, 일그러진 얼굴, 비정상적으로 높은 두개골, 거기다가 어눌하고 때때로 알아들을 수 없는 말을 중얼거리는 한 왜소한 남자가 그녀에게 다가오니 마리아 안나는 놀란 나머지 얼굴이 창백해졌고, 흥분으로 떨었으며, 할 말도 잃어버렸다. 그녀는 장래의 남편으로부터 거의 아무것도 기대할 수 없음을 깨달았다. 1835년 프란츠 1세가 사망함에 따라 메테르니히는 1815년 이후부터 오스트리아 및 독일 연방에서 복고적 왕정 원칙을 위배하는 모든 시도를 추적하고 박해한 감시망 체제의 강도를 더욱 심화시켰는데 이것은 통치 능력이 없는 인물이 황제로 등극한 데서 비롯된 것 같다.

27 메테르니히는 자서전에서 콜로브라트-리프슈타인스키를 다음과 언급했다. "그는 사업적 능력이나 수완을 가졌지만, 국가 통치에 대한 통합적 시각을 갖추지 못했다."

다고 하더라도 그 기간은 길지 않으리라고 예견했다. 3월 14일 수상관저에서 머물던 메테르니히는 빈 정부가 그와 그의 가족에 대한 안위를 더는 보장할 수 없음이 명시된 루트비히 대공의 편지를 읽었다. 따라서 그는 이날 저녁 타페(Franz Taaffe) 백작 집으로 거처를 옮겼다. 다음 날 펠트스베르크(Feldsberg)에서 60킬로미터 정도 떨어진 리히텐슈타인(Karl Fürst v.

콜로브라트-리프슈타인스키

Lichtenstein) 공작 저택에 도착했고 그의 딸인 레온티네(Leontine Adelheid Maria Pauline v. Metternich-Winneburg)도 3월 21일 합류했다. 도착 즉시 레온티네는 메테르니히에게 영국으로 망명할 것을 제안했고 메테르니히 역시 동의했다. 다음 날 메테르니히는 부인과 아들을 데리고, 레온티네는 나이 어린 동생들과 함께 펠트스베르크를 떠났다. 떠나면서 메테르니히는 그라츠(Graz) 출신의 대상인 마이에른(Friedrich Mayern)의 여권(Reisepass)을 사용했다. 그의 유품에는 이것 이외에도 타인 명의의 많은 여권이 있었는데 이런 것들을 보면 메테르니히는 비상시 오스트리아를 빨리 떠나야 한다고 생각했던 것 같다.[28]

---

28 메테르니히가 오스트리아 제국을 떠난 이후 그에 대한 비방과 인신공격이 콜로브라트-리프슈타인스키 정부 차원에서 본격화되었는데 그 과정에서 당시 정부의 비호를 받던 언론들이 대거 동원되었다. 1848년 6월 23일 언론인 프란클(Ludwig August Frankl)이 『빈의 석간신문(Wiener Abendzeitung)』에 메테르니히가 러시아 황제로부터 매년 50,000~75,000두카텐(Dukaten)을 받고 국익에 전혀 도움이 안 되는 친러시아 정책을 지속적으로 실시했다는 기사를 게재했다. 또한 그

오스트리아 제국에서뿐만 아니라 전 유럽에서 증오를 받던 메테르니히가 실각한 이후 반동정권의 지지계층 역시 와해되었다.[29] 빈 황실은 혁명 대표자들의 요구를 수용했고 그에 따라 3월 14일 빈에서 정부군이 철수하기 시작했다. 동시에 학생들의 무장도 허용되어 '대학생 군단(Akademische Legion)'이 탄생했고 이들은 혁명세력의 중요한 축으로 등장했다.

그러나 아직 오스트리아 제국에서 시민 자유는 보장되지 않았다. 제국이 입헌군주정 체제로 바뀐다는 약속도 이행되지 않았고 권력구도의 변혁 역시 구체화하지 않았다. 이에 따라 3월 14일 궁정 승마학교에서

는 메테르니히가 재임 시절 많은 공공자금을 횡령했다고도 언급했지만 구체적인 증거는 제시하지 않았다. 국가 총무처(Staatskanzlei)의 문서보관실장(Archivleiter)이었던 호르마이르(Josef v. Hormayr)는 「프란츠 황제와 메테르니히(Kaiser Franz und Metternich)」라는 비방 문서(Schmähschrift)를 써서 메테르니히가 여러 곳에서 국가재산을 임의로 착복했다는 것을 언급했다. 또한 그는 메테르니히가 1826년 보헤미아 지방에 있는 플라쓰(Plaß) 수도원을 아무런 대가도 지불하지 않고 차지했다는 것도 거론했다. 이러한 비판 기사는 빈 정부의 묵인하에 여러 신문에 동시다발적으로 게재되었고 그에 따라 당시 오스트리아인들은 메테르니히에 대해 부정적인 시각을 가지게 되었다. 여기서 확인되는 것은 오늘날과 마찬가지로 당시에도 정적 제거에 언론이란 매체가 적극적으로 활용되었다는 것이다.

29 메테르니히가 런던으로 망명한 후 오스트리아에서는 1848년 3월부터 11월 사이에 모두 6명이 국무총리(Ministerpräsident)로 기용되었다. 3월 21일부터 4월 19일까지 재임한 콜로브라트-리프슈타인스키 백작이 초대 국무총리였고, 4월 19일부터 5월 19일까지 한 달 동안 총리직을 유지한 피크벨몬트(Ludwig v. Ficquelmont) 백작과 5월 19일부터 7월 8일까지 총리직을 수행한 필러스도르프(Franz Xaver v. Pillersdorff) 남작이 그 뒤를 이었다. 도블호프-디에르(Anton Freiherr v. Doblhoff-Dier) 남작은 7월 8일부터 7월 18일까지 단지 열흘 동안 재임한 총리였고, 5대 총리 베센베르크(Johann Philipp Freiherr v. Wessenberg) 남작은 7월 18일부터 11월 21일까지 재임했다. 11월 21일 제6대 총리로 임명된 슈바르첸베르크 후작은 1852년 4월 5일 사망할 때까지 재임한 최장수 국무총리였다. 이렇게 짧은 기간 내 6명이 정부 최고위직인 국무총리로 임명된 것은 이들이 당시 상황을 효율적으로 대처할 능력을 갖추지 못한 데서 비롯된 것 같다.

대규모 시민 궐기대회가 개최되어 혁명 이후 관철해야 할 목표들이 다시금 명확히 제시되었다. 그것은 국민군의 창설, 언론 자유의 보장, 그리고 헌법 제정이었다.

이러한 요구들에 대한 정부 승인을 받기 위해 다시금 혁명 상황이 초래되었다. 그런데 지난번과는 달리 혁명적 징후는 교외에서 먼저 나타났다. 시민들은 다시 무기고를 습격하여 무장하려고 했고 황궁도 포위했다. 결국 빈 정부는 타협에 동의했고 그것에 따라 언론 자유 및 국민군 창설이 허용되었다. 그러나 헌법 제정에 부정적이었던 빈 정부는 7월 3일 신분제의회를 소집하여 이 문제에 대해 논의하겠다는 뜻만 밝혔다. 시민들은 정부의 회피적 자세에 동의하지 않았다. 같은 날 빈 정부는 다시 군대를 투입하여 혁명적 소요를 진압하겠다는 계획을 세웠다. 이에 따라 총사령관 빈디쉬그래츠(Alfred zu Windischgrätz)는 빈에 계엄령을 선포했다. 그러나 혁명이 제국의 다른 지역으로 확산하는 것을 두려워한 빈 정부는 결국 혁명세력에게 굴복했고 다음 날인 3월 15일 페르디난트 1세는 헌법 제정도 약속했다. 같은 날 언론의 자유가 허용되었고 검열제도 역시 폐지되었다.[30] 이후 빈에서는 비밀경찰들이 거리에서 사라졌고 서점에는 그동안 판매되지 않던 반정부적 성향의 서적들이 진열되기 시작했다. 또한 거리의 가판대에는 지금까지 볼 수 없었던 좌파 성향의 신문들과 잡지가 판매되기 시작했는데 『학생 파발꾼(Studentenkurier)』과 『빈

---

30 헝가리에서도 혁명적 소요가 감지되었고, 그 과정에서 코슈트의 요구는 헝가리의 독립 요구로 바뀌었다. 빈에서 발생한 혁명세력과 정부군 사이의 유혈 충돌이 헝가리에서도 그대로 반복되자, 빈 정부는 그들의 요구에 민감하게 반응했다. 페르디난트 1세는 우선 헝가리 정부의 자치권을 보장하고, 1830년 이후부터 헝가리 의원으로 활동한 자유주의자 보트야니(Batthyány Lajos)를 초대 헝가리 국무총리로 임명하는 민첩성을 보였다. 급변하는 혁명 정국에 유연하게 대처하기 위해 오스트리아뿐만 아니라, 헝가리에서도 국무총리제도가 도입된 것이다.

필러스도르프

의 일반 노동자신문(*Wiener Allge-meine Arbeiterblatt*)』이 그 일례라 하겠다.

3월 17일 페르디난트 1세는 브륀(Brünn) 출신의 필러스도르프(Franz Xaver v. Pillersdorf) 남작을 내무장관으로 기용했다. 이로부터 4일 후인 3월 21일 빈 신정부가 구성되었고 여기에는 메테르니히 정부에서 활동한 귀족들도 대거 참여했다.[31] 3월 20일부터 필러스도르프 주도로 헌법 제정이 본격화되었고, 4월 25일 독일 연방 소속 국가들의 헌법과 1830년에 제정된 벨기에 헌법을 토대로 오스트리아 제국의 최초 헌법인 '필러스도르프 헌법(Verfassung von Pillersdorf)'이 공포되었다. 이렇게 제정된 헌법은 외양상 양원제를 채택했다. 임명제 귀족원(상원)의 구성원은 만 24세 이상의 합스부르크-로트링겐 가문의 대공, 황제가 임명하는 국무위원, 그리고 선임된 대지주들이었고, 하원은 국민이 선출하는 383명의 의원으로 구성되었다. 하원은 독자적인 의회 개원권을 가지지 못했으며, 입법권은 황제와 공유했다. 하원의원 선거권은 만 24세 이상의 남자에게만 부여되었고 하인, 생활보조금 수혜자 및 일급제 또는 주급제 노동자들은 선거권을 가지지 못했다. 헌법상 국권

---

31 다른 독일 국가들과는 달리 오스트리아 제국의 시민계층은 3월 정부에 참여하지 못했다. 다만 이들은 빈에서 시민위원회를 구성한 후 시 행정만을 장악했을 뿐이다. 그러나 이들은 점차 그들의 영향력을 확대했는데 그것은 빈 정부를 견제하고 정책적 대안을 제시하는 대칭 정부를 구성한 데서 확인할 수 있다.

보유자는 황제였고 황제의 명령과 지시는 반드시 책임 장관에 의해 부서된다는 조항이 황제 권한을 견제하는 유일한 조항이었다. 황제는 하원 결의에 절대적 거부권도 행사할 수 있었다. 형사소송의 경우에는 배심원제의 도입도 허용되었다.

필러스도르프 헌법은 당시로서는 매우 진보적인 기본권 조항을 포함했다. 기본권 조항은 인권, 즉 평등권, 자유권, 신앙권, 재산권을 보장했다. 그리고 시민권으로는 선거권, 집회 결사권, 청원권, 언론권이 명시되었다. 필러스도르프 헌법이 공포된 이후 빈의 시민들은 긍정적인 반응을 보였지만 점차 이 헌법의 문제점도 직시하게 되었다. 정부 각료의 책임 소재가 불분명하다는 점과 크론란트(Kronland, 제국의 최대 행정단위)와 중앙정부 사이의 관계 설정이 모호한 점 외에도, 광범위한 계층, 특히 노동자들의 선거권 불인정 등이 비판 대상으로 드러났다. 이에 혁명 세력은 필러스도르프 헌법의 대체 헌법을 요구하기 위해 5월 15일 황궁을 습격해 일반선거제도에 따른 의회 선거를 시행하고, 선출된 단원제 제국의회가 민주헌법을 다시 제정할 것도 요구했다. 이에 페르디난트 1세는 시위군중 앞에서 필러스도르프 헌법이 임시 헌법에 불과하다는 것을 밝혔다. 다음 날 양원제를 단원제로 변경한 수정 헌법이 공포되었고, 페르디난트 1세는 5월 17일 정세가 불안한 빈을 떠나 인스브루크로 갔다. 떠나기 직전 발표한 성명서에서 페르디난트 1세는 빈이 무정부 지향 당파에 의해 점거되었음을 상기시키면서 민병대와 대학생 군단이 해체되어야만 빈으로 다시 돌아오겠다고 말했다. 5월 26일 빈 정부는 대학의 휴교 조치와 대학생 군단의 해체를 시도하는 등의 강경정책을 펼쳤지만, 이것은 오히려 상황을 악화시키는 요인이 되었다. 얼마 안 되어 빈의 여러 곳에 바리케이드가 설치되면서 빈 정부의 강경정책 역시 중단되었다.

이제 빈 정부의 권위는 사라졌고 그것을 대신하여 좌파가 절대적 우

페르디난트 1세

위를 점하던 공안위원회(Sicher-heitausschuß)가 주도권을 장악했다. 이것은 필러스도르프 정부와 더불어 또 하나의 혁명적 보조 정권이 등장한 것으로 보아야 할 것이다. 공안위원회는 대학생 군단, 민병대, 시민군, 그리고 시민기사군에서 선출된 234명의 대표로 구성되었다. 그리고 여기서 선출된 20명이 지역위원회, 즉 일종의 행정부를 구성했는데 이 위원회의 의장은 피쉬호프였다. 당시 인스브루크를 중심으로 구축된 보수세력과 빈의 과격 세력의 충돌을 저지하기 위해 요한(Johann) 대공이 중재에 나섰다. 이에 대해 페르디난트 1세는 긍정적 반응을 보였고 자신이 자리를 비운 빈을 통치하기 위해 요한 대공에게 섭정 지위도 부여했다. 그러나 공안위원회의 위상은 전혀 약화되지 않았다. 당시 공안위원회는 필러스도르프 내각의 총사퇴를 요구했고 신내각의 구성에도 참여했다. 이후 공안위원회의 동의를 받은 외교관 출신의 베센베르크(Johann Freiherr v. Wessenberg) 남작이 신임 국무총리로 임명되었다. 그는 이전 정부에서 외무부 장관으로 활동한 바 있는 인물이었다.

당시 오스트리아는 정치제도의 변경뿐만 아니라 제국 내 민족문제 역시 해결해야만 했다. 실제로 절대왕정 체제의 근간을 고수한 빈 정부는 제국 내 비독일계 민족들을 등한시하는 중차대한 실수를 범했다. 그러나 메테르니히는 1830년대 후반부터 슈바르처(Ernst v. Schwarzer)와 호크(Karl Friedrich Hock)를 비롯한 일련의 구오스트리아주의자들이 제기한 제한된 자치권을 비독일계 민족에게 부여해야 한다는 주장에 암묵적으로 동의했는데 이것은 그 자신 역시 점차 제국 내에서 드러나던 민족문제의 심각성을 파악하고 그것을 해결해야 한다고 생각했기 때문이다.

『오스트리아 일반신문(Allgemeine Österreichische Zeitung)』의 주간이었던 슈바르처는 「오스트리아의 제 민족(die Nationalitäten in Österreich)」이란 사설에서 비독일계 민족들의 불평등한 법적·사회적 지위 등을 고려한 정치체제 개편이 빈 정부의 최우선 과제라 했다. 즉 그는 빈 정부가 기존의 통치 방식을 고집하지 말고 비독일계 민족들이 어느 정도 자치권을 행사할 수 있게끔 정책적으로 배려해야 한다고 주장했고, 그러기 위해서는 오스트리아 제국을 민족연합체 형태로 변형시켜야 한다고 제안했다. 이제 구오스트리아주의자들은 기존의 질서체제를 대신할 정치체제를 구체적으로 언급하기 시작했다. 슈바르처는 1843년 4월 1일자 사설에서 오스트리아 제국을 독일, 체코, 폴란드, 이탈리아, 일리리아 등의 민족 단위체로 나누고 제국 내 잔여 지역들은 주어진 상황에 따라 이들 민족 단위체들과 연계해야 한다는 견해를 밝혔다. 그러나 그는 제국의 통치 형태가 근본적으로 바뀐다고 하더라도 오스트리아 제국이 제국 내 모든 민족의 모국이라는 점을 강조했는데, 그러한 관점은 중부유럽 내 소수민족의 보호 도구로서 오스트리아 제국이 생성했고, 또한 존재한다는 확신에서 비롯된 것 같다.

슈바르처와 마찬가지로 메테르니히 역시 다민족국가에서 민족문제를 해결하지 않으면 제국 해체라는 극단적 상황이 초래될 수 있음을 인지했다. 따라서 그는 지방자치권을 명시한 낮은 수준의 연방체제 도입을 적극적으로 추진하려고 했고 이것을 지칭하여 '다양성 속의 단일화 (Einheit in derVielheit)'라 했다. 여기서 그는 오스트리아 제국을 민족성에 따라 4개 지방군으로 나누려고 했는데 북부 슬라브 제 민족을 통합한 보헤미아-모라비아-갈리치아 지방군/엔스강 상·하류 지방[32], 슈타이어마르크, 인피어텔(Innviertel), 잘츠부르크, 그리고 티롤로 구성된 독일 지방군/일리리아-달마티아 왕국으로 구성되는 일리리아 지방군/롬바르디아-베네치아 왕국을 토대로 한 이탈리아 지방군이 바로 그의 구상이었다. 메테르니히는 각 지방군의 책임자가 수행해야 할 과제에 대해서도 언급했다. 그에 따를 때 각 지방군의 책임자는 중앙정부에 해당 지방군의 상황을 정확히 보고해야 할 뿐만 아니라 제국의 단일화를 지향하는 중앙정부 입장 역시 지방민들에게 정확히 전달해야 한다는 것이다. 모든 지방군의 위상은 동등해야 하며 각 지방군 정부는 효율적 통치에 필요한 담당 부서들과 그것들을 적절히 운영하는 인원들 또한 확보한다는 것도 메테르니히의 계획안에서 명시되었다. 이러한 연방체제를 도입한다면 향후 제기될 민족 간의 분쟁 역시 사전에 차단할 수 있다는 것이 메테르니히의 관점이었다.

메테르니히는 이러한 관점을 프란츠 1세에게 제시했지만, 황제의 반응은 부정적이었다. 그는 페르디난트 1세가 등극한 후 자신의 구상을 다시 한번 가시화하려 했지만 정적으로 등장한 콜로브라트-리프슈타인스키의 반대 및 3월 혁명의 발발로 결국 실행되지 못했다. 그런데도 빈 정부에 대한 비독일계 민족들의 반발은 미미한 상태에서 벗어나지 못했는데 그것은 이들의 민족운동이 저변으로 확산하지 못했기 때문이다.

그러나 이러한 상황은 3월혁명이 발발한 이후부터 급변했다. 그것은 제국 내 비독일계 민족들인 체코 민족, 폴란드 민족, 크로아티아 민족, 슬로바키아 민족, 슬로베니아 민족, 헝가리 민족, 세르비아 민족, 이탈리아 민족이 정치체제의 변경과 그것에 따른 제 민족의 법적·사회적

32 엔스강은 도나우강의 지류이며, 오버외스터라이히와 니더외스터라이히의 경계 지점을 흐른다.

평등을 강력히 요구했기 때문이다.[33] 이에 따라 오스트리아 제국은 독일의 다른 국가들보다 어려운 상황에 놓이게 되었다. 그뿐만 아니라 당시 독일의 통합 방안으로 등장한 대독일주의가 향후 통합 과정에서 채택된다면 필연적으로 야기될 오스트리아 제국의 해체 역시 빈 정부의 입지를 크게 위축시키는 요인으로 작용했다. 당시 제시된 독일의 통합 방안으로는 소독일주의와 대독일주의가 있었다. 소독일주의는 프로이센 주도로 독일을 통합해야 한다는 태도를 밝혔다. 즉 소독일주의는 오스트리아 제국의 역할을 인정하지 않으려고 했을 뿐만 아니라 독일권에서 이 제국을 축출하려고도 했다. 이에 반해 대독일주의는 독일 연방에 소속된 오스트리아 제국의 영역을 신독일(Neues Deutschland)에 포함해야 한다고 주장했다. 물론 오스트리아가 독일권에서 행사하던 기득권 역시 보장해야 한다는 것이 대독일주의의 입장이었다. 시간이 지남에 따라 대독일주의를 지지하던 오스트리아 정치가들은 점차 대독일주의에 부정적인 시각을 가지게 되었는데 그것은 이들이 지속적으로 주장한 오스트리아 제국의 전 영역이 신독일에 편입돼야 한다는 견해가 수용되지 않았기 때문이다. 그런데 당시 빈 정부는 이러한 국내외적 문제들을 원만히 해결할 능력을 갖추지 못했을 뿐만 아니라 그 해결책 마련에도 소극적인 자세를 보였다.

이러한 상황에서 오스트리아 제국이 해체되어서는 안 된다는 주장이 슬라브 정치가들, 특히 체코 정치가들로부터 제기되었다. 이 중에서 팔

---

33 당시 비독일계 민족들의 선각자들과 그들의 추종 세력은 그들 민족이 처한 상황을 정확히 직시하고 있었다. 따라서 이들은 독일 민족과 그들 민족 간의 관계를 재정립해야 한다고 주장했을 뿐만 아니라 그러한 관점에 대한 빈 정부의 무관심한 태도에 대해서도 신랄하게 비판했다. 아울러 이들은 언론 및 집회의 자유, 일반 대의기구의 설치, 배심원제의 도입, 강제노역 및 농노제의 철폐, 종교의 자유, 조세제도의 개편 등이 절실히 필요하다고 강조했다.

라츠키(František Palacký)는 프랑크푸르트 예비의회로부터의 초청을 거절하는 과정에서 제국 내 슬라브 민족들이 주어진 체제를 인정하고 거기서 그들의 민족성을 보존하면서 권익 향상을 점차 도모하는 것이 최고의 방법이라는 것을 역설했다. 아울러 그는 슬라브 민족들이 기존의 통치 방식 대신에 제국 내 제 민족의 법적·사회적 평등을 가져다줄 수 있는 연방체제의 도입을 빈 정부에 강력히 촉구해야 한다고도 주장했는데 이것은 향후 제국 내 슬라브 정치가들이 지속적으로 펼쳤던 친오스트리아슬라브주의의 핵심적 내용이라 하겠다. 현 체제와의 협상을 요구한 팔라츠키의 이러한 자세에는 빈 정부가 제국 내에서 슬라브 민족들이 차지하는 비율을 직시해야 한다는 것과 그동안 등한시했던 이들의 법적·사회적 지위 향상이 얼마나 중요하고, 필요한가를 인식해야 한다는 묵시적인 강요도 내포되었다고 하겠다. 또한 팔라츠키는 거절 편지에서 독일 통합은 오스트리아 제국을 배제한 소독일주의 원칙에 따라 이루어져야 하며, 오스트리아 제국은 그렇게 형성된 신독일과 공수동맹 체제를 구축하여 러시아의 팽창정책에 대응해야 한다고 주장했다. 아울러 그는 오스트리아 제국이 이 동맹체제를 기초로 한 유럽의 질서체제 유지에 적극적으로 참여해야 한다고 역설했다. 당시 슬라브 정치가들은 헝가리 지방을 제외한 제국의 적지 않은 지역, 즉 독일 연방에 포함된 지역들이 새로운 독일로 편입되는 것과 그것에 따라 야기될 오스트리아 제국의 붕괴를 가장 우려하고 있었다. 그 이유는 이들이 새로운 독일에서 그들 민족의 법적·사회적 지위가 향상되지 않고 오히려 격하될 가능성이 크다는 것을 예견했기 때문이다.

1848년 5월 18일에 개원한 프랑크푸르트 국민의회에서 오스트리아 제국 일부가 신독일에 편입돼야 한다는 대독일주의가 통합 방안으로 부상함에 따라 제국 내 슬라브 정치가들은 대비책 마련에 나섰다. 여기서 이들은 오스트리아 제국 내 슬라브 민족의 법적·사회적 동등권을 보장

받기 위한 연방체제의 도입을 강조했는데 이것은 범슬라브주의를 핑계로 슬라브 세계에서 주도권을 장악하려던 러시아와 독일권 사이에서 슬라브 제 민족의 완전한 독립이 사실상 불가능하다는 현실적 판단에서 비롯된 것이라 하겠다. 이를 위해 오스트리아 제국 내 슬라브 정치가들은 1848년 5월 31일 프라하에서 제1차 슬라브 민족회의를 개최했다. 여기에는 모두 360명이 참석했는데, 이 중에서 정식 대표는 319명이었고 나머지는 손님 내지는 임시대표자의 자격으로 참여했다.

제1차 슬라브 민족회의가 순조롭게 진행되는 상황에서 돌발변수가 프라하에서 발생했다. 그것은 빈 정부가 추진한 기존 질서체제로의 회귀 정책에 대한 반발에서 비롯된 오순절 소요였다. 6월 11일 프라하 대학생 슬라드코프스키(Karl Sladkovský)의 주도로 시작된 이 소요에는 대학생들과 노동자 계층, 특히 제빵공들과 인쇄공들이 적극적으로 참여했다. 소요 기간 중 슬라드코프스키와 그의 추종자들은 빈 정부의 복고주의적 정책을 신랄히 비판했다. 아울러 이들은 제1차 슬라브 민족회의에서 지향한 친오스트리아슬라브주의를 강력히 비판했을 뿐만 아니라 오스트리아 제국을 해체해 독자적인 슬라브 제국을 구축해야 한다고 주장했다.

프라하의 상황을 우려한 빈 정부는 가능한 한 빨리 오순절 소요를 종식해야 한다고 판단하고 무력 개입을 결정했다. 이에 따라 빈 정부는 빈디쉬그래츠 장군에게 소요 진압권을 부여했다. 프라하에 도착한 빈디쉬그래츠와 진압군은 소요 참여자들에게 강력히 대응했다. 진압 선발군은 소요에서 핵심 역할을 담당한 학생들을 체포하기 위해 프라하대학을 포위하고 바로 학내로 진입했다. 그 과정에서 진압군에게 저항하던 40여 명의 대학생이 체포되었다. 상황이 이렇게 전개됨에 따라 클레멘티눔(Clementinum)에 머무르고 있던 대학생들은 당시 프라하 총독이었던 툰(Leo Graf Thun) 백작을 인질로 삼아 프라하대학에서 벗어나고자 했다. 이들은 빈디쉬그래츠가 병력을 대학 교정에서 철수하지 않으면 툰 백작을 처형하겠다는 최후통첩을 보냈다. 그러나 빈디쉬그래츠는 학생들의 요구를 무시하고 진압군을 클레멘티눔에 진입시켜 툰 백작을 구출했다. 그 과정에서 30명의 학생이 목숨을 잃었고 50여 명의 학생은 다쳤다.

상황이 이렇게 극단적으로 전개됨에 따라 슬라브 민족회의에 참석한 정치가들은 민족 회의의 활동이 조만간 중단되리라고 판단하게 되었다. 이에 따라 이들은 민족 회의에서 구체적인 성과를 확보하기 위해 6월 12일 긴급총회를 개최했다. 일부 참석자들은「유럽 제 민족에게 보내는 선언서」작성에 앞서 자신들의 관점을 피력했는데 거기서는 형제애, 민족적 동등성 보장, 민족적 자유(직접 선거권, 지역자치권, 언론 및 집회의 자유), 종교의 자유, 국민 무장, 사회적 개혁 등이 선언서에서 거론되어야 한다는 주장이 제기되기도 했다.

6월 13일 빈디쉬그래츠는 슬라브 민족회의에 참석한 외부 인사들의 조속한 귀환을 촉구했다. 이러한 강압적 조치에 빈 정부는 동의하지 않았고 그에 따라 프라하 주재 오스트리아군 총책임자였던 빈디쉬그래츠와 프라하 총독이었던 툰은 일시적으로 해임되었다. 그러나 빈 정부는 6월 18일 오순절 소요가 진압된 이후 그 조치를 철회하는 이율배반적인 행동을 취했는데 그것은 앞으로 혁명세력을 제압할 수 있다는 자신감에서 비롯된 것 같다. 1천여 명의 희생을 요구한 오순절 소요가 진압된 이후 빈 정부는 프라하 및 그 주변 지역에 계엄령을 선포했고 그에 따라 빈디쉬그래츠군은 계엄군의 신분으로 프라하에 주둔하게 되었다. 이어 프라하에 계엄령이 선포되었고 민간과 군부 합동의 조사 법정이 설치되어 프라하 소요에 참여한 인물들을 색출하여 처벌하고자 했다.

3월 혁명 이후 드러난 제 문제를 해결하고 제국 통치에 필요한 헌법을 제정하기 위해 1848년 7월 22일 빈의 궁정 승마학교에서 제국의회가 개원되었다. 여기에는 페르디난트 황제를 비롯한 빈 정부 고위 각료들도 참석했다. 제국의회의 의원들은 모두 383명이었는데 이들은 헝가리와 이탈리아 북부 지방을 제외한 제국 전역에서 선출되었다. 선거인단을 통해 선출된 빈 제국의회 의원들의 사회적 성분을 보면 토지와 관련된 분야의 인물들이 베를린 제헌 국민의회나 프랑크푸르트 국민의회보다 훨씬 많이 의회에 진출했다. 실제로 농민계층과 지주 계층이 전체 의석에서 차지하는 비율은 34%나 되었다. 관료 계층과 판사 및 교수들은 이보다 적은 18%에 불과했다.[34] 이렇게 선출된 제국의회 의원들의 대다수는 온건적인 자유주의 또는 보수주의를 지향했는데 그것은 앞으로 제국의회에서 급진적인 개혁보다는 기존의 질서체제와의 타협을 모색하는 점진적 개혁이 추진되리라는 것을 예상하게 했다.[35]

빈 제국의회에서 다룰 의제 중에서 제국의 결속을 가져다줄 신헌법 제정이 가장 중요한 안건으로 등장했다. 그러나 이에 앞서 제국의회는 연방체제와 중앙체제 중에서 어떠한 것을 오스트리아 제국에 도입해야 할 것인가를 결정해야 했는데 그것은 제국 내 민족문제로 쉽게 해결될 사안이 아니었다. 이미 제국의회가 개원되기 이전부터 슬라브 정치가들과 독일 정치가들은 이 문제로 날카롭게 대립하고 있었다. 특히 오스트리아 제국이 3월 혁명 이전처럼 독일권에서 주도권을 가져야 한다는 구오스트리아주의자들이 제국의회에 대거 진출하게 됨에 따라 그동안 우려했던 문제들은 쟁점화되기 시작했다. 당시 뢰너(Ludwig Edler v. Löhner)

---

34 빈 제국의회에서 활동한 의원들의 25% 정도는 독일어를 이해하지 못했는데, 이들이 독일어를 사회 공용어로 사용하지 않는 지방에서 선출되었기 때문이다. 이에 따라 다민족으로 구성된 빈 제국의회는 중요한 안건을 독일어뿐만 아니라 오스트리아 전역에서 사용되고 있던 언어로도 번역하기로 결의했다. 그러나 이러한 시도는 적지 않은 문맹자로 인해 별 효과를 거두지 못했다.

35 여기서 확인되는 특징은 프로이센과 달리 오스트리아에서는 과격 성향의 민주주의 세력이 제국의회보다 장외활동을 선호했고 거기서 구체적인 성과도 거두었다는 것이다.

를 비롯한 구오스트리아주의자들은 제국의회가 열리기 이전부터 제국 의회에서 그들 민족의 대표들이 열세에 놓이게 되리라 예상했을 뿐만 아니라 의회 내에서 다수 세력으로 등장하게 될 슬라브 정치가들의 요구인 연방체제가 제국의회에서 수용될 수밖에 없다고 판단했다.[36] 여기서 이들은 이러한 것이 바로 독일 민족의 주도권 상실로 이어진다는 사실도 파악했다. 아울러 이들은 오스트리아 제국에 연방체제가 도입되면 독일권에서 이 제국의 위상이 크게 위축되거나 배제될 수밖에 없다고 우려했다.

4. 베를린 혁명

3월 초부터 프로이센에서도 혁명적 징후가 나타나기 시작했다. 그런데 소요는 베를린이 아닌 지방에서 시작되었다. 정치적-경제적으로 다른 지역보다 선진화된 라인(Rhein) 지방에서 그 출발신호가 나타났고 거기서 주도적 역할을 한 계층은 쾰른(Köln) 시민들이었다. 이와는 별도로 3월 3일 시청 앞에서 발생한 집단시위에는 노동자들이 대거 참여했다. 쾰른의 공산당 지부 동맹 회원들이 주도한 이 시위에서는 일련의 정치적 요구도 제시되었다. 시위 중 참여자들에게 배포된 「민중의 요구(Forderung des Volkes)」에서는 언론 및 결사의 자유뿐만 아니라 민중이 입법과 행정을 주도해야 한다는 것도 거론되었다. 그리고 이를 위해 보통선거제 도입, 상비군 폐지와 시민병 체제의 도입이 전제조건으로 제시되었다. 당시 공산당 동맹 회원들이 노동계층의 사회적 요구를 대변하고 있었음은 이들이 노동권과 생존권 보장, 그리고 무상의 의무교육제

---

36 실제로 전체 의원 중에서 슬라브 계통의 의원들이 차지하는 비율은 50%를 상회했다. 이에 반해 독일계 의원은 전체 의원의 25% 정도였다.

도입을 강력히 요구한 데서 확인할 수 있다. 이러한 요구를 실천하기 위해 쾰른 노동자들은 쾰른 지방의회에 압력을 가했다. 5천여 명의 시위대가 시청 앞 광장에 집결했고, 여기서 빌리히(August Willich)와 아네케(Friedrich Anneke)가 연설했으며, 빈민 의사로 활동하던 고트샬크(Andreas Gottschalk)는 소수 대표자와 더불어 「민중의 요구」를 쾰른 시장에게 전달했다. 시위대 압력에 굴복한 시 의회는 청원서를 행정장관에게 전달하기로 약속했다. 그러나 시청을 점령한 시위대는 몇 시간 후 정부군에 의해 강제로 해산되었고 그 과정에서 시위 주도자들이 체포되었다. 결국 봉기는 실패로 끝났지만 프로이센 전역에 혁명을 파급시켰고 시민계층도 움직이게 했다.

이후부터 시민계층은 급진적인 요구 및 청원을 방지하기 위해 청원운동의 주도권을 장악하는 데 주력했다. 당시 이들 계층의 정치 전략은 입헌 정치적 개혁을 통해 정치와 사회 영역에서의 침체를 극복하고 사회적 불안 역시 예방하는 것이었다. 유산 시민계층에 대한 심각한 증오에 바탕을 두고 사회주의적인 실험뿐만 아니라 자칫하면 공산주의로까지 나갈 수도 있었던, 파리에서와 같이 일반 대중, 특히 하층민이 가졌던 불만의 급속한 폭발은 그들이 가졌던 개념과는 일치하지 않았다. 3월 3일 저녁 라인 지방의 시민들은 라인 지방의회가 베를린 정부에 개혁안 제출을 청원했고 다른 도시의 자유주의자들도 쾰른의 예를 따랐다. 시민집회 및 지방의회에서 작성된 청원서가 베를린 정부에 전달되었는데 그 주요 내용은 전국 단위의 의회 소집이었다. 청원서에서는 언론의 자유 및 독일 연방의 개혁도 거론되었다. 프로이센의 다른 지방에서도 시민계층이 그들의 희망 사항을 구체적으로 명시한 개혁안을 제시했다. 실제로 3월 1일 마그데부르크(Magdeburg)에서 이러한 요구들이 제시된 바 있었고 작센, 포메른, 슐레지엔의 자유주의자들도 그에 긍정적인 반응을 보였다. 베를린의 자유주의자들 역시 이러한 추세에 동조하기 시작했다.

이러한 운동에서 비롯된 청원은 정부 개혁을 요구하는 시민계층의 견해를 대변하는 데 주력했다. 혁명적 민중운동의 영향 아래서 제

베를린의 신문 가판대

기된 이러한 요구들이 정치 발전에 긍정적으로 작용한 것은 사실이다. 그러나 전체적으로 보아 시민계층의 움직임은 민중혁명을 온건한 자유 개혁정치의 틀 안에서 유지하려는 목적에서 비롯되었다. 청원운동과 더불어 시민계층은 반봉건적 운동의 첨단에 서게 되었다. 당시 시민계층은 독서협회, 커피전문점, 그리고 공공기관에서 능동성을 발휘했는데 그것은 이들이 정치적 사안들을 다룬 신문들을 크게 읽고 거기서 동조세력을 확보하려는 시도에서 확인되었다.[37]

3월 6일 베를린에서도 혁명적 소요가 발생했다. 이에 앞서 프랑스에서 날아온 뉴스는 베를린 시민들을 흥분시켰다. 2월 28일 베를린『포시셰 차이퉁(Vossische Zeitung)』의 호외는 '급보'라는 제목으로 루이 필리프의 퇴위 소식을 전했다. 편집자는 "프랑스 및 유럽의 현 정세로 볼 때, 이러한 사태변화는 1830년의 7월 혁명보다 결과적으로 더 놀랍고 어쩌면 더

---

37 당시 베를린에는 주요 거리마다 신문가판대가 설치되었다. 특히 예거슈트라세 (Jägerstraße)에 있는 신문가판대에서 사람들은 14개 국어로 출간된 600종의 신문과 잡지를 구매할 수 있었다. 따라서 이 가판대는 '유럽에서 가장 크고 가장 세련된 독서연구소(das größte und eleganteste Leseinstitut in Europa)'로 지칭되기도 했다.

중대한 것으로 보인다."라는 설명까지 첨부했다. 1월 초부터 진행된 이탈리아에서의 혁명적 소요 역시 베를린 시민들에게 적지 않은 영향을 끼쳤다.

이탈리아에서의 혁명적 소요는 남부 지방, 즉 양 시칠리아 왕국에서 시작되었는데 그것은 외부에서 유입된 왕조에 대한 저항에서 비롯되었다. 소요의 주도자들은 양 시칠리아 왕국의 페르디난도 3세(Ferdinando III delle Due Sicilie, 1830~1859)로부터 헌법의 도입 및 세제 개혁을 약속받았고, 입헌군주정 체제 도입도 관철했다. 이후 혁명의 여파는 중부 이탈리아까지 확산했다. 이에 따라 피에몬테-사르데냐 왕국에서도 소요가 발생하여 국왕 알베르토(Carlo Alberto, 1831~1849)가 헌법 도입을 결정하는 요인으로도 작용했다. 피에몬테-사르데냐 왕국에서 소요가 발생한 직후, 즉 1월 말 알베르토는 왕위를 포기하려고 했다. 그러나 보수주의적 성향의 내무장관인 보렐리(Giacinto Borelli) 백작의 권유에 따라 헌법 제정 위원회를 구성하여 1848년 3월 4일 헌법을 제정했는데 이를 지칭하여 '알베르토 헌법(Statuto Albertino)'이라고 했다.[38] 이 헌법에는 입헌군주정 체제를 도입한다는 것이 언급되었을 뿐만 아니라 국왕이나 의회의 권한 등도 구체적으로 명시되었는데 그것들의 중요한 내용을 살펴보면 다음과 같다. ① 국왕은 국가의 원수 겸 정부의 책임자이다. ② 국왕은 헌법을 보호하는 유일한 권한을 가질 뿐만 아니라 그것에 대한 의회의 간섭, 즉 헌법 내용의 개정 등을 통제할 수 있다. ③ 의회는 양원제, 상원과 하원으로 운영한다.[39] 의회는 정부에 대한 통제권을 가지며 정부 구성에도

---

38 이 헌법은 1946년 이탈리아에서 왕정이 폐지될 때까지 이탈리아 통치 및 정치 구조에 영향을 끼쳤다.

39 이후 치른 선거에서 상원은 귀족계층, 하원은 부유한 시민계층, 즉 대시민계층이 주도 세력으로 등장했다. 특히 하원에서 부유한 시민계층이 득세한 것은 재산 평가에 따른 차등선거제도가 시행되었기 때문이다.

참여할 수 있다.

이탈리아와 프랑스의 혁명 상황을 접한 베를린의 시민들은 거리로 쏟아져 나와 정보를 수소문하면서 토론을 벌이기에 바빴다. 날씨까지 한몫 거들었다. 이날은 누구나 기억할 만큼 온화하고 맑은 초봄 날씨였다. 독서클럽과 커피점, 온갖 종류의 공공시설에는 사람들이 터질 듯이 들어찼다. 신문이 손에 집힌 사람은 누구나 의자 위로 올라가 큰 소리로 내용을 낭독하는 능동성도 보였다. 당시 프로이센의 중앙지들은 매일 수천 부를 간행하는 데 그쳤지만, 그 영향력은 매우 컸다. 각 지역에서 발간하던 지방지들은 중앙지의 기사를 인용하거나 보도했고 실제 간행된 부수보다 훨씬 많은 사람이 지방 신문을 읽었으며 이것은 중앙지의 위상을 증대시키는 요인으로 작용했다.

그리고 프로이센 왕국의 중요 도시에서는 독서협회(Lesegesellschaft)도 결성되어 가입한 사람들에게 다양한 신문을 읽을 기회를 제공했다. 1840년대 말에는 부유한 시민계층뿐만 아니라 하층민들도 독서협회에 가입했는데 그만큼 정치 및 사회개혁에 대한 사회구성원들의 관심이 증대한 결과라 하겠다. 점차 독서협회는 하층민들을 배려하게 되었는데 그것은 당시 문맹자 회원을 위해 신문기사를 읽어준 데서 확인할 수 있다. 실제로 프로이센 신민 중 약 20% 정도가 글을 읽지 못했다.

당시 베를린 정부는 국왕 프리드리히 빌헬름 4세(Friedrich Wilhelm IV, 1840~1861)에게 보낼 청원서 수용을 거부했지만, 신민들은 그것을 관철하려고 했다. 프리드리히 빌헬름 4세는 1840년 6월 7일 프리드리히 빌헬름 3세(Friedrich Wilhelm Ⅲ, 1797~1840)가 서거한 후 프로이센의 위정자로 등장했다.[40] 그는 부친을 비롯한 이전의 통치자들과는 달리 즉위

---

40 프리드리히 빌헬름 4세는 프로이센 국왕으로 등극하기 전 6개월간 섭정 정치를 실시했다.

초부터 개혁에 대해 깊은 관심을 보였고, 예술과 문학을 사랑했다. 선왕들과는 달리 낭만주의 역사소설을 읽으며 성장했고 그 과정에서 위그노의 후예인 푸케(Friedrich de la Motte Fouqué)의 작품도 자주 읽었다. 푸케가 쓴 역사소설은 고상한 기사와 위험에 빠진 성의 여인, 바람이 몰아치는 바위, 고대의 성, 음울한 숲 같은 배경을 특징으로 하고

프리드리히 빌헬름 4세

있다. 프리드리히 빌헬름 4세는 문학적인 기호뿐만 아니라 개인적 삶에서도 낭만적이었다. 그는 종종 울었고, 측근과 형제자매에게 보내는 편지는 장문의 고백이었으며, 느낌표를 아낌없이 사용해 여덟 개나 연달아 찍을 때도 있었다. 화술도 유창하여 자주 그리고 열정적으로 '독일 민족'에 대한 자신의 긍지를 언급하기도 했다. 프로이센의 자유주의자들은 그가 국왕으로서 취한 첫 번째 행동에서 희망을 발견했다.

국왕의 정치적 사면으로[41] 체육의 아버지 얀(Friedrich Jahn)은 철십자훈장을 받았다. 이에 앞서 그는 1825년부터 유지된 경찰 보호관찰 조치에서 벗어났고 그가 세운 체조연합 역시 활동을 재개했다. 1837년 괴팅겐

---

41 1840년 7월 2일 본대학 교수로 복귀한 아른트(Ernst Moritz Arndt)는 프로이센 정부의 선동자 추격 정책의 희생자였다. 아른트는 1819년 9월 20일에 발표한 카를스바트 협약에 따라 1820년 11월 민족 및 다소 과격한 민주주의에 대한 언급 때문에 교수직에서 해임되었다. 이후 진행된 소송 절차에서 아무런 결론이 나지 않았음에도 불구하고 프리드리히 빌헬름 3세는 아른트가 강의하는 것을 허용하지 않았다.

대학에서 해임되었던 그림 형제는 왕립 프로이센 학술원 교수로 임명되었고, 1819년 보수파 장관들에 의해 공직에서 쫓겨난 보이엔(Hermann v. Boyen) 장군은 1841년 3월 국방부 장관으로 임명되었다. 70세의 보이엔 장군은 군사 및 정치개혁을 오랫동안 지지해온 인물이었다. 신임 국왕은 이 노장군을 환대하며 그에게 내각의 수석장관 자리뿐만 아니라 제1보병연대의 지휘권도 맡겼다. 그나이제나우(Gnaisenau)[42] 기념비 제막식에서 프리드리히 빌헬름 4세는 보이엔에게 검은 독수리 훈장(Orden vom Schwarzen Adler)을 수여했다. 이는 나폴레옹 전쟁에 대한 기억을 둘러싸고 애국 진영과 왕실 사이에 벌어진 틈을 메우기 위해 국왕이 단호한 결심을 했다는 증거였다. 프리드리히 빌헬름 4세는 법무부 장관이었던 캄푸츠(Karl Albrecht v. Kamptz) 문제도 해결하려고 했다. 캄푸츠는 정치적 반대파를 억누르기 위해 비트겐슈타인(Fürst v. Sayon Wittgenstein)과 손잡고 선동가들을 열심히 체포한 사냥꾼이었다.[43] 따라서 캄푸츠는 1830년대 급진적 반대파에게는 혐오의 대상이었고 그들의 노래와 시에도 자주 등장했다. 1841년 여름, 요양차 가슈타인(Gastein)에 머물던 그는 베를린으로부터 국왕의 '활력과 영적 에너지(Die Lebens- und Geistesfülle)'가 더 젊고 원기 왕성한 관리를 찾는다는 전갈을 보고 충격을 받았는데 이것은 사임 요구를 우회적으로 표현한 것이기 때문이다.

프리드리히 빌헬름 4세는 출판 검열 제도도 완화했다. 즉위 초 그는

---

42 프로이센의 장군이자 개혁가인 그나이제나우(August Niedhardt v. Gnaisenau)는 1806년 나폴레옹에 의해 괴멸된 프로이센군을 재건하고 재조직하는 데 결정적으로 기여했다.

43 비트겐슈타인은 1812년부터 프로이센 경찰을 총괄하는 업무를 수행하다가 1814년부터 1819년까지 프로이센 경찰청장으로 활동했다. 실제로 비트겐슈타인은 프로이센 내 각 대학, 즉 베를린대학을 비롯한 각 대학에서 결성된 부르셴샤프트의 활동을 더욱 철저히 감시하기 시작했고 그 과정에서 이들 단체의 핵심적 인물들을 체포하여 처형하거나 구금하기도 했다.

자신에 대한 신민들의 비방 내지는 조롱에 대해 비교적 관대했다. 그러나 슐레지엔 바름부룬(Warmbrunn)의 재단사 유로프스키(Joseph Jurowski)와 할버슈타트(Halberstadt) 근처에 살던 법원 관료 마르틴(Balthasar Martin)의 풍자에 대해서는 불쾌감을 표시했고 상응한 처벌도 내렸다. 유로프스키는 술에 취해서 "프로이센의 프리첼(Fritzel, 프리드리히 2세)은 악당이다. 그리고 현재 국왕은 악당에다가 사기꾼!"이라는 말을 했다가 18개월의 금고형을 받았다. 마르틴은 주점에서 "국왕은 매일 여섯 병의 샴페인을 마시는데, 어떻게 신민 걱정을 하겠어? 그것도 독주만 마신다니까!"라고 말했다가 6개월간 감옥살이를 했다. 이런 비방은 신민의 상상 속에 깊이 자리 잡은 국왕의 이미지와 연계된 것이었다. 통통하고 소박하며 군대와는 거리가 먼 외양 때문에 친구나 형제들에게는 '살찐 넙치(Butt)'로 통한 프리드리히 빌헬름 4세는 호엔촐레른(Hohenzollern) 군주 중에서 신체적 카리스마가 가장 부족했다. 그리고 수많은 풍자화로 조롱을 받은 최초의 프로이센 국왕이기도 했다. 아마 당대의 가장 유명한 묘사는 군주를 동화에 나오는 '장화 신은 고양이(Le Chat Botte)'에 비유한 1844년의 그림일 것이다. 살찐 고양이로 묘사된 국왕이 왼손에 샴페인 병을 움켜쥐고, 오른손에는 거품이 넘치는 잔을 든 채 비틀거리는 모습이다. 그는 상수시 궁의 뜰을 배경으로 프리드리히 2세(Friedrich , 1740~1786)의 흉내를 내려고 하지만 애처로운 인상만 줄 뿐이다. 즉위한 직후 문학 작품에 대한 검열을 완화했던 프리드리히 빌헬름 4세는 그림에 대해서는 검열을 다시 강화했다.

프리드리히 빌헬름 4세는 지방 신분제의회를 다시 정례적(Periodischer Zusammentritt)으로, 즉 2년마다 소집한다는 약속도 했다. 또한 지방 신분제의회는 각 지방의 공공복지와 연계된 문제를 국왕에게 자문할 수 있게끔 위원회 설치를 허용받았고, 1842년 국왕은 이 위원회들의 총회를 베를린에서 소집했다. 그러나 새 통치자의 등장으로 헌정적 실제 진전이 있으리라는 자유주의자들의 희망은 유감스럽게도 잘못된 것이었다. 프리드리히 빌헬름 4세는 합스부르크 가문이 지배하고 프로이센 군주가 독일 방위를 위해 그 부사령관 역할을 하던 기독교적-독일 제국에서 벗어나지 못한 낭만주의자였다. 요컨대, 프리드리히 빌헬름 4세는 근대적 자유주의에 조금도 공감하지 않았다. 성향 및 신념에 있어서나 그는 스위스 역사가이자 법률가인 할러(Karl Ludwig v. Haller)의 저서에서 상술된 것과 같은, 기독교적 신분제국가를 자신의 정치적 이상으로 간주한 가부장주의자였다. 당시 프리드리히 빌헬름 4세는 낭만적 계몽주의의 조합주의적 이념에 심취했다. 그는 대의제에 반대하지 않았지만, 그런 것은 자연스럽게 발생해야 한다고 믿었다. 바꿔 말하면 그것들은 중세의 '질서정연한 사회'에서 예시되듯이, 하늘이 자연스럽게 사람에게 내려준 위계나 계층, 인간이 성취한 것과 부합해야 한다는 것이었다. 그의 정치관과 역사관의 기본원칙은 연속성과 전통에서 비롯되었다.[44] 이것은 아마도 프로이센 강철 시대(Eiserne Zeit)에 있었던 사건, 왕세자 시절, 즉 1806년 모후인 루이제(Luise)와 함께 프랑스군의 침략을 피해 동부로 피난한 것과 1810년 어머니의 갑작스러운 죽음에서 겪은 트라우마가 반영된 것으로 보인다.[45]

---

44 당시 프리드리히 빌헬름 4세는 신민에 대한 자신의 깊은 연대감은 왕권신수설에서 비롯되었다고 토로하면서 이러한 것이 신민 욕구에 대한 성스러운 통찰도 가지게 한다고 했다. 이러한 그의 관점은 런던 주재 프로이센 외교관이었던 분젠(Carl Kosias v. Bunsen)에게 보내는 서신에서 다시금 언급되었다. 편지에서 프리드리히 빌헬름 4세는 "왕만이 알 수 있는 것들이 있다. 왕세자 때도 몰랐던 이러한 것들은 국왕으로 등극한 후 비로소 알게 되었다(Es gibt Dinge, die man nur als König weiss, die ich selber als Kronprinz nicht gewusst und nun erst als König erfahren habe)."라고 했다.

45 프리드리히 빌헬름 4세의 모친인 루이제 왕비는 1793년 17세의 나이로 프로이센 왕위계승자와 결혼했다. 이후 1810년 사망할 때까지 그녀는 10명의 아이를 낳았고, 그중 7명은 성인으로 성장했으며, 장남과 차남, 즉 프리드리히 빌헬름 4

오래지 않아 자유주의자들은 새 통치자에게 환멸을 느끼기 시작했다. 실제로 국왕은 헌법 개혁을 요구할 때마다 장황하고 모호한 말로 얼버무리거나 과격한 성향의 인물들을 투옥하는 등의 방법을 적극적으로 활용하기 시작했다.[46]

1848년 3월 6일 저녁 최초의 민중집회가 휴식과 오락 장소로 알려진 티어가르텐(Tiergarten)에서 열렸다.[47] 600여 명이 참가한 민중집회는 4시간 이상 진행되며 청원서 작성에 대해 논의했다. 다음 날 만들어진 문서에는 헌법 제정, 언론 및 집회의 자유, 정치범들에 대한 사면, 왕군의 규모 축소 및 국민개병제 도입, 보통 선거제도의 도입 등이 거론되었다. 3월 7일 수공업자들, 노동자들, 시민들, 그리고 학생들의 시위가 베를린에서 일어났다. 같은 날 프리드리히 빌헬름 4세는 1847년 6월에 해산

세)와 빌헬름 1세(Wilhelm I, 1861~1888)가 프로이센 국왕으로 즉위했다. 특히 빌헬름 1세는 1871년 1월 18일 독일 제국의 초대 황제로 등극했다. 1795년 4월 대불동맹에서 이탈한 프로이센은 1806년에 결성된 제4차 대불동맹에 참여했다. 이에 프랑스의 응징이 바로 시작되었고 1806년 10월 14일 예나와 아우어슈테트(Auerstedt)에서 벌어진 전투에서 승리한 나폴레옹은 10월 27일 브란덴부르크(Brandenburg) 문을 통해 베를린으로 입성했다. 이에 따라 루이제는 어린 자녀들과 더불어 동프로이센의 쾨니히스베르크(Königsberg, 오늘날 러시아 칼리닌그라드[Kaliningrad])와 메멜(Memel, 오늘날의 라트비아)로 도피해야만 했다. 혹한의 겨울에 감행한 도피의 나날들은 왕비의 건강을 위협했다. 1809년 루이제와 프리드리히 빌헬름 3세가 베를린으로 귀환했지만, 루이제는 다음 해인 1810년 34세의 젊은 나이로 생을 마감하게 되었다.

46 프랑스에서 2월 혁명이 발생한 이후부터 혁명적 징후가 프로이센의 여러 곳에서 감지됨에 따라 국왕의 측근들도 개혁의 필요성을 강조하기 시작했다. 그 일례로 프리드리히 빌헬름 4세의 측근이자 국립극장장이었던 레데른(Friedrich Wilhelm v. Redern) 백작이 1848년 2월 22일 혁명과 같은 최악의 상황을 피하기 위해서는 '위로부터의 혁명(Revolution von oben)'이 절실히 필요하다고 제안했다. 그러나 국왕은 다음 날인 1848년 2월 23일 '혁명을 통해 다른 혁명을 예방한다(die Revolution durch eine Revolution vorbeugen).'라는 레데른의 제안을 거부했다.

47 브란덴부르크문 바로 옆에 있던 티어가르텐은 동물원을 지칭한다.

한 연합지방의회를 4년마다 소집하겠다고 약속했고 그에 따른 첫 연합지방의회를 4월 초 베를린에서 개원한다는 계획도 밝혔다. 이러한 양보로 베를린 정부는 당시의 혁명적 상황도 종식시킬 수 있으리라 판단했다. 그러나 자유주의적 시민들은 이에 대해 만족하지 않았다. 검열 없는 새로운 언론법의 제정도 비슷한 방향으로 나아갔다. 베를린의 민중운동은 정부의 미온적 조치에 만족하지 않고 결단을 내리려고 했다. 이에 따라 시위 규모가 점차 확대되어 4천여 명이 참여한 시위가 3월 9일 벌어졌고 거기서도 단호한 청원서가 작성되었다. 3월 13일 베를린에서 살포된 최초의 전단(Flugblatt)에서는 생계와 실업에 대한 구제책 마련, 폭리 및 착취에서 벗어날 수 있는 보호책 강구, 노동 및 사회부 신설 등이 요구되었다.

3월 15일 빈으로부터 메테르니히가 곧 실각할 것이라는 소식이 베를린에 유입됨에 따라 혁명적 상황은 새로운 전기를 맞이했다.[48] 같은 날 티어가르텐에 2만여 명의 군중이 다시 모였는데 이것은 지금까지 유례가 없었던 규모였다. 이 집회에서 베를린의 노동자들은 처음으로 그들

---

48 1848년 2월 24일 프랑스에서 7월 왕정이 붕괴했다는 소식을 접한 프리드리히 빌헬름 4세는 영국 여왕 빅토리아, 러시아 황제 니콜라이 1세(Nicholas I, 1825~1855), 그리고 오스트리아 국가 재상 메테르니히에게 서신을 보내 영국, 프로이센, 오스트리아, 그리고 러시아가 참여하는 4국 단결 동맹 결성을 제안했다. 그뿐만 아니라 자신의 정책적 조언자인 게를라흐(Leopold v. Gerlach)와 라도비츠(Joseph v. Radowitz)를 코펜하겐과 빈으로 보내 왕실 간의 긴밀한 협력을 도모하기도 했다. 빈으로 파견된 라도비츠는 체류 중 메테르니히와 접촉하면서 3월 25일 드레스덴에서 독일국가총회 개최에 대해서도 논의했다. 당시 프리드리히 빌헬름 4세는 독일 연방체제에 대한 개선 논의를 통해 신민들의 혁명 욕구를 완화하려고 했다. 그러나 프로이센 국왕의 이러한 계획은 메테르니히의 실각으로 이행되지 못했다. 또한 외무부 장관 카니츠(August Wilhelm Graf v. Canitz)는 입법권을 가진 의회 소집에 매우 부정적이었는데 이것은 신민 대표로 구성된 의회가 기존의 질서체제를 붕괴시킬 수도 있다는 확신에서 비롯되었다.

의 사회적 지위를 개선할 수 있는 조치를 제시했다. 시위 중 배포된 전단에서는 노동자들이 자본가와 투기자들에 의해 억압받고 있다는 사실이 폭로되었고 현행 법률로는 그러한 억압으로부터 노동자들을 보호해줄 수 없다는 것도 강조되었다. 따라서 이들은 고용주와 노동자 대표로 구성된 노동부가 설치되어야 한다는 것을 국왕에게 청원했다. 이러한 주장들은 2월 혁명의 영향을 받아 노동자 계층과 시민계층 사이에 형성된 깊은 불신에서 비롯된 것이다.

민중과 정부군 사이의 충돌은 티어가르텐 민중집회 이후 시작되었다. 당시 프로이센 왕실은 이전처럼 어떠한 정치적 양보도 하지 않으려했다. 왜냐하면 프리드리히 빌헬름 4세의 동생이자 프로이센의 왕위계승자였던 빌헬름(Wilhelm)과 그를 둘러싼 군사적 반동그룹이 모든 것을 결정했기 때문이다. 이들은 민중이 성급히 일어나게끔 유도한 후 군대를 투입하여 민중혁명을 진압하겠다는 계획을 세웠다. 그에 따라 이들은 민중을 향한 군사적 개입을 시도했고 그 과정에서 시의 모든 중요한 거점들을 장악했다. 3월 13일 저녁 빌헬름은 티어가르텐 민중집회를 해산시키라는 명령을 정부군에 하달했다.

당시 민중은 군대를 두려워하면서도 군인들에게 다가가 그들을 회유하고 설득하다가 비웃기도 했다. 군대는 그들 나름대로 치밀한 규범이 있었다. 우선 제멋대로 행동하는 시민들과 부닥칠 때 1835년의 소요 단속법을 3번 읽어주게 되어 있었다. 그런 후 북이나 트럼펫으로 경고 신호를 3번 보낸 다음 공격 명령을 내릴 수 있었다. 군중 속 남성들의 다수가 이미 군 복무를 수행했기 때문에 이런 신호를 잘 알고 있었다. 소요 단속법을 낭독하면 시민들로부터 휘파람과 야유가 쏟아져 나왔다. 전진 혹은 공격이 임박했음을 알리는 북소리는 꽤 강력한 억제 효과가 있었지만, 그것도 잠시뿐이었다. 시내 분위기도 점차 험악해져 군복 차림으로 시내를 혼자 또는 소수의 인원만으로 걸어갈 때는 위험하기 그지없

었다.[49]

브란덴부르크성 앞에서 정부군은 최초로 귀가하던 시위대를 습격했고 이때부터 민중에 대한 정부군의 만행은 시작되었다.[50] 다음 날인 3월 14일 브뤼더(Brüder)가에서 시위대에 대한 학살이 자행되었다. 같은 날 저녁에는 정부군이 항의하는 시위대를 향해 무차별 총격을 가했고 3월 16일에도 왕세제궁 앞에서 시위대에게 총격을 가했다. 이러한 강경 진압으로 3월 14일부터 3월 16일까지 20여 명이 사망했고 150명이 부상했다.

이후 베를린 전역에서 손에 잡히는 것들로 만든 바리케이드가 설치되었다.[51] 이 임시변통 장벽에서 대부분의 전투가 벌어졌다. 시가지 곳

---

49 자유주의 성향의 작가이자 일기 작가인 엔제(Karl August Varnhagen v. Ense)가 이에 대해 언급했다. 엔제는 3월 15일, 2층 창문에서 우연히 거리를 내다보다가 인근 인도에서 장교 세 명이 걸어가는데, 200명 정도의 청소년들이 고함을 지르며 그들을 쫓아가는 장면을 목격했다. 그는 청소년들이 장교들에게 돌을 던지고 몽둥이로 한 사람의 등을 내리치는 것도 보았다. 하지만 장교들은 달아나지도 않고 대들지도 않았다. 그들은 모퉁이까지 그대로 걸어간 다음 발슈트라세 쪽으로 꺾더니 정부청사로 피했고 그곳에 있던 무장 경비병들의 신속한 대응으로 쫓아오던 청소년들은 더 이상의 공격적 행동을 할 수 없었다.

50 베를린에서 발생한 혁명적 소요를 진압하기 위해 2만 명의 정부군이 동원되었는데 이들은 주로 각 지방에서 차출된 20세 정도의 전투 경험 없는 신병들이었다.

51 엔제는 일기장에 3월 18일 바리케이드 설치 과정을 자세히 언급했다. "(비교적 잘 차려입은) 대학생 같은 젊은 청년들이 머슴과 시민들에게 지도하고 명령했다. 머슴과 시민들은 마차들을 세운 후 전복시켰고 차도와 인도의 경계석과 포석을 빼냈다. 그리고 일부는 주변의 건물로부터 장작과 상자를 가져오고 신축 중인 집에서 각목, 널빤지, 가구, 그리고 기와를 가져오기도 했다. 얼마 후 쉽게 무너지지 않을 바리케이드가 설치되었다. 그리고 길모퉁이 집의 지붕으로 사람들이 많은 포석과 장작을 옮겼는데 이것은 정부군의 침입에 효율적으로 대응하기 위해서였다. 당시 시위에 참여한 사람들은 도끼, 몽둥이, 그리고 두엄용 쇠스랑으로 정부군에 대응했다. 아울러 정부군에 대응하기 위한 시민병 체제가 자발적으로

곳에 설치된 바리케이드를 향해 전진하는 보병대가 사정거리 안에 들어오면 근처 건물에서 타일과 돌멩이가 쏟아졌다. 군인들은 집집마다 들어가서 수색했다. 바리케이드는 포병대의 포격으로 해체되거나 전투 중 죄수들의 도움을 받던 병사들에 의해 제거되었다. 이러한 상황에서 정부군에 대한 시민들의 증오는 갈수록 확산했다.

혁명세력의 핵심적 요구는 정부군 철수였다. 혁명을 저지하려는 정부의 고위 관료들과 정부군의 만행은 시민들의 분노를 폭발시켰으며 이들의 무력항쟁도 격화시켰다. 점차 시민들은 정부군 철수를 위한 방안을 마련하기 시작했고 시위의 강도도 높아졌다. 이러한 긴박한 상황에서 베를린 시 당국은 이른바 '시민보호위원회'를 구성하여 긴장을 해소하려고 했다. 3월 16일부터 무기를 소지하지 않고 흰 띠를 두른 보호위원들이 활동했으나 별 성과를 거두지 못했고 시민들의 조소만을 샀을 뿐이다. 상황의 심각성을 인식한 프리드리히 빌헬름 4세는 4월 27일 다시금 연합지방의회를 소집하겠다는 약속을 했다. 아울러 그는 독일 통합을 위한 관세동맹 확대를 제안했으며 독일 연방의 개혁에 대해서도 언급했다. 그러나 이러한 조치로는 당시의 혁명적 상황이 종료될 수 없었다. 전반적인 개혁이나 입헌군주정 체제 도입에 대한 언급이 없었을 뿐만 아니라 정부군 철수도 거론되지 않았기 때문이다.

메테르니히를 추방한 빈의 승리가 독일인들에게 혁명적 투쟁의 필요성을 부각했지만, 베를린 정부에게는 오히려 불안만을 가중했을 뿐이다. 지금까지의 폐쇄정책을 고수한다면 체제 붕괴도 가져올 수 있다는 불안에서 베를린 정부는 개혁정책을 더는 회피할 수 없었다. 이에 따라 정부 내에서 개혁파가 주도권을 장악했고 이들은 프리드리히 빌헬름 4세의 지원을 받게 되었다. 왕세제 빌헬름의 완강한 반대에도 불구하고

구축되기 시작했다."

3월 17일 결정이 내려졌다. 실제로 17일과 다음 날인 18일 내무장관 보델슈빙-벨메데(Ernst v. Bodelschwingh-Velmede) 남작은 프리드리히 빌헬름 4세의 위임을 받고 시민계층의 요구를 수렴한 두 개의 칙령을 발표했다. 하나는 사전검열제도의 폐지였고, 다른 하나는 4월 24일 연합지방회의보다 많은 입법권을 가진 통합지방의회를 소집한다는 것이었다. 또한 칙령에서는 독일 연방의 개혁 및 헌법 제정이 부수적으로 명시되었다.

그러나 급진적 자유주의자들은 그들의 요구를 고집했다. 국왕으로부터 개혁정책에 대한 구체적 회답을 얻어내라는 위임을 받고 3월 17일 베를린에 도착한 라인 지방의 대표들은 더 완강했다. 베를린의 대표들 역시 심각한 상황을 목격하고 정부군의 철수, 반동 내각의 해산, 시민 병체제의 도입, 자유 헌법의 제정 등을 요구하고 나섰다.

이러한 요구들은 같은 날 베를린의 곳곳에서 개최된 민중집회에서 재천명되었다. 이들은 청원서를 국왕에게 보내면서 압박 수단으로 다음 날 정오 왕궁 앞 광장에서 대규모 시위를 벌이기로 했다. 3월 18일 라인 지방 및 베를린 대표들이 프리드리히 빌헬름 4세와 면담하기 위해 왕궁으로 갔는데 이것은 계획된 시위를 저지하기 위해 베를린 대표들에게 국왕과의 면담이 허용되었기 때문이다. 그러나 왕궁 앞의 시위를 저지할 수는 없었다.

오후 2시 대규모의 시위군중 앞에서 국왕 결정이 발표되었다. 왕궁 발코니로 나간 프리드리히 빌헬름 4세는 광장에 모인 수많은 군중으로부터 박수갈채를 받았다. 이어 보델슈빙-벨메데는 국왕 입장을 대독하기 시작했다. "국왕께서는 언론의 자유가 널리 확산하기를 원하십니다! 국왕께서는 통합지방의회가 즉시 개원하기를 바라십니다! 국왕께서는 모든 독일 땅이 가장 자유로운 토대에서 헌법적 보호를 받기를 바라십니다! 국왕께서는 독일의 깃발이 반드시 있어야 한다고 생각하십니다!

베를린 왕궁 앞에서의 시위

국왕께서는 세금에서 비롯된 모든 규제도 철폐하려고 하십니다! 국왕께서는 프로이센이 이러한 운동의 선두에 서기를 원하십니다!" 시위대는 이에 동의했고 "국왕 만세"를 불렀다.

이러한 상황에서 왕세제 빌헬름은 베를린 주둔 총사령관 푸엘(Ernst v. Pfuel)을 그의 측근인 프리트비츠(Karl v. Prittwitz) 장군으로 교체했다.[52] 과잉 충성과 반동에 익숙한 프리트비츠와 그의 측근들은 무력 진압의 필요성을 제기했다. 결국 분위기가 돌변했고 시위자들 역시 의구심을 가지기 시작했다. 점차 "군대는 물러가라(Militär zurück)!"는 구호가 외쳐졌다. 거의 같은 시점 왕궁으로부터 정부군이 시위대를 공격함에 따라 시위대는 크게 격분했다. 이러한 돌발적 상황은 국왕이 궁정 앞의 시위대를 해산시키라는 명령에서 비롯되었다. 명령에 따라 기병연대가 천천히 앞으로 나가며 시위군중을 밀어붙였지만, 해산시키는 데는 실패했다.

---

52 당시 푸엘은 시위대와의 협상을 통해 상황을 해결하고자 했다.

현장은 명령이 전달되지 못할 정도로 시끄러웠기 때문에 통제하기도 어려웠다. 말 몇 마리가 겁이 나서 뒷걸음치기 시작했다. 말이 자갈 포장 길에서 발을 헛디디고 비틀거리자 군인 두 명이 말에서 떨어졌다. 이에 기병대가 군도를 뽑아 들고 공격을 시작하자 비로소 군중은 광장에서 흩어졌다. 상당수의 군중은 랑겐브뤼케(Langen Brücke)와 브라이텐슈트라세(Breiten Straße) 사이에 있는 궁정 구역 동쪽 모퉁이에 모여 있었다. 소규모 근위대가 그들을 해산시키기 위해 파견되었다. 우발적으로 두 발이 총성이 울린 것은 바로 이 과정에서였다. 근위대 병사 소총의 방아쇠가 차고 있던 칼 손잡이에 걸려 발사되었고, 헤트겐(Hermann Hettgen) 준위의 총은 시위대 중 한 명이 막대기로 총의 공이치기를 건드려서 격발된 것이었다. 이 두 발의 총격으로 다친 사람은 없었지만, 총소리를 들은 군중은 군대가 민간인에게 총격을 가하기 시작한 것으로 확신했다. 이에 분노한 소식이 빠른 속도로 베를린 시내에 전파되었다. 정보가 잘못되었다는 사실을 알리기 위해 궁에서는 기상천외한 발상을 했다. 두 명의 민간인을 고용해서 "국왕의 호의를 오해한 것입니다!"라고 쓰인 거대한 플래카드를 들고 시가행진을 시킨 것이었다. 하지만 이런 시도는 예상할 수 있듯 아무런 소용이 없었다.

얼마 안 되어 베를린 곳곳에 노동자, 수공업자, 학생, 시민들이 바리케이드를 설치했다. 기병 투입을 막기 위해 거리의 돌들이 파헤쳐졌다. 동시에 시위 참여자들은 무장하기 시작했고 그 과정에서 무기상과 장교 숙소의 무기들이 탈취되기도 했다. 그러나 소총이 모자라 도끼, 갈고리, 쇠스랑, 낫, 창 등도 동원되었다. 시위 도중 시위 참여자들은 2문의 대포를 확보했다. 이 대포는 알렉산더 광장(Alexanderplatz) 앞에서 바리케이드를 뒤로하고 두 퇴역군인 기계공 피히트너(Andreas Fichtner)와 헤센(Benedikt Hessen)에 의해 조종되었다. 대포 덕분에 바리케이드는 쉽게 무너지지 않았다. 따라서 오후 3시경에 시작된 시가전은 다음 날 아침 5시까지 지속되었다.

당시 전투의 중심지는 주로 넓은 도로였다. 군사령관 프리트비츠는 시 중심을 장악한다면 소요 역시 진압될 수 있다고 생각했지만, 그의 계획은 어긋났다. 많은 바리케이드가 제거되었음에도 새로운 바리케이드들이 속속 설치되었다. 전투는 치열한 시민전쟁으로 변형되었다. 물론 전투병, 무기, 예비병 등에서 혁명군은 열세였다. 그러나 36문의 대포를 가진 1만 4천여 명의 정부군에 대항하여 3~4천여 명의 혁명군은 바리케이드를 수호했다. 또한 혁명군은 베를린 시민의 절대적인 지지를 받았다. 실제로 수천 명의 시민이 바리케이드 구축에 참여했고 음식을 공급했으며 부상자도 치료했다.

혁명군에는 수공업자와 학생뿐만 아니라 전문 직종 종사자들, 예를 들면 의사 루텐베르크(Alexander Rutenberg)와 수의사 우르반(Bernhardt Urban) 등도 가담했다. 그러나 직접 전투를 주도한 계층은 베를린의 젊은 노동자들이었다. 즉 직인, 도제, 공장노동자들이 시가전에 참여했고 그 과정에서 보르지히(Borsig) 기계공장의 기계공들이 큰 역할을 수행했다.[53] 약 900명의 보르지히 기계공들이 시 중심지로 진격했고 예거(Jäger)와 프리드리히(Friedrich)가에서 펼쳐진 정부군과의 전투는 매우 치열했다. 이 전투에 참여한 19세의 철물공 글라제발드트(Heinrich Glasewaldt)와 17세의 철물공 도제(Schlosserlehrling) 친나(Ernst Zinna)는 죽음을 두려워하지 않는 용감성을 발휘하여 바리케이드를 사수했다.[54] 이 전투에서 사망한 친

---

53 이 기계공장의 사장인 보르지히(Johann Friedrich August Borsig)는 3월 초 400명의 종업원을 해임했는데 이 수는 전체 근무자의 4분의 1이나 되었다. 당시 보르지히가 운영하던 기계공장에서 근무한 노동자 수는 전 독일에서 가장 많았다.

54 1830년 9월 8일 베를린에서 태어난 친나는 바리케이드를 지키던 친구가 총격을 받아 중상을 입은 후 할아버지가 사용했던 녹슨 검을 가지고 접근하던 정부군 진영으로 돌진했다. 이에 정부군 측에서 6~8발의 총격을 가했지만 친나는 피할

나는 용감하게 투쟁하는 독일 노동자들의 상징이 되었다. 전투를 지휘한 인물 역시 철물공 지게리스트(Karl Siegerist)였다.

다섯 번의 공격을 물리쳤으나 결국 탄약이 떨어져 바리케이드는 붕괴했다. 이와는 별도로 노동자 거주지역인 프랑크푸르트(Frankfurt)가에서도 치열한 전투가 펼쳐졌는데 방직공들은 집을 바리케이드로 삼아 진입하는 보병들을 저지했다.[55] 이 전투에서 230명의 시위 참여자가 사망했는데 이들 중의 4분의 3이 노동자 출신이었고, 체포된 500명 중의 85%도 노동자 계층에 속했다.[56]

당시 베를린에만 6천 명 이상의 실업자가 있었는데 이것은 장기간 지속된 경제적 침체 현상에서 비롯되었다. 1847년 초 대기근이 독일을 비롯한 전 유럽에서 발생했다. 1845년과 1846년 감자 수확량이 병충해, 즉 '감자 부패병'으로 인해 크게 격감했고 이것으로 인해 농민들은 주식 부족 사태를 맞게 되었다. 다음 해 역시 갑작스러운 한발로 인해 곡물 수확량이 크게 줄었고 이것은 물가를 크게 상승시켰을 뿐만 아니라

수 있었다. 바로 친나는 3개의 도로 포석을 와락 움켜쥐고 타우벤(Tauben)가에서 접근하던 정부군을 향해 던졌다. 그러나 정부군의 발포로 그는 바로 양 손목 및 하복부에 상처를 입었고 그것으로 인해 다음 날 사망했다.

55 상황이 이렇게 전개됨에 따라 왕비 엘리자베트-루도비카(Elisabeth-Ludovika)는 프리드리히 빌헬름 4세에게 베를린 탈출을 요청했다. 그녀는 1823년 11월 29일 베를린 성내 예배당(Berliner Schlosskapelle)에서 프리드리히 빌헬름과 결혼했다. 왕세자빈은 1828년 유산 이후 더는 임신할 수가 없었지만 프리드리히 빌헬름과의 사이는 매우 원만하고 화목했다. 당시 왕비는 베를린 시민들에게 충격을 가하지 말라고 국왕에게 요구했다. 그리고 남편과의 대화 과정에서 '우리는 자식도 없고 재산도 충분히 가지고 있다'면서 베를린 탈출을 재차 권유했다. 이에 따라 국왕 부부는 미리 마련된 마차로 갔고 이 소식을 들은 신하들은 국왕 부부의 베를린 탈출을 막으려고 했다. 신하들의 저지에도 불구하고 프리드리히 빌헬름 4세 부부는 4번이나 더 마차를 타려고 했다.

56 이렇게 희생된 인물들의 대다수는 20세에서 30세 사이였다.

무서운 기근까지 촉발했다. 이러한 때 오버슐레지엔(Oberschlesien)에서는 콜레라까지 발생하여 수백 명이 목숨을 잃기도 했다.[57] 금납에 따른 지급금 지불과 조세라는 이중적 부담을 더는 감내할 수 없던 농민들은 토지마저 잃게 되었다. 토지를 상실한 농민들의 일부는 아메리카로 떠났지만, 대부분은 도시로 몰려들어 실업자군에 합류하게 되었다. 1843년 베를린에서 출간된 아르님(Bettine v. Arnim)의 『이 책은 국왕의 것(*Dies Buch gehört dem König*)』은 일련의 가상 대화로 시작되는데, 왕국 내에 번진 사회적 위기가 주제였기 때문에 당대의 실상을 소상히 알 수 있다. 이 책에는 더구나 23세의 스위스 대학생 그룬홀처(Heinrich Grunholzer)가 베를린 빈민가를 관찰한 상세한 기록이 부록으로 첨부되었다.[58] 당시 베를

---

57 콜레라와 함께 발진티푸스(Hungertyphus)까지 발생하여 슐레지엔 지방에서만 무려 1만 8천 명이 희생되었다.

58 그룬홀처는 베를린 극빈층 가정의 삶을 정확히 명시하기 위해 꾸밈없는 통계작성에 주력했고 그 과정에서 언급된 일례를 살펴보도록 한다. "지하 3호실에서 나는 다리를 저는 벌채꾼을 보았다. 내가 들어가자 부인은 식탁에 있던 감자 껍질을 치웠다. 16세의 딸은 당황해서 그녀의 아버지가 입을 여는 사이 방구석으로 피했다. 그는 새 건축학교 공사장에서 다쳐 일할 수 없게 되었다고 한다. 이후 그는 정부에게 도움을 요청했지만, 오랫동안 무시당했고, 경제력을 완전히 상실하고 나서야 한 달에 은화 15그로셴(Silbergroschen)을 수당으로 받았다. 그는 더는 시내의 주택에 거주할 수 없었기 때문에 어쩔 수 없이 가족들이 있는 집으로 돌아왔다. 지금 그는 빈민위원회(Armendirektion)에서 매월 2탈러(Taler)를 받는다. 다리 부상을 치료할 수 없다는 것이 인정되면 매월 1탈러를 추가로 받을 수 있다. 그의 아내는 그 두 배를 벌며, 딸은 추가로 1.5탈러를 벌어들인다. 그러면 총 가계소득은 6.5탈러가 된다. 하지만 매월 주거비로 2탈러가 나가고 '감자 한 끼(Mahlzeit Kartoffeln)'로 식사를 때우는 데 은화 1그로셴 9페니히가 든다. 이렇게 하루에 두 번 먹는다고 할 때, 매월 주식 식료품비로 3.5탈러가 나간다. 그러면 1탈러가 남는데, 이것으로 땔감을 사야 하고 살아남기 위해 날감자 외에 필요한 모든 것도 해결해야 한다." 여기서 벌채꾼이 어렵게 살아가는 요인은 수입이 매우 적기 때문이라는 것을 파악할 수 있다. 당시 사회주의자들은 빈민계층의 비인간적 생활이 가진 자의 비도덕적 행태에서 비롯되었음을 지적하는 데

린 인구는 1816~1846년 30년 동안, 19만 7천 명에서 39만 7천 명으로 폭증했다. 이들 중에서 5%가 상류계층, 12% 정도가 중산계층으로 간주되었다. 그리고 나머지 83%는 경제적 빈곤에서 벗어나지 못하던 하층민이었다. 지방에서 이주해온 다수의 극빈층은 인구가 밀집한 북쪽 외곽의 '포크트란트(Vogtland)'라는 빈민가에 살았다. 초기에 이주해온 사람들 다수가 작센의 포크트란트에서 왔기 때문에 붙은 이름이다. 농업 위기에서 비롯된 산업 위기가 본격화되면서 1846년부터 공업제품에 대한 수요도 격감했다. 이후 신용 제도마저 붕괴했고 그것에 따라 공장들은 가동을 중단했고 도시에서의 실업자 수 역시 많이 늘어났다. 당시 정부가 급조한 구제 조치들은 누적된 사태에 효율적으로 대처할 수 없었기 때문에, 1846년 말과 1847년 초 여러 도시에서 소요 사태가 동시다발적으로 발생했다. 그중에서 가장 심각했던 곳은 베를린으로서 소위 '감자 혁명' 동안 바리케이드가 세워지고 상점은 약탈당했으며, 왕세제궁도 습격을 받았다. 이렇게 대중적 폭력 사태가 빈번했던 것은 혁명이 임박했음을 알려주는 불길한 전조였다.

3월 18일 2만 명의 정부군은 900여 개의 바리케이드를 제거했지만, 시민봉기를 완전히 진압할 수 없었다. 실제로 정부군은 시를 완전히 점령할 수 없었고 다른 지역의 예비군들을 베를린으로 이동시켜 수도를 포위할 수도 없는 상황이었다. 반동적인 정부군의 패배가 확실시됨에 따라 프리드리히 빌헬름 4세는 시민들에게 무기를 버릴 것을 호소했다. 시위 가담자는 냉담과 조소로 국왕의 기만에 대응했다.[59]

주력했다.

59 시위 참가자들은 시가전 과정에서 정부군이 보인 만행을 용서할 수 없었다. 실제로 당시 목격자는 정부군의 만행을 다음과 같이 묘사했다. "시가전이 벌어지던 장소에 있던 두 명의 젊은 남성이 상황이 어려워짐에 따라 근처에 있던 구빈원 귀퉁이 집으로 피신했다. 그러나 이들은 곧 정부군에게 체포되었고 지휘 장

19일 아침 발표된 새로운 포고문에는 바리케이드를 철수한다면 정부군 역시 물러난다는 것이 거론되었다. 국왕의 측근이고 언론인으로 활동한 엔제(Karl August Varnhagen v. Ense)는 일기장에서 당시 프리드리히 빌헬름 4세의 불편한 심기를 자세히 언급했다. 그에 따르면 3월 19일 저녁 베를린의 상황이 심각해지고 해결책으로 제시된 것들에 대한 의구심이 증대되자 국왕은 팔걸이의자를 뒤쪽으로 젖히면서 하늘로 향해 두 팔을 들어 올린 후 흐느끼면서 "하느님, 하느님, 당신께서는 저를 버리셨습니다."라고 소리쳤다는 것이다. 국왕이 이렇게 신경쇠약적 행동을 했다는 것에 역사가 바클레이(David E. Barclay)는 동의하지 않았는데 그것은 얼마 전 측근을 비롯한 많은 인물이 국왕에게 베를린 상황에 대한 확실한 태도 표명과 결정을 요구했지만, 국왕은 빌헬름 왕세제나 내무장관인 보델슈빙-벨메데보다 더욱 자제하고 인내하는 태도를 보였기 때문이다. 베를린 주둔 총사령관인 프리트비치는 프리드리히 빌헬름 4세에게 더욱 과격한 방법을 통해 혁명군을 진압해야 한다고 건의했지만, 국왕은 이를 수용하지 않았고 결국 프리트비치는 해임되었다.

시위 참여자들은 프리드리히 빌헬름 4세의 애매한 약속을 믿지 않았다. 이날 자정에 발표된 일시적 휴전은 혁명군의 승리를 의미했다. 실제로 정부군은 피로했고 의기소침했다. 여기저기서 정부군이 와해되었다. 해임 직전 프리트비츠 역시 전투가 성공할 가능성이 없음을 고백했다. 이에 반해 혁명군의 사기는 드높았고 이들은 국왕의 조건을 수락하지 않으려 했다. 나아가 이들은 정부군이 먼저 철수해야만 바리케이드도 철수하겠다는 견해를 밝혔다.

교의 명령에 따라 처형되었다. 한 정부군은 방 한가운데 있던 청년의 이마에 총구를 대고 총격을 가했고 이것으로 인해 머리는 박살이 났고 방의 벽과 가구들이 뇌수로 도배되었다." 실제로 시가전이 펼쳐진 베를린의 주요 거리는 피로 물들었는데 이것은 당시 목격자들의 생생한 증언에서 비롯되었다.

같은 날 프리드리히 빌헬름 4세는 「나의 사랑하는 베를린 시민」이라는 선언서를 발표했는데 그것은 그 자신이 혁명적 상황에 굴복한 것으로 볼 수 있을 것이다. 아울러 그의 내적 불확실도 선언서를 발표하게 된 요인으로 작용한 것 같다.[60] 당시 프리드리히 빌헬름 4세는 베를린에서 빨리 혁명적 소요를 종식하려 했고, 시가전에서 발생한 참사는 시위 참여자 전체가 아니라 일부 소수 계층, 즉 외부에서 유입된 악인 무리의 과격한 행동에서 시작되었다고 확신하고 있었다.[61] 선언서에서 프리드리히 빌헬름 4세는 "안정을 되찾고 아직 남아 있는 바리케이드도 조속히 철거하기를 바랍니다. (⋯) 그러면 거리와 광장에 있는 군대 철수도 명령

---

60 1844년 7월 26일 슈토르코(Storkow) 전 시장인 체히(Heinrich Ludwig Tschech)가 프리드리히 빌헬름 4세와 왕비에 대한 암살 시도를 했다. 첫 번째 총알은 신사용 프록코트 때문에 관통력이 약화하여 국왕 가슴에 약간의 타박상만 남겼다. 그리고 두 번째 총알은 마차의 나무 뼈대를 뚫고 들어가 왕비 엘리자베트-루도비카의 모자만 스쳤다. 체히는 시장 재임 시절 자신의 부패 때문에 시 의회 의원들과 대립하다가 시장직을 내려놓았던 전적이 있다. 이후 그는 프로이센 왕실에서 복무하기를 원했지만 허락되지 않았다. 체히는 이에 크게 불만을 가졌고 그 과정에서 프리드리히 빌헬름 4세가 결정적인 역할을 했다고 망상하게 되었다. 체히는 왕실에서의 복무 내지는 연금 수혜가 거부된 것에 대해 국왕에게 직접 호소하려고 했으나 거부되었고 그로 인해 그는 국왕 암살 계획을 꾸미게 되었다. 국왕에 대한 암살 시도가 밝혀짐에 따라 프로이센 왕실에 대한 동정심이 크게 증대되었다. 치히는 정신착란 증세에도 불구하고 사형선고가 내려졌고 1844년 12월 14일 슈판다우 교도소에서 처형되었다. 처형되기 전에 치히는 반성하는 태도를 보였지만 프리드리히 빌헬름 4세는 정부 장관들의 감형 제안을 받아들이지 않았다.
61 당시 프리드리히 빌헬름 4세는 분젠과의 서신 교환에서 베를린의 상황은 혁명이 아닌 반란 내지는 모반이라고 했다. 편지에서 국왕은 반란 주도자들이 일주일 전부터 계획에 따라 1만 명에서 2만 명 정도의 소름 끼치는 하인들을 베를린으로 이동시켰고 베를린 경찰이 이들을 인지하지 못하게끔 숨겨놓았다고 주장하기도 했다. 이것은 베를린 시민들이 그들의 어버이인 국왕을 상대로 시가전을 벌이지 않는다는 확신에서 비롯된 것 같다.

할 것입니다. 군대는 최소한의 공공건물에만 주둔하고 이러한 조치 역시 가능한 한 빨리 철회할 것입니다. 충성심으로 충만한 베를린 시민들은 최근에 발생한 일련의 사건들을 잊어버리고 나 역시 그러한 것의 충격에서 벗어날 것입니다. (…) 매우 의기소침해 있는 여러분의 사랑스러운 왕비 겸 정직하고 헌신적 어머니는 여러분들과 본인의 내적 슬픔이 빨리 극복되고 서로 협력할 것도 진심으로 바라고 있습니다."라고 언급했다. 이후 프리드리히 빌헬름 4세는 베를린에 주둔 중인 정부군을 포츠담으로 철수토록 했다. 이러한 소식을 접한 빌헬름 왕세제는 형에게 달려가 칼을 국왕의 발아래로 내던지며 "이제까지 전하가 수다쟁이라는 것은 알았지만, 겁쟁이인 줄은 몰랐습니다. 이제 전하를 명예롭게 섬길 수 없습니다."라고 외쳤다 이에 대해 분노의 눈물을 머금은 프리드리히 빌헬름 4세는 "상황이 너무 안 좋아! 너도 여기 있으면 안 돼. 빨리 피해! 라고 대답했다.[62]

다음 날 프리드리히 빌헬름 4세는 포츠담으로 떠났다. 그러나 그에 앞서 그는 시가전에서 희생된 사람들에 대한 장례식과 혁명 시민들로 구성된 의용군에게 무기를 넘겨주는 의식에도 참여해야만 했는데 이것은 혁명세력에 대한 굴욕스러운 행위로 간주할 수 있을 것이다.[63] 실제로 당시 프로이센 국왕은 베를린 시민들의 요구에 휘둘렸는데 이것은 국왕 내외가 궁정 발코니로 나오라는 요구를 받은 3월 19일 오후에 표출되었다. 밖에는 간밤의 전투에서 목숨을 잃은 소요 참여자들의 시신이 문짝이나 나무 널빤지 위에 눕혀 나뭇잎에 덮인 상태로 광장에 실려

---

62 왕비 엘리자베트-루도비카로부터 더는 후계자를 얻을 수 없음을 알게 된 프리드리히 빌헬름 4세는 동생 빌헬름을 후계자로 지명했다. 그런데 당시 빌헬름 왕세제는 '포도탄 왕자(Kartätschenprinz)'라는 별명을 얻을 정도로 매파적 성향이 강했다.

63 당시 혁명세력은 '국왕이 사망자를 직접적으로 보아야 한다'고 주장했다.

와 있었다. 옷이 벗겨져서 총격과 포탄, 총검 공격으로 생긴 상처가 그대로 드러나 있었다. 왕은 이때 우연히 군모를 쓰고 있었다. 이에 군중 대열 앞에 있던 나이 든 남자가 프리드리히 빌헬름 4세를 향해 '군모를 벗을 것'을 요구했다. 이에 왕은 모자를 벗고 고개를 숙였다. 왕의 옆에 있던 엘리자베트 루도비카 왕비 역시 큰 충격을 받았다.[64]

3월 18일까지 베를린에서 진행된 시가전에서 303명이 희생되었다. 이들 희생자를 계층별로 세분하면 다음과 같다. 우선 노동자 및 빈민 계층에 속하는 희생자는 52명이나 되었고 이들은 일반노동자, 인쇄공, 철도노동자, 염색업자, 면직물 날염공, 기계공, 견직공, 직조공, 양모선별공으로 세분할 수 있다. 이어 13명의 도제 희생자와 115명의 직인 희생자도 확인되었다. 이들은 목수(27명), 재단사(15명), 제화공(11명), 철물 공(10명), 대장장이(8명), 견직공(8명), 제본공(7명), 목수(7명), 벽돌공(4명), 미확인 직종 근무자(20명)로 분류된다. 29명의 장인 희생자도 있었다. 그리고 하인과 소상인 계층에 해당되는 희생자는 34명이었는데 머슴, 집배원, 마부, 점원, 웨이터, 식료품상인 등이었다. 교양 계층의 희생자는 모두 15명인데 정부 시보(1명), 예술가(1명), 상인(1명), 제조업자(1명), 개인비서(1명), 하급 공무원(2명), 대학생(2명), 연금수령자(1명)였다. 7명의 무직 여성(총 여성 희생자는 11명), 4명의 무직 소년, 그리고 33명의 신원 미상자, 1명의 직업 확인 불가 사망자도 희생자 명단에 등장했다.[65] 시가전에서 희생된 사람 중 249명은 3월 21일 프리드리히스하인(Friedrichshain)

---

64 왕비는 남편인 프리드리히 빌헬름 4세에게 "이제 우리에게 남은 것은 단두대뿐입니다(noch fehlt nur noch die Guillotine)."라고 말했다.

65 희생자 명단은 호페(Ruth Hoppe)에 의해 작성되었는데 그에 따르면 희생자의 대다수는 22세에서 26세 사이였다. 최연소 희생자는 12세의 소년이었고, 최고령 희생자는 웨이터로 일하던 74세의 노인이었다.

에 매장되었고 그들의 무덤은 오늘날까지 잘 보존되고 있다.[66]

3월 21일 프리드리히 빌헬름 4세는 「나의 신민과 독일 민족(An mein Volk und die deutsche Nation)」이라는 호소문을 발표했다. 여기서 그는 '프로이센이 향후 독일 통합 과정에서 주도적 역할'을 담당하겠다고 강조했다.[67] 이때 프리드리히 빌헬름 4세가 언급한 독일 통합은 국민-국가의 정치적 통일이 아닌 중세 독일 제국의 산만하고 문화적이며 종교적인 통일이었다. 그에게는 독일이라는 국가 공동체에서 오스트리아의 주도권에 도전하려는 의도도 없었다.

프리드리히 빌헬름 4세의 양보적 자세에 빌헬름은 이의를 제기했고 그로 인해 그는 런던에서 적지 않은 기간을 머물렀다. 빌헬름과 마찬가지로 프로이센의 보수 세력들은 계속하여 혁명세력을 무력으로 진압해야 한다는 관점을 가지고 있었다. 이러한 세력에 동조적이었던 비스마르크(Otto v. Bismarck)는 당시 베를린에서 전개된 상황에 크게 우려했다. 그는 우위를 점하고 있던 혁명세력을 붕괴시키기 위해 자신의 충실한 소작농들을 무장시켜 베를린으로 진격하려고도 했다. 그러나 자신의 구상이 비현실적이라는 것을 파악한 후 포츠담에 가서 군부의 핵심 인사들인 묄렌도르프(Johann Karl Wolf Dietrich v. Möllendorff), 프리트비츠와 심

---

66 프리드리히스하인에서 거행된 장례식에는 만여 명의 시민들도 참여했는데 이렇게 많은 사람이 장례식에 참여한 것은 프로이센 역사에서 처음 있는 일이었다. 정부군의 피해 규모 역시 적지 않았다. 3명의 장교, 17명의 부사관, 1명의 병사가 시가전에서 목숨을 잃었고 14명의 장교와 246명의 병사가 중상을 입었다.

67 선언서에서 프리드리히 빌헬름 4세는 "오늘 본인은 지도자의 역할을 떠맡을 것이다. (…) 위험을 두려워하지 않고 불의를 허용하지 않는 본인의 신민은 나를 버리지 않을 것이다. 이제 본인은 옛 독일의 색깔을 되살릴 것이며, 신민과 더불어 숭고한 독일 제국의 기치 아래로 들어갈 것이다. 앞으로 프로이센은 독일과 더불어 하나가 될 것이다."라고 했다.

도 있는 대화를 나누었다.[68] 이 자리에서 비스마르크는 특히 묄렌도르프에게 "만일 귀하께서 국왕의 명령 없이 혁명세력을 타파한다면 귀하께 어떤 일이 발생한다고 생각하십니까? 본인이 생각하기로는 프로이센이 귀하께 진심으로 감사드릴 것이며 프리드리히 빌헬름 4세 역시 귀하의 솔선적 행동에 당위성을 부여하실 것입니다."라고 했다. 즉, 그는 혁명세력을 타파할 반혁명적 소요의 당위성을 역설했다.

그러나 묄렌도르프는 국왕의 명령 없이는 어떠한 군사적 행동도 할 수 없음을 명확히 밝혔다. 이러한 상황에서 비스마르크의 구상이 실현되기 위해서는 프리드리히 빌헬름 4세와의 독대가 먼저 필요했다. 이후부터 비스마르크는 수차례에 걸쳐 국왕과의 독대를 시도했고 몇 분간의 독대 기회도 가질 수 있었다. 여기서 비스마르크는 병력을 최대한 동원하여 혁명적 소요를 진압해야 한다는 태도를 분명히 밝혔지만, 국왕은 거부했다. 특히 프리드리히 빌헬름 4세는 자신이 프로이센의 상황을 정확히 파악하고 있다고 말했다. 이에 비스마르크는 다른 방법을 모색하게 되었다.

프리드리히 빌헬름 4세의 또 다른 동생인 카를(Karl) 대공 역시 무력으로 혁명세력을 진압해야 한다는 입장이었다. 그러나 그는 형이 위정자로 있는 한 그러한 방식이 수용될 수 없음을 알고 있었기 때문에 자신과 같은 관점을 가진 비스마르크와 빈번한 접촉을 시도했다. 여기서 그는 비스마르크가 빌헬름 왕세제의 부인인 아우구스타(Augusta)에게 자신의 계획을 구체화할 수 있다는 확신도 하게 했다.[69] 3월 23일 아우구스타

68 묄렌도르프는 나폴레옹 전쟁에 참여했고 예나-아우어슈테트 전투 이후 은퇴했다. 1810년부터는 다시 포츠담 경비대에서 복무했고 1814년에는 파리 정복 전투에도 참여했다. 1848년 소장으로 진급한 묄렌도르프는 같은 해 3월부터 베를린궁 보호를 전담하던 베를린 여단으로 활동했다.

69 작센-바이마르(Sachsen-Weimar) 대공 카를 프리드리히(Karl Friedrich)의 딸이었던

와의 대화에서 비스마르크는 프리드리히 빌헬름 4세를 권좌에서 축출하고 왕세제의 아들인 프리드리히 빌헬름을 국왕으로 즉위시켜 혁명적 소요를 진압해야 한다는 생각을 밝혔다. 그러나 아우구스타는 비스마르크의 제안이 카를 대공과의 접촉에서 비롯된 것이라는 사실을 즉시 인지했기 때문에 거절 의사를 분명히 밝혔다. 아울러 그녀는 비스마르크가 예의에 어긋난 행동을 했다는 것과 혐오스러운 음모에 적극적으로 참여한 사실에 분노하기까지 했다.

이러한 내적 우여곡절에도 불구하고 라인 지방의 유명한 사업가 겸 은행가인 캄프하우젠(Gottfried Ludof Camphausen)과 같은 지방 출신의 사업가인 한제만(David Justus Ludwig Hansemann)의 주도로 3월 정부가 구성되었다. 1803년 휜스호벤(Hünshoven)에서 태어난 캄프하우젠은 바일부르크(Weilburg)에 있는 김나지움과 레이트(Rheydt)와 베르크(Berg)에 있는 상업학교를 다녔다.[70] 상업학교를 수료한 후에는 뒤셀도르프(Düsseldorf)에 위치한 상업학교의 도제 과정도 마쳤다. 이후 그는 이 도시에서 문화적 활동에 적극적으로 참여했고 이것은 후에 교육을 받은 시민계층과 접촉하는 데 적지 않은 도움이 되었다. 부친인 게르하르트 고트프리트 캄프하우젠(Gerhard Gottfried Camphausen)이 사망한 후 그는 동생인 아우구스트(August)와 교역과 은행 업무를 담당하는 회사를 출범시켰다. 이렇게 출범한 회사는 쾰른에서 네 번째로 큰 회사로 성장했다. 1831년부터 캄프하우젠은 쾰른 상공회의소(Die Kölner Handelskammer) 회원으로 활동했고 1838년부터 10년간 의장직을 수행하기도 했다. 그는 자유무역을 선호했으며 철도 건설에 대해서도 관심이 컸다.

아우구스타는 1829년 빌헬름과 결혼했다.

70 캄프하우젠 가문은 오래전부터 라인란트에서 교역 및 제조업 분야에서 명성을 떨쳤다.

1840년대 초반부터 쾰른에서는 정치개혁에 대한 희망이 증대되었는데 그것은 왕위교체에서 비롯되었다. 당시 캄프하우젠은 '월요일 모임(Montagskränzchen)'이라는 비공식적 회합에 적극적으로 참여했고 점차 베케라트(Hermann v. Beckerath), 메비센(Gustav Mevissen), 그리고 한제만과 더불어 라인 지방의 대표적 자유주의자로 주목받기 시작했다. 이 시점 쾰른에는 정당이 없었기 때문에 상공회의소를 주축으로 정치적 조직이 구축되기 시작했다. 캄프하우젠은 산업구조의 변화로 산업계에서 수공업자의 축출은 필연적이며 거기서 파생된 대중적 빈곤 현상과 가사노동자의 궁핍화는 피할 수 없는 것으로 간주했다. 그러나 그는 대중적 빈곤 현상이나 가사노동자의 궁핍화는 정부의 효율적인 경제정책으로 다소나마 완화할 수 있다는 관점도 피력했다. 1843년 캄프하우젠은 라인 지방의회 의원으로 선출되어 언론 자유의 도입을 주장했다. 이에 앞서 1840년에는『라인 신문(Die Rheinische Zeitung)』창간에도 적극적으로 관여했는데 이것은 그를 비롯한 일련의 대시민계층이 언론지가 정치 및 경제를 위한 진보적 매체 역할을 충실히 수행할 수 있다는 믿음에서 비롯되었다.[71] 이 신문에 자주 투고했던 마르크스는 캄프하우젠이 생각하던 것보다 더욱 좌파적 성향을 보였고 이것은 캄프하우젠의 우려를 유발시켰다. 그런데도 캄프하우젠은 신문에 대한 재정 지원과 신문 주식 보유를 이전보다 많이 늘렸다. 아울러 그는 신문의 좌경화를 저지하기 위해 종종 메비센과 더불어 자유주의적 관점을 부각한 칼럼도 게재했다. 그

---

71 1840년 1월 14일에 창간한『라인 신문』은 창간사에서 확고한 자유주의 원칙을 표방하면서 단서 조항이 붙은 모든 종류의 공화주의적 성향과는 거리를 두겠다고 밝혔다. 이어서 프랑스의 사례가 보여주듯이, 지난날 공화주의 정치는 언제나 절대왕정체제로 회귀했기 때문에 "오늘날 유럽을 위해서는 입헌군주정 체제가 필연적이며 유럽에는 입헌주의적 헌법 형태가 가장 자연스럽다"라고도 주장했다.

러나『라인 신문』은 1843년 프로이
센 정부로부터 반정부지로 간주된
후 폐간되었다.

　당시 라인 지방의회 내에서 자
유주의 세력의 결집이 모색되었는
데 그 과정에서 캄프하우젠은 큰
임무를 수행했다. 회기 중 지방의
회 의장이었던 비앙코(Friedrich v.
Bianco)가 국왕에게 헌법 제정권을

한제만

완전히 위임해야 한다고 제안하자, 캄프하우젠을 비롯한 그의 연대세력
은 반대했다. 1847년 프리드리히 빌헬름 4세는 베를린과 쾨니히스베르
크 간의 철도 건설에 필요한 자금을 마련하기 위해 연합지방의회를 개
최하여 의회의 동의도 얻어내려고 했다. 이러한 소식을 접한 캄프하우
젠은 1847년 3월 3일 동생에게 보내는 편지에서 국왕의 결정을 비판했
고 라인 지방의 자유주의자들은 앞으로 능동적으로 그들의 정치적 입장
을 언급하고 프로이센 전역에 사용할 헌법 제정도 강력히 요구하겠다고
밝혔다.

　캄프하우젠과 더불어 신정부에서 핵심적 역할을 담당한 한제만은 함
부르크 근처 핀켄베르더(Finkenwerder)에서 목사로 활동하던 에버하르
트 루트비히 한제만(Eberhard Ludwig Hansemann) 아들로 태어났다. 에버
하르트 루트비히 한제만은 모두 12명의 자녀를 두었기 때문에 목사 수
입으로 모든 아이에게 교육 기회를 줄 수 없었다. 따라서 한제만은 1805
년 레다(Rheda)의 페르디난트와 요한 다니엘 슈벵거(Ferdinand und Johann
Daniel Schwenger) 상점에서 도제교육을 받았다. 페르디난트 슈벵거는 한
제만을 개인비서로 기용했고 거기서 한제만은 정치 및 행정 분야에서
의 식견을 갖추게 되었다. 1810년 한제만은 라인란트로 이주했고 몬샤

우(Monschau)와 엘버펠트(Elberfeld)에서 직조업자 대표로 활동했다. 1817년에는 가족들로부터 창업자금을 빌려 아헨에서 양모 상인으로 일하기 시작했으며, 몇 년도 안 되어 적지 않은 부를 축적했고 1822년 그의 재산은 10만 프랑[72]으로 늘어났다. 덕분에 한제만은 프랑스 위그노 출신 양모 상인의 딸과 결혼도 했다. 1825년에는 아헨(Aachen)에 있는 상업법원의 일원이 되었고 3년 후에는 아헨 도시협의회 의원으로 임명되었다. 1832년에는 라인 지방의회에서 아헨 선거구 대리의원으로 활동하기 위해 출마했다. 선거 결과에도 불구하고 한제만은 대리의원으로 활동할 수 없었는데 그것은 그가 아헨에서 10년 이상 부동산을 보유하지 못했기 때문이었다. 1839년 한제만은 다시 아헨 대리의원직에 도전했는데 이번에는 가톨릭계의 슈프링스펠트(Jakob Springsfeld)에게 패배했다. 1843년에 실시된 지방의회선거에서 한제만은 마침내 의원직을 획득했다. 이 시기 한제만은 정치 분야에 관심을 가졌고 거기서 특히 경제장려정책, 즉 사회기반시설 확충, 빈곤과의 투쟁, 그리고 시민동등권 구현 등을 실현하는 방안도 마련했다. 이와 더불어 한제만은 봉건제도의 폐해를 지적했고 시민권 확장의 필요성도 강조했다. 여기서 그는 시민계층의 공동결정권 강화, 즉 정치활동 참여권과 국가경제참여권 확대를 요구했다. 1830년 프랑스에서 7월 혁명이 발생한 후 한제만은 프로이센에서도 혁명 발생의 징후가 강력히 나타나고 있다고 주장하면서 그러한 것은 헌법에 따라 운영되는 정부 시스템을 도입한다면 제어할 수 있다고 했다.[73] 초기 자유주의자들과 마찬가지로 한제만 역시 부유하고 교양

---

72 당시 라인란트는 프랑스의 지배를 받고 있었기 때문에 통화 역시 프랑스 프랑을 사용했다.

73 당시 한제만은 "다수의 유산자는 파리에서 일어난 사건으로부터 시대에 맞게끔 양보해야 한다는 교훈보다 오히려 이전의 질서체제인 절대왕정 체제로 넘어가는 데 동의하는 등의 반동적 자세를 보였다."라고 했는데 이것은 그를 비롯한 자

을 갖춘 시민계층이 '국가의 중추' 역할을 담당해야 한다고 했다. 여기서 그는 의회의 역할을 부각했고 재산 평가에 따른 차등선거제 도입도 요구했다. 당시 경제전문가로 알려진 한제만은 근면과 절약을 위해 하층민에 대한 자립 및 교육 지원뿐만 아니라 맞춤형 경제장려정책을 시행하는 것 역시 가장 최적의 사회정치 수단이라고 했다. 여기서 그는 메비센을 비롯한 일부 자유주의자들이 주장하던 국가 주도형 사회정책에 동의하지 않았고 경제적 위기 극복이 바로 경제과제라는 관점을 피력하기도 했다. 1847년 한제만은 연합지방의회 의원으로 선출되었고 이후부터 그는 개인의 제 자유권, 언론의 자유, 그리고 재판의 독립성 등을 요구했다. 그리고 프로이센의 재정적 문제해결은 연합지방의회의 권한이라는 주장도 제기했다.

캄프하우젠과 한제만의 3월 정부가 구성되기 전 프리드리히 빌헬름 4세는 3월 21일 매우 보수적인 아르님-보이첸부르크(Adolf Heinrich v. Arnim-Boitzenburg) 백작을 정부 수반으로 임명했는데 이에 라인 지방의 정치가들이 강하게 반발했다.[74] 그들은 대중적 내각 구성을 요구했고, 특히 쾰른 지방정부 수반이었던 라우머(Karl Otto v. Raumer)는 신정부에게 캄프하우젠과 한제만이 구성원으로 참여해야만 정부로 인정하겠다는 의사를 밝혔다. 이에 프리드리히 빌헬름 4세는 캄프하우젠을 아르님-보이첸부르크 내각 구성원으로 임명하여 라우머의 반발을 무마하려고 했다. 캄프하우젠은 국왕의 제의를 거절했고 이로 인해 프리드리히 빌헬름 4세는 새로운 내각 구성의 필요성을 인지하게 되었다. 결국 프리드리히 빌헬름 4세는 1848년 3월 29일 캄프하우젠에게 내각 구성권

유주의자들이 파리의 모델이 중유럽을 덮쳐 엄청난 사회적 불안과 무정부상태를 초래할 수도 있다는 우려에서 비롯된 것 같다.

74 아르님-보이첸부르크는 연합지방의회에서 반수 이상의 지지를 받았기 때문에 정부 구성권도 행사할 수 있었다.

을 부여했고 그것에 따라 한제만이 먼저 재무장관으로 기용되었다.[75] 캄프하우젠 내각은 대시민계층과 자유주의 성향의 귀족 출신들로 구성되었다. 아우어스발트(Alfred v. Auerswald)가 내무장관으로 임명되었고, 보르네만(Friedrich Wilhelm Ludwig Bornemann)이 법무부 장관, 아르님-주코(Heinrich Alexander v. Arnim-Suckow)가 외무장관, 라이헤르(Karl v. Reyher)가 전쟁장관으로 기용되었다.[76]

새로운 내각은 연속성을 강조했는데 그것은 캄프하우젠, 한제만, 그리고 카니츠를 제외한 나머지 내각 구성원들이 이전 내각의 장관 내지는 고위 공직자였다는 데서 확인된다. 캄프하우젠의 신정부는 프로이센의 위상을 혁명 이전의 상태로 회귀시키고 헌법 제정 약속도 가능한한 빨리 이행하는 것을 최우선 과제로 설정했다. 이를 위해 캄프하우젠은 4월 초 국민의회(Nationalversammlung)의 소집보다 제2차 연합지방의회를 소집했는데 이것은 혁명 이전 시기와의 연계성을 부각하기 위해서였다.[77] 또한 이것은 3월 혁명의 업적을 보장받고 동시에 혁명의 완료를

---

75 3월 정부의 출범으로 프로이센의 국가 신용도 역시 이전 수준으로 회복되었다. 같은 날 프리드리히 빌헬름 4세는 일종의 비밀정부인 '미니스트레 오킬트(ministre occulte)'를 출범시켰다. 이 비밀정부는 관심공동체적 성격을 가졌는데 여기에는 게를라흐(Leopold v. Gerlach) 장군과 판사 겸 언론인으로 활동하던 그의 동생 에른스트 루트비히 게를라흐(Ernst Ludwig v. Gerlach)가 참여했다. 비밀정부에는 지주인 마소(Ludwig v. Massow), 틸레(Ludwig Gustav v. Thile) 장군, 슈톨베르크-베르니게로데(Anton zu Stolberg-Wernigerode) 백작도 참여했다. 프리드리히 빌헬름 4세는 비밀정부의 인물들과 더불어 종종 회합하면서, 혁명 상황에 대응하기 위해 자신의 일시적 퇴위에 대해서도 심도 있게 거론했다.

76 전쟁장관으로 임명된 레이헤르는 며칠 후 카니츠(August Wilhelm Graf v. Kanitz)로 교체되었다. 여기서 확인되는 것은 프리드리히 빌헬름 4세가 당시 구성된 3월 정부를 진정한 동반자로 간주하지 않았다는 것인데 이것은 반혁명세력이 점차 우위를 차지한 후 진행된 6번의 잦은 개각에서 확인할 수 있다.

77 1848년 3월 22일 브레슬라우(Breslau) 대표단이 베를린 슐레지셔 반호프(Schlesischer Bahnhof)에 도착했다. 국왕 프리드리히 빌헬름 4세에게 전달된 이들의 청

대외적으로 알리려는 의도에서 비롯되었다. 정부가 자유주의자들 주도로 구성된 것은 3월 혁명의 중요한 성과였다. 이제 자유주의자들은 그들의 이념에 따라 사회구조를 개혁할 수 있었다. 시민사회로의 개혁이 성공하느냐 실패하느냐는 전적으로 이들의 의지 및 능력에 달려 있었기 때문에 이들의 역사적 책임은 매우 막중했다. 새로 획득한 권력을 혁명적 변혁을 위해 투입하고 혁명세력의 위상을 계속 유지해야 하는 것이 이들의 역사적 과제였다. 왜냐하면 혁명세력이 사라질 때 이들의 권력은 힘을 잃고 이들의 위상 역시 다시 불안해지기 때문이었다. 따라서 민중에 대한 시민계층의 태도가 향후 혁명의 방향을 결정하는 중대한 요인으로 드러났다. 자유주의적 내각은 전반적으로 반봉건적인 정책을 추구했고 시민사회도 성취하려고 했다. 그러기 위해서는 귀족의 영향력을 제한해야 하고 새로운 조치 역시 취해야 한다는 것을 이들은 잘 알고 있었다. 그런데도 이들은 혁명의 목표를 계속 관철하는 데 주저 내지는 소극적이었다.

정부와 협상하면서 아우어스발트와 슈베린이 주도한 온건 자유 귀족파들은 프로이센을 입헌군주정 체제로 정착시키는 과제에 대해서는 소극적이었다. 이들은 국왕이 허용하는 개혁 범위 내에서 연합지방의회의 신분대표제를 다른 자유로운 제도로 대치하려 했지만, 헌법에서 허용하지 않은 귀족의 정치적 특권은 계속 유지하려고 했다. 그러나 캄프하우

원서에서는 향후 개원될 제헌 국민의회 의원들 모두는 선거인단이 아닌 신민들에 의해 직접 선출되어야 한다는 것이 강조되었다. 이틀 후 브레슬라우 대표단은 슈프레 강변(Spreeufer)에 위치한 북부동물원 근처에 살던 혁명적 노동자들과 수공업자들이 자주 모이는 첼텐(Zelten)에서 "프로이센인 모두는 의원선출권을 가졌을 뿐만 아니라 의원으로도 선출될 수 있다(Jeder Preuße ist Wähler und wählbar)."라고 언급하면서 이러한 것은 이미 라인란트, 작센, 바덴에서 매일 요구되고 있다고도 밝혔다.

젠과 한제만은 자유주의적 이념을 관철하려고 했다. 헌법 제정을 위한 연합지방의회를 구성하고 헌법도 준비했다. 의회와 헌법을 끝까지 거부했던 프리드리히 빌헬름 4세도 결국 캄프하우젠의 제안을 수용하지 않을 수 없었다. 프로이센의 3월 정부가 구성되면서 캄프하우젠이 추진하던 정책을 토대로 한 합의론(Vereinbarungstheorie)이 채택되었는데 이것은 반동과 혁명, 왕권과 민권 사이에서 시민계층이 취하는 중도적 입장이었다. 이 이론은 헌법이 국민 대표자들과 군주 사이의 합의로 제정되어야 하고 왕권을 혁명 이후 구성된 민주 대표기관의 동등한 상대자로 인정하려고 했다. 다가올 시민사회의 구성에 대해 시민계층과 군주가 상호합의를 하는 것이었다. 자유주의자들은 앞으로 왕권이 귀족보다는 스스로에 의존하게 되리라고 예견했는데 이것은 군주제가 계속 존속하여 혁명운동에 대한 방파제의 기능도 발휘해야 한다는 판단에서 비롯된 것 같다.

왕실을 보호하고 스스로 공적인 상대 역할을 하는 것이 합의론의 한 과제라면 다른 또 하나의 과제는 혁명을 효율적으로 제어하는 것이었다. 민중의 요구를 묵살하고 3월 혁명의 과격한 요구를 거부하기 위해 캄프하우젠의 프로이센 입헌군주정의 새로운 법적 근거가 혁명으로부터가 아니라 3월 18일에 발표된 국왕 칙령으로부터 비롯되어야 하며 국왕이 소집한 의회로부터도 인준을 받아야 한다고 주장했다. 따라서 합의론은 이중적 성격을 지녔다고 보아야 할 것이다. 입헌적 시민사회를 목표로 한다는 점에서 반봉건적이며 진보적이지만, 혁명을 거부하고 왕권과 제휴한다는 점에서는 반민주적이고 반혁명적인 색채도 띠었다. 프로이센의 통치 부르주아지는 프리드리히 빌헬름 4세가 4월 2일에 소집한 연합지방의회의 실제적 활동에 대해 지대한 관심을 가졌다. 캄프하우젠 정부는 이러한 의회로부터 정책에 필요한 합법적인 근거를 얻어내고 그것을 통해 귀족과의 협력도 기대할 수 있다고 생각했다.

의회 소집에 항의하는 시민들의 목소리를 도외시하고 4월 2일 베를린에서 연합지방의회 활동이 개시되었다.[78] 정부의 주요 안건은 제헌 국민의회를 위한 선거법 확정이었다. 정부는 보편적인, 그러나 간접적인 선거를 계획했고 거기서 25세나 30세 이상의 프로이센 남성에게 선거권을 주기로 했다. 그리고 이들이 의원을 직접 선출하는 대신 선거위원단을 선출하고 이 위원단이 의원을 선출하는 방식이 채택되었다. 해당 지역에 6개월 이상 거주하면서 빈민구제 혜택을 받지 않는 모든 성인 남자에게 투표권이 부여되었다. 이러한 간접선거는 민주파들이 의회 내에서 반수 이상을 차지하지 못하게 하는 데 주효했다. 정부는 선거법을 이용하여 제헌의회의 권한도 규정했다. 다시 말하면 제헌의회의 과제는 '왕권과의 합의로(Mit Vereinbarung des Königtums)' 국가헌법을 확정하는 것이었다. 4월 6일 정부 제안이 채택됨에 따라 제헌의회의 활동 근거인 국민주권이 공적으로 거부되었고 합의론은 법적 효력을 얻었다. 혁명세력의 압박을 받은 귀족들은 더는 저항할 수 없었다. 선거법에 대한 귀족들의 동의는 정부에게 귀족들과의 합의가 이루어진 것으로 믿게 하는 요인도 되었다. 정부는 의회를 이용하여 새로 획득한 권력을 인정받고 계속될 정책의 근거도 얻으려 했다. 국왕으로부터 양보받은 권리를 토대로 입헌군주정 체제를 확립하고 귀족들이 자유 시민계층의 국가정책에 동의하도록 했다. 이 정책의 세 가지 근본 요소는 국왕과의 합의, 시민계층

---

78 이렇게 출범한 신정부는 어떤 방향으로 혁명을 추진해야 하는지에 대해 관심을 보이지 않았다. 이들은 오히려 혁명의 엄청난 성과들을 가능한 한 빨리 안정시키고 합법적인 길로 유도하는 데 힘을 쏟았다. 특히 프랑스 대혁명의 역사적 사례는 혁명을 계속 진행하는 과정에서 주도 세력의 위치에서 밀려난다면 위험한 결과들이 초래될 것이라는 점을 알려주었기 때문에 신정부는 가능한 한 빨리 혁명운동을 위해 확고한 정거장을 찾는 것이 필요했다. 따라서 이들의 주장은, 그 시대의 표현에 따르면, 가능한 한 빨리 '혁명을 종결시키자는 것'이었다.

의 경제이익 보장, 그리고 혁명세력에 대한 억압이었다. 자신들의 정치적 개혁 방향을 확정하기 위해 정부는 의회에 헌법안을 제출했다. 정부가 제출한 헌법안은 국왕의 권한, 중앙정부의 권한, 국민의회 의회의 구성 및 운영 방법, 그리고 권한 등을 거론하고 있었다. 여기서 정부의 헌법안은 원칙적으로 권력 분립을 지향했는데 그것은 베를린 정부가 입헌 세습 군주정 체제를 지향했기 때문이다.

정부의 헌법 초안에서 국왕의 권한을 매우 비중 있게 다루었는데 거기서 확인되는 것은 국왕의 기존 권한들이 대체로 인정되었다는 것이다. 즉 국왕은 자신이 실시한 정책과 거기서 파생된 문제점들에 대해 책임지지 않는다는 것과 국민의회를 개회하거나 폐회할 수 있는 권한도 계속 가진다는 것이다. 그러나 헌법 초안은 국왕이 전쟁 선포, 평화체결, 동맹 및 통상 협정체결권을 행사하면서 국가에 부담을 주거나 신민에게 책임이 전가될 때 제국의회로부터 사전동의를 반드시 받아야 한다는 것을 명시하여 제국의회의 권한을 다소나마 증대하려고 했다. 또한 헌법 초안은 국왕이 임명한 장관들이 그들 정책에 책임지는 장관 책임제의 도입도 명시했다. 이어 헌법 초안은 제국의회의 권한 및 구성에 대해서 언급했다. 여기서는 양원제의 도입, 제국의회 의원들의 임기와 그들의 권한 및 특권, 제국의회와 국왕과의 관계 등이 구체적으로 거론되었다. 아울러 헌법 초안은 제국의회 개원의 정례화와 의원들의 선출방식에 대해서도 거론했다. 해당 지역에 6개월 이상 거주하면서 빈민구제 혜택을 받지 않는 25세 이상의 성인 남자에게 투표권을 부여한다는 것이 헌법 초안의 입장이었다. 헌법 초안은 회기 중 제국의회 의원들이 의회에서 행한 발언에 면책특권을 부여해야 한다고 했다. 그리고 헌법 초안은 제국의회가 의원 규칙을 독자적으로 제정할 수 있을 뿐만 아니라 집행부를 자율적으로 선출·구성할 수 있는 권한도 가진다는 것을 명시했다. 또한 헌법 초안은 제국의회 의원들이 투표권을 자유롭게 행사할 수 있다는 것, 재적 의원의 반수 이상이 찬성해야만 법률 안건들이 제국의회에서 통과될 수 있다는 것, 제국의회에서 통과된 법률안이 효력을 발휘하기 위해서는 국왕의 추인 역시 필요하다는 것을 거론했다. 그러나 헌법 초안에서는 국왕이 법률안에 대한 추인을 거절하거나 지연할 때 이 안은 동일회기 중 다시 제국의회에 상정될 수 없다는 것과 다음 회기에 이 법률안이 의회에 재차 상정, 통과되더라도 국왕이 다시 승인을 거부하면 제국의회는 자동으로 해산되고 90일 이내에 새로운 제국의회를 구성해야 한다는 것도 언급되었다. 의회가 4월 6일에 승인한 이 헌법안은 시민의 제 자유, 즉 언론, 출판, 결사의 자유 및 법적 평등권을 보장하고 의회의 과세 승인권과 예산통과 및 법률안 심의권도 인정했으며, 제헌 국민의회의 활동 범위를 축소해 과격한 성향의 개혁, 즉 민주적 방향으로의 개혁도 억제하고자 했다.

4월 10일 연합지방의회는 한제만이 제출한 국채 발행 안에 동의했고 그 결과 군부는 군주를 내외적으로 보호할 목적으로 1,500만 탈러를 지원받았다. 2,500만 탈러는 상공업의 지원 및 실업자 절감 조치에 사용되었다.[79] 4월 10일 연합지방의회가 해산되었고 프로이센 시민계층은 그들의 가장 중요한 목표를 달성했다. 이제 귀족계층은 시민계층의 권력 장악을 승인했고 그 과정에서 시민의 권리와 자유 역시 법적으로 보장되었다. 왕권과 귀족계층은 시민계층 주도로 진행된 입헌국가 수립에 형식적으로 동의했는데 이것은 시민계층과 귀족 계층 간의 결속이 이루어질 수 있는 근거가 확립된 것으로 보아야 할 것이다. 동시에 시민계층은 사회관계를 더욱 철저하게 민주적으로 개혁하려는 모든 세력에 대한

---

79 재무장관으로 임명된 후 한제만은 위기에 빠진 국가경제를 회복하기 위해 2,500만 탈러에 달하는 비상 차관을 의회가 긴급히 승인해야 한다고 주장했고 이것을 사회기반시설확장, 특히 철도건설에 사용하겠다고 언급했다.

제동권도 가지게 되었다.

캄프하우젠 내각은 정부를 구성하면서 연합지방의회에 제출했던 정책을 이행했다. 그러나 귀족에 대한 반봉건적인 조치는 마지못해서 취해졌다. 당시 자유파들은 행정개혁과 군제 개혁의 필요성을 실감했음에도 불구하고 개혁을 독단적으로 시행할 수 없었는데 그것은 아직 귀족들의 실권이 약화하지 않았기 때문이다.

5월 선거 결과 자유주의 및 자유주의 좌파 진출이 두드러진 제헌 국민의회가 등장했다. 395명의 의원 중에서 기술 장인 출신(18명)과 농민 출신(46명)이 차지하는 비율은 각기 5%와 12%였다. 이것은 빈 제국의회보다 더 높은 비율이었다. 보수파(120명)는 소수였고 지주 계층(27명) 역시 제헌 국민의회 의원의 7%밖에 되지 않았다. 프리드리히 빌헬름 4세는 전임자들과 마찬가지로 군대에 대한 국왕의 직접 지휘권, 이른바 군통수권을 통치권의 필수적 요소로 간주했기 때문에 이 분야에서는 어떠한 양보도 하지 않으려고 했다. 국왕은 내각을 향해 목청을 높이면서, 양보하는 것은 "한 인간으로서, 프로이센인이자 국왕으로서 자신의 명예에 어울리지 않는 것이며 직접적인 퇴위로도 이어질 것이다."라고 단언했다.

5월 22일부터 활동을 시작한 제헌 국민의회에서는 캄프하우젠 정부가 서둘러 준비한 헌법 초안을 놓고서도 격렬한 논쟁이 펼쳐졌다.[80] 프리드리히 빌헬름 4세는 여러모로 이 초안에 부정적이었기 때문에 훗날 헌법과 관련해 장관들과 벌인 토론 자체를 끔찍한 것이라 술회했다. 개

---

80 제헌 국민의회는 5월 22일 베를린 궁전의 백색 홀에서 개원식을 거행했는데 일부 의원들은 개원식 장소를 베를린 궁전 대신 성악 아카데미로 옮길 것을 요구하기도 했다. 그러나 프리드리히 빌헬름 4세는 제헌 국민의회 의원들이 자신 앞에 나타나야 한다는 관점을 가지고 있었기 때문에 의원들의 요구에 동의하지 않았다.

정 초안에는 군주는 '신의 은총에 의한(von Gottes Gnaden)' 국왕이고, 군대에 대해 절대적 통수권을 행사하며, 헌법은 군주와 신민의 합의로 이해해야 한다는 수정된 내용도 포함되었다. 많은 토론을 거친 이 문건이 제헌 국민의회에 제출되었을 때 베를린과 제헌 국민의회의 분위기는 들끓기 시작했다.[81]

프로이센과 독일의 많은 지역에서처럼 베를린에서도 수적으로나 자신감에서나 극좌파 세력이 커지고 있었다. 동시에 자유주의 강령을 지향하는 엘리트주의에 강한 거부감을 가진 세력을 지지하는 조직과 신문들도 등장했다. 길거리에서도 자유주의 정부가 여론 장악력을 상실하고 있다는 징조가 엿보였다. 3월 혁명의 유산에 어떻게 대처할지를 놓고서도 극심한 불화를 빚었다. 반란 행위에 대한 형사처분을 소급해서 면제해줄 것인가? 라는 문제를 가지고 베를린 제헌 국민의회에서 열띤 논쟁이 벌어지기도 했다. 다수의 의원이 봉기의 적법성을 인정하지 않자, 급진파 의원인 베렌드스(Julius Berends)는 6월 8일 제헌 국민의회가 3월 18~19일 바리케이드에서 싸웠던 투사들에게 빚을 지고 있음을 상기시켰다. 그에 따르면 제헌 국민의회는 혁명 이전의 전통을 추구하는 것이 아니라 혁명적 권리를 법적으로 명문화시키는 것이 주된 과제라는 것을 인지해야 한다는 것이다. 민주주의 노선을 지향하던 『디 로코모티베(Die Lokomotive)』 신문도 제헌 국민의회가 "아버지를 공경하지 않는 제멋대로 자란 소년"처럼 그 기원을 부인한다고 비난했다. 이후 개최된 3월 희생자들을 기리는 추모 행진에는 10만 명이 넘는 인파가 모였는데, 사실상 이들은 모두 노동자, 직업여성, 장인으로 엄밀히 말해 바리케이드에서

---

81 실제로 당시 제헌 국민의회는 캄프하우젠이 제출한 헌법 초안에 동의하지 않았다. 그것은 민주주의자 및 다수의 자유주의자가 헌법 초안의 내용에 반대한 데서 비롯되었다. 특히 이들은 헌법이 왕권 제한을 전혀 거론하지 않은 것에 크게 실망했다.

싸우다 희생당한 시민군과 같은 사회계층이었다. 제헌 국민의회에서 다수를 차지하던 시민계층은 추모 행진에 거의 참여하지 않았다. 이처럼 갈수록 불안한 사회적 분위기에서 헌법 1차 초안에 담긴 타협 정신에 대한 제헌 국민의회의 지지를 얻어낼 가능성은 희박했다.

제헌 국민의회 내에서 지지 세력을 확보하지 못함에 따라 캄프하우젠은 6월 20일 사임했고 한제만은 새 정부 구성권을 부여받았다.[82] 새 내각 수상으로 국왕의 어린 시절 친구인 아우어스발트(Rudolf Auerswald)가 임명되었고 한제만은 재무장관으로 재기용되었다. 새 내각 수상으로 임명된 아우어스발트는 주로 왕가와 정부를 중재하는 역할을 담당했고 외무장관직도 겸했다. 국방부 장관은 국왕의 요구대로 슈레켄슈타인(Ludwig Freiherr v. Schreckenstein)이 임명되었는데 그는 군의 제1임무가 왕가 보존 및 보호에 있다는 보수적 관점을 가지고 있었다. 베를린 신정부는 재무장관인 한제만의 주도로 운영되었다.

---

82 캄프하우젠이 베를린 정부 총리 자리에서 물러남에 따라 가게른은 그에게 프랑크푸르트 임시 중앙정부의 일원, 즉 외무장관 또는 총리로 참여할 것을 제의했다. 베를린 정부의 신임 총리인 아우어스발트와 프리드리히 빌헬름 4세 역시 캄프하우젠의 프랑크푸르트 국민의회 진출을 적극적으로 지지했지만 캄프하우젠은 가게른의 제의를 거절했는데 그것은 자신이 정치적으로 잘못 이용될 수도 있다는 우려에서 비롯되었다. 얼마 후 캄프하우젠은 프리드리히 빌헬름 4세와 독대하여 국왕의 제안인 프로이센의 전권 사절로 프랑크푸르트로 가는 것에 동의했다. 이 결정에는 자신이 통합 독일 헌법 제정에 관여하면서 중도적 자유주의에서 지향하던 제 목적을 실현하겠다는 의중도 들어 있었다. 프랑크푸르트 국민의회에서 활동하면서 캄프하우젠은 베를린에서와 마찬가지로 민주적 성향의 정치노선에 대응했고 프로이센 주도의 소독일주의 원칙이 통합 독일에 적용되게끔 노력하기도 했다. 당시 프랑크푸르트 의원들을 상대로 한 연설에서 그는 프로이센이 독일 통합에 찬성한다고 했다. 이어 그는 독일권의 어떤 국가도 프로이센만큼 통합에 대해 단호한 태도를 보이지 않을 뿐만 아니라 필요성 역시 느끼지 않는다고 하면서 프로이센이 독일 통합의 주역으로 등장하는 것은 하나의 역사적 소명이라고까지 말했다.

1848년 여름부터 가을까지 프로이센을 시민국가 체제로 변형시키고 자본주의적 질서체제 확립에 기여할 많은 법령이 정부와 의회에서 제안되고 결정되었다. 이러한 법령들은 왕권에 대한 양보도 담고 있었지만, 민중의 이익을 고려하지는 않았다. 따라서 이 법령들은 극좌파로부터 비판을 받았다. 그뿐만 아니라 극좌파는 이러한 법령과 상반되는 내용의 법령들을 제시하는 적극성도 보였다. 그런데도 정부가 제시한 법령들은 반동세력에 타격을 주었고 융커들은 이 법령을 혁명적이라고까지 생각했다. 제시된 법령들 중에서 문제가 된 것은 개정 지방 행정법, 국유지 및 산림 담당법, 배심제 재판법, 병역법, 언론법, 신분 자유 보장법, 영주재판권 폐지법, 사설 은행 설치법, 광산규제법 등이었다. 형법의 변경과 혼인법이 준비되었고 제헌 국민의회의 분과위원회는 교회와 국가의 분리 및 교회 및 국가교육의 분리를 과감히 결정했다. 봉건의무제의 무상 철폐, 국유지의 매각, 대지주 · 귀족 · 장교 · 성직자 등의 면세특권 철폐 등은 진보적인 면을 보여주었다.

7월 말 민주주의를 추종하던 발트에크(Benedikt Waldeck)가 의장을 맡고 있던 제헌위원회가 새로운 헌법 초안을 제시했다. 그것은 군주의 입법 거부권을 제한하고, 급진 군제 개혁가들의 기획을 재수용한 순수한 시민군(Bürgerwehr) 창설, 종교의식이 배제된 민간결혼제 도입, 그리고 지방에 남아 있던 귀족계층의 세습특권의 흔적마저 완전히 제거하는 것이었다. 이 초안은 이전의 것만큼이나 논란을 불러왔고, 제헌 국민의회는 합의를 보지 못한 채 양극단의 의견으로 갈렸다.

5. 혁명 발생 이후의 민중운동

3월 혁명에서 얻은 승리와 더불어 시민계층, 특히 대시민계층은 그들의 목표를 달성했다는 환상에 빠졌지만, 노동계층을 비롯한 소시민계층은 혁명의 지속성을 강조했다. 실제로 당시 농민들은 봉건 관계의 청산이라는 중요 과제를 해결하려고 했고 소시민계층은 시민사회의 민주적 변혁이 필요하다는 관점을 부각하려고 했다. 노동계층 역시 그들의 빈곤한 사회적 처지를 개선하려 했으며 그것을 실현하기 위해서는 정치제도변화가 먼저 필요하다는 것도 인지하고 있었다.

3월 말에 접어들었지만 혁명의 열기는 식지 않았고 혁명적 요구를 보장받으려는 투쟁 역시 지속되었다. 특히 1848년 3월 말부터 5월 초까지 농민들의 움직임이 가장 두드러졌다. 이들과 지방 노동자들은 이미 3월 혁명 기간 중 중요한 임무를 수행했다. 프로이센의 동부 지역에서는 농민들의 소요가 이전보다 많이 발생했다. 브란덴부르크와 포메른에서도 반봉건적인 농민봉기가 격렬하게 일어났다. 소농과 노동자들은 지주와 지방관리에 대항하여 혁명적 소요를 전개했다. 동프로이센에서도 선거운동이 농민적 저항을 부채질했다. 혁명운동이 가장 큰 규모로 일어난 곳은 슐레지엔 지방이었다. 이곳에서는 3월 18일 직후 소요가 일어났고 그 파장은 동북쪽 지역까지 확산했다. 그때까지 봉건적 수탈이 심했던 이 지역의 농민들은 프로이센의 다른 지역보다 더 중요한 역할을 했다. 당시 농민과 지방 노동자들의 주요 관심사는 봉건 의무의 완전 폐지였다. 이들은 행정과 재판에서의 특권 철폐도 요구했다. 상황의 심각성을 파악한 프로이센 정부는 슐레지엔과 다른 지역에 군대를 신속히 투입하여 소요를 진압했다.

작센 왕국에서도 소요가 확산했는데 라이프치히가 중심지로 드러났다. 농민들이 성, 귀족의 저택, 관공서 앞에서 시위를 벌이면서 봉건 의무제의 철폐를 요구했다. 지주들이 신속히 양보하지 않았던 곳에서는 소요가 과격해졌고 봉건적 압제가 특히 심했던 곳에서는 유혈사태까지 발생했다. 4월 5일 1만여 명의 성난 농민과 노동자들이 발덴부르크 (Waldenburg)성을 점거하고 곳곳에 불을 질렀다. 그러나 봉기는 이틀 후에 정부군에 진압되었는데 그것은 봉기 세력을 주도할 체계화된 집행부가 결성되지 않은 데서 비롯된 것 같다. 메클렌부르크에서는 4월과 5월에 농민봉기가 절정에 달했고 이러한 봉기는 여름까지 지속되었는데 바렌(Waren)이 봉기의 거점이었다. 봉기를 주도한 계층은 지방의 노동자들이었다. 이들은 임금 인상과 노동시간 단축을 위해 파업을 투쟁 수단으로 활용했다. 4월 중 파업은 더욱 확산했고 그 과정에서 관리의 경고나 파업 가담자의 체포 명령은 아무런 효력도 발휘하지 못했다. 5월 중순 바렌 지역에서 파업자들이 체포됨에 따라 800여 명의 노동자가 농기구를 가지고 농장을 습격하고 불태운 뒤 거기 주둔한 군대마저 몰아냈다. 이로부터 이틀 후 2문의 대포를 앞세운 600여 명의 정부군이 질서 회복에 나섰으며 185명의 노동자가 체포되었다. 7월 31일 군대와 노동자 사이에 다시 유혈사태가 발생했고, 그 과정에서 많은 노동자가 목숨을 잃거나 체포되었다. 그런데도 파업은 지속되었다. 당시 농촌에서 일어난 봉기의 목적은 지역에 따라 차이가 있었으나 다음의 네 가지 공통점이 확인된다. 첫째, 농민들은 모든 방식의 봉건 관계 폐지를 요구했다. 둘째, 농민들은 행정 및 사법에서 귀족의 모든 특권 폐지를 원했다. 셋째, 농민들은 불법적으로 빼앗긴 토지의 환원 및 보상금의 환급을 강력히 요구했다. 넷째, 지주가 소유한 대토지의 분할도 원했다. 이러한 농민과 노동자들의 활발한 활동과 거기서 비롯된 소요는 귀족계층을 불안과 공포로 몰아넣었다.

3월 혁명이 발생한 이후부터 농민들은 봉건적 의무 이행과 세금 납부를 거부했다. 그러나 지역적으로 분산된 농민 소요는 완전한 성공을 거둘 수 없었다. 이러한 소요가 성공을 거두기 위해서 시민계층의 인도 및 협조가 필요했다. 그러나 시민계층은 농민들을 이중으로 배반했다. 이들은 농민봉기에 협조하지 않았을 뿐만 아니라 보상 없이 농민들이 봉건 의무로부터 해방된 사실 역시 법적으로 인정하려 하지 않았다. 그 대신 시민계층은 정부군을 동원하여 농민봉기를 진압했고 앞으로 의회에서 채택될 법안을 내세워 농민들의 분노를 가라앉히려 했다. 폭력적 봉기에 놀란 소시민적 민주파들 역시 농민들의 봉기를 인도하지 않았다. 4월의 농민봉기가 독일의 동부 지역에서 절정에 달했는데 같은 시기 서남부 지역은 급진적이고 민주적인 소시민계층의 정치적 활동무대로 주목받았다.

바덴에서도 4월 초부터 자유파와 민주파 사이의 갈등이 첨예화되었다. 산업발전의 후진화로 무산자 계층이 세력을 얻지 못한 이 지역에서 공화국 이념은 소시민계층으로부터 큰 호응을 받았다. 이들은 프랑크푸르트 예비의회의 결정에 실망하고 공화국 쟁취를 위해 혁명이 다시 일어나야 한다고 생각했다. 이러한 운동을 주도한 인물은 헤커(Friedrich Hecker)와 슈트루베(Gustav Karl Johann v. Struve)였다.

바덴 대공국의 아히터스하임(Eichtersheim)에서 태어난 헤커는 시민적-자유주의적 성향의 부모 밑에서 성장했다. 헤커의 부친 요제프 헤커(Josef Hecker)는 바이에른 왕국의 왕정 고문관 겸 베닌겐(Venningen) 남작의 회계사로 근무했다. 1820년부터 헤커는 만하임에 있는 대공국 리체움(Lyceum), 즉 초교파주의적이고, 신인문주의적인 인문계 고등학교에 다녔다. 1830년부터 1834년까지는 하이델베르크대학 법학부에서 법률학을 배웠는데 당시 그는 티바우트(Anton Friedrich Justus Thibaut), 차하리아에(Karl Salomo Zachariae), 그리고 미터마이어(Karl Joseph Mittermaier) 교수의 강의를 집중적으로 수강했다. 특히 미터마이어 교수의 강의를 들으면서 헤커는 법률에 대한 기본적 이해를 정립했다. 아울러 그는 슈로서(Friedrich Christoph Schlosser) 교수의 합리주의적이고 진보적인 역사학 강의를 자주 들었다. 대학 시기 헤케는 부르셴샤프트 활동에 큰 관심을 보였고 하시아(Hassia), 팔라티아(Palatia), 그리고 레나리아(Rhenania)에 가입하기도 했다.

헤커는 1834년 국가고시에 합격했고 같은 해 6월 16일에는 박사학위를 취득했다. 이후 그는 파리로 여행을 갔고 거기서 공공 재판절차를 실제로 확인했으며 당시 개원 중인 국민의회의 법안 처리 과정도 참관하는 적극성을 보였다. 1838년부터는 만하임에서 변호사로, 아울러 대공국 대법원과 운터라인크라이스(Un-terrheinkreis)에서 전권위원으로도

헤커

활동했다. 같은 해 헤커는 대공국 대법원에서 자신의 혁명적 동반자 중의 하나인 슈트루베를 알게 되었다. 그러나 양인 사이의 관계는 1840년대 중반까지 그리 긴밀하지 못했다. 1842년 매우 훌륭한 연설가이자 쾌활한 성격의 소유자로 알려진 헤커는 절친한 동료인 이츠슈타인(Adam v. Itzstein)의 추천으로 바덴 의회 의원으로 선출되었다. 헤케는 의회 내에서 자유주의 좌파 및 민주주의적 관점을 표출하는 데 적극적이었으므로 차츰 전 독일의 지식인들이 그에게 관심을 가지게 되었다. 점차 헤케의 관점은 과격민주주의적 성향을 보였고 여기에 사회주의적인 요소도 가미되기 시작했다.

헤커와 더불어 혁명을 통해 공화국을 쟁취해야 한다는 관점을 가졌던 슈트루베는 1805년 10월 11일 뮌헨에서 태어났다. 부친인 요한 구스타폰 슈트루베(Johann Gustav v. Strube)는 러시아 주재 독일 외교관이었다. 1806년부터 1817년까지 슈트루베는 슈투트가르트에 있는 인문계 고등학교, 1817년부터 1822년까지 카를스루에 리체움을 다녔고, 괴팅겐과 하이델베르크 대학에서 법학을 배웠다. 대학 재학 중에는 부르센샤프트

에 가입하여 활동을 펼치기도 했다.

1827년 슈트루베는 올덴부르크(Oldenburg) 대공국에서 공무원으로서 일하기 시작했고 연방회의에 올덴부르크 대표의 외교관 시보(Attaché)로 참석했다. 1828년 3월 부친이 사망함에 따라 슈트루베는 올덴부르크로 돌아왔고 거기서 예버(Jever) 지방재판소의 시보로 임명되었다. 이에 앞서 그는 올덴부르크에서 제1차 및 제2차 국가고시에 응시하여 합격했다. 당시 그는 다소 편협한 외교계에 대해 불만을 느꼈기 때문에 법률 분야에서 새로운 경력을 쌓는 것에 적지 않은 기대를 했지만, 이 역시 만족스럽지 못했다. 이에 따라 슈트루베는 공무원직을 포기하고 괴팅겐과 예나에서 학문 활동을 하려고도 생각했다. 1833년 그는 변호사 시험의 일부만을 인정한 만하임에서 변호사로 일하고자 했다. 그러다가 3년 후인 1836년 상급법원(Obergericht) 변호사로 임명되었다. 1831년부터 그는 여러 권의 법률서를 출간했고, 1843년부터 1845년까지는 골상학(Phrenologie)에 대해 깊은 관심을 표명했고 이 분야의 저서도 출간했다. 아울러 그는 『골상학 잡지(*Zeitschrift für Phrenologie*)』의 출간인 겸 편집자로 활동하면서 『독일대학 잡지(*Zeitschrift für Deutschlands Hochschulen*)』 간행에도 참여했다.

바덴에서 슈트루베는 브리터스도르프(Blittersdorf) 정부의 보수 내지는 반동 정책에 대응하기 위해 정치에 관여하기 시작했다. 그는 바덴 의회에서 자유주의적 성향의 의원들을 지원하기 위해 언론인의 의무를 충실히 이행하고자 했다. 점차 슈트루베의 정치적 노선은 과격 민주주의로 바뀌었고 거기에는 초기 사회주의적 요소도 부각되었다. 1847년 1월 슈트루베는 콘스탄츠(Konstanz)에서 간행되던 『제블레터(*Seeblätter*)』의 편집인인 피클러(Joseph Fickler)에게 서신을 보내어 '헌법의 결정적 친구(entschiedene Freunde der Verfassung)' 회합 출범을 제안했다. 같은 해 9월 12일 바덴 전역의 '헌법의 결정적 친구' 회원들이 오펜부르크에 있는 잘

멘(Salmen) 레스토랑에 모였는데 이것은 국민집회 출범을 구체화하기 위한 사전모임이었다. 집회에 참여한 헤커는 정부에 의해 종종 훼손당한 바덴 헌법을 다시 원상태로 복구하고 신민의 기본권 역시 확장해야 한다는 내용의 인상 깊은 연설을 했다. 1848년 2월 27일 슈트루베는 헤케와 같이 카를스루에의 대표단에 합류하여 국민개병제를 도입할 것, 제한 없는 언론의 자유를 보장할 것, 영국에서와 같은 배심원재판제도를 도입할 것, 독일 국민의회를 즉각적으로 복원할 것 등을 요구했다. 1848년 3월 초 슈트루베는 34개국으로 나눠진 독일권이 독일 통합의 저해요소로 작용하고 있다고 했다. 그는 아메리카 합중국처럼 독일권에 연방 공화정 체제를 도입한다면 독일의 통합 및 자유도 실현할 수 있다고 했다. 슈트루베와 헤케는 1848년 3월 19일 오펜부르크(Offenburg)에서 개최된 집회에도 참여했고 거기서 이들은 바덴 헌법 개정과 전 독일 의회 소집을 요구하는 성명서에 서명하기도 했다.

당시 민주화를 추구한 헤커는 열렬한 혁명가였지만 동시에 정치적으로 소시민계층의 약점도 지니고 있었다. 즉 그는 혁명이 성공할 가능성을 고려하지 않은 채 무조건 혁명만을 서둘렀는데 그것은 그 자신이 권력 구도를 냉철히 분석할 여유가 없었기 때문인 것 같다. 당시 헤커는 공화주의적 이념을 과대평가하면서 이 이념을 통해 군중 및 추종 병력역시 쉽게 동원할 수 있다고 생각했다. 1848년 4월 12일 그는 콘스탄츠에서 슈트루베와 함께 바덴을 공화국으로 선포하고 임시정부 이름으로 국민개병제 도입, 즉 모든 사람이 의무적으로 혁명적 투쟁에 참여할 것을 요구했다. 그것에 따라 헤커는 혁명적 투쟁에 참여할 사람들은 4월 14일까지 도나우에싱겐(Donauerschingen)으로 집합할 것을 명령했다. 4월 13일 헤커는 4명의 북 치는 사람과 50여 명의 추종자와 함께 콘스탄츠를 떠났다. 그런데 헤케의 복장은 로빈 후드(Robin Hood)의 복장과 유사했다. 즉 푸른 셔츠를 입고 날카로운 깃털로 장식한 챙이 넓은 펠트 모자를 썼고 서너 개의 총을 벨트에 끼웠고 왼손에는 군도(Säbel)도 들었다. 이때 헤커는 공화주의자들이 많은 남쪽에서 출발하여 북쪽인 카를스루에로 진군한 후 전 바덴을 공화국화 하려는 계획도 세웠다. 이후 3개의 서로 독립된 봉기군이 출범했다.

콘스탄츠를 떠난 800명에 달하는 헤커의 의용군은 주로 수공업자, 공장노동자, 농민 등으로 구성되었다.[83] 지겔(Franz Siegel)이 지휘하는 약 2천의 혁명군은 주로 콘스탄츠의 시민군이었고, 바이스하르(Josef Weißhaar)가 이끄는 약 700명의 라인집단군(Rheinkolonie)은 농민이 주요 세력이었다.[84] 세 부대를 모두 합쳐도 5천 명 정도에 불과했지만 세 부대가 효율적으로 단합했다면 상당한 위력도 발휘했을 것이다. 그러나 당시 민주파 지도자들은 군사적 경험이 부족했고 결단력도 없었다. 결국 바덴의 혁명적 반동은 헤센, 나사우, 바덴, 그리고 뷔르템베르크 연합군으로 편성된 3만 명의 병력에 의해 진압되었다. 최초의 결정적 전투는 4월 20일 쥐드슈바르츠발트(Südschwarzwald)의 칸데른(Kandern) 근처인 샤이데크(Scheidegg)에서 벌어졌다. 당시 헤커는 수적으로 우세한 연합군을 제압할 수 없다는 것을 잘 알고 있었을 뿐만 아니라 전략적 실수마저 범했다. 그가 이끄는 부대는 수적인 열세에도 불구하고 일종의 '쥐덫 작전(Mausefalle)', 즉 연합군을 포위하는 작전을 펼쳤는데 이로 인해 인근 지역에서 활동하던 다른 부대와의 합류도 불가능해졌다. 그런데도 헤커는 전투가 시작되기 전 연합군이 제시한 조건, 무기를 버리고 투항하면 정

---

83 30명에서 시작된 헤커군은 일주일 만에 800명으로 늘어났는데 이 중에서 농민 계층의 참여가 절대적이었다. 당시 농민들은 봉건적 예속에서 벗어나려는 의지가 강했다.
84 바이스하르는 의용군을 유지하기 위해서는 강제징집과 공공자금의 강제 압류가 필요하다고 제안했고, 슈트루베 역시 동의했다. 이에 따라 카델부르크(Kadelburg)의 세관 금고에 대한 약탈이 실제로 감행되었다.

치적 사면을 해주겠다는 제안을 수용하지 않았다. 자신이 연합군 앞에서 저돌적이고, 열정적인 연설을 한다면 연합군의 상당수가 투항할 것이라는 매우 비현실적인 생각을 하고 있었기 때문이다. 헤커가 선동적 연설을 시작함에 따라 전투 경험이 많은 가게른(Friedrich v. Gagern) 장군은 고적대에 북을 치라고 명령하면서 연합군을 이끌고 헤커군의 진영으로 돌진했다.[85] 샤이데크 전투에서 1천여 명으로 구성된 헤커군은 30분도 안 되어 참패했고 슈트루베와 합친 바이스하르의 부대 역시 슈타이넨(Steinen)에서 연합군에 패배했다.[86]

이에 반해 3천 명으로 늘어난 지겔의 부대는 프라이부르크(Freiburg)로 진군하여 좋은 기회를 얻었다. 이곳은 공화주의자들이 지배하고 있었지만 지겔과 프라이부르크 공화주의자들의 통합은 이루어지지 않았다. 결국 4월 23일 귄터스탈(Günthersthal) 전투에서 지겔은 연합군에 의해 밀려났다. 다음 날 연합군은 완강하게 저항하던 프라이부르크마저 함락했다. 4월 27일 니더도젠바흐(Niederdosenbach)에서 지겔의 잔여 세

---

85 이 전투에서 프랑크푸르트 국민의회에서 핵심적 역할을 한 하인리히 가게른의 큰형인 프리드리히 가게른 남작이 목숨을 잃었다. 당시 연합군 총사령관 자격으로 전투에 참여한 그는 헤커와의 협상 과정에서 헤커 뒤에 있던 누군가에 의해 저격당했고 하인리히 가게른은 자서전에서 이를 '살해'라고 정의했다. 이로 인해 헤케와 그의 의용군은 도덕적으로 이름이 더럽혀졌고 공화주의파들은 일시적으로 격리되는 상황에 놓이기도 했다.

86 전투에서 패색이 짙어감에 따라 헤커는 농민 복장으로 변장하고 전장에서 탈출했으나, 슈트루베와 함께 4월 21일 연합군에게 체포되었다. 그러나 이들은 다음 날 탈출에 성공했고 스위스로 도망갔다. 이후 수백 명의 헤커 추종자들은 스위스에서 머물던 헤커를 찾았고 이들은 헤커를 실패한 혁명주의자로부터 바덴 국민들의 신으로 변형시키는 데 온갖 노력을 기울였다. 그들은 헤커의 초상화를 음식점이나 여관의 객실, 담배 상자, 그리고 장식용 벽걸이 접시에 붙이거나 장식했다. 아울러 전설이나 노래에서 헤커의 미덕을 강하게 칭송하기도 했다. 당시 헤커는 독일에서 공화국 설립이 불가능하다고 판단했고 그에 따라 1848년 9월 20일 르 아브르(Le Havre)호 편으로 미국으로 떠났다.

헤르벡스

력은 연합군과의 전투에서 다시금 패배를 당했다. 그사이 파리에서 서정시인이자 혁명시인으로 활동하던 헤르벡스(Georg Herweghs)가 파리에 살던 독일 노동자, 수공업자, 그리고 대학생 천여 명을 모아 '독일 민주 의용군(Deutsche Demokratische Legion)'을 조직한 후 라인강을 건너 지젤을 지원하기 위해 슈트라스부르크로 행진했다.[87] 헤르벡스가 '독일 민주 의용군'을 조직할 수 있었던 것은 당시 파리 임시정부의 지원이 있었기 때문이다. 그것은 파리와 그 주변 지역에 살던 과격한 외국인들을 추방한다는 파리 임시정부의 계획에도 실제적 도움이 되었다. 프라이부르크에 도착한 이후 헤르벡스는 파리 임시정부에게 재정 지원을 요구했지만 파리 정부는 의용군에게 더는 관심을 보이지 않았다.

바덴에서 일어난 공화주의자들의 봉기는 성숙하지 못했던 객관적 조건뿐만 아니라 소시민적인 지도자들의 주관적 무능 때문에 실패했다. 민중의 일부가 공화주의자들의 이념을 추종했지만, 공화국 건설을 위한 무력투쟁에 참여할 결단을 내리지는 못했다. 그리고 농민들은 정부의 약속을 믿고 조용해졌으며 노동자들은 소시민계층에 이끌려다닐 뿐

---

87 헤커는 헤르벡스가 이끄는 의용군이 자유를 위해 투쟁하는 전사들이 아니고 약탈 행위를 주로 하는 집단이라는 소문을 들었기 때문에 헤르벡스 의용군의 참여에 매우 부정적이었다.

독자적으로 대응할 능력이 없었다. 소시민적 지도자들은 이러한 상황을 제대로 파악할 수 없었고 사회정책적 계획을 민중에게 전파하고 군사력을 집중시키는 일에도 소홀했다. 이러한 약점에도 불구하고 바덴의 봉기는 하나의 혁명적 활동이었다. 무력으로 공화국을 수립하겠다는 급진적인 소시민계층의 행동은 혁명이 계승될 수 있는 가장 중요한 사건으로 각인되었다.[88]

---

88 블룸은 헤케와 슈트루베의 무모한 행동에 주저하지 않고 비판을 가했다. 그러면서 두 사람의 무모한 혁명적 투쟁으로 독일인의 희망이 쉽게 좌초될 수도 있다는 우려를 표명했다.

제3장

프랑크푸르트 국민의회

프랑크푸르트 국민의회

1. 예비의회의 구성과 활동

베를린과 빈에서 소요가 발생하기 이전, 즉 1848년 3월 5일 라인란트와 독일 남서부 지방에서 온 51명의 지식인이 하이델베르크에 모여 독일 통합의 필요성을 부각했을 뿐만 아니라 그것을 구체화할 독일 국민의회의 소집도 요구했다. 이에 앞서 바서만은 벨커(Carl Theodor Welcker)가 1831년에 제시한 법안과 비슷한 '바서만 법안(Motion Bassermann)'을 1844년 바덴 대공국 상원에 제출했지만 통과되지 못했다. 1848년 2월 12일 바서만은 상원에 법안을 다시 제출한 후 독일 국민이 선출한 대표들을 프랑크푸르트 연방의회에 두고, 독일 제후들이 선출한 의원들과 함께 전체 독일을 대표하는 유일한 입법기구로 출범해야 한다고 제안했다. 하이델베르크 회의 참석자들은 그들의 요구를 가시화하기 위해 7인위원회를 구성했고 여기에는 프랑크푸르트에서 변호사로 활동 중인 빈딩(Georg Christoph Binding), 슈테트만(Karl Stedtmann), 가게른과 바덴 출신의 벨커를 비롯하여 3월 9일부터 뷔르템베르크(Württemberg) 정부에서 장관직을 수행하던 뢰머뿐만 아니라 좌파 성향의 이츠슈타인(Adam v. Itzstein)과 빌리히(Justus Friedrich Willich)도 참여했다.

메테르니히가 실각 후 망명하고, 빈과 베를린에서의 혁명세력이 우위를 차지함에 따라 독일 연방의 양대 열강, 즉 프로이센과 오스트리아는 독일 연방 내에서 발생하던 정치적 문제 해결에서 그간 행사하던 절대적 영향력마저 잃게 되었다. 이로 인해 독일 연방과 독일 연방의회의 기능 역시 마비되었고 그것에 따라 독일 연방의회를 대체할 혁명의회가 구성되어야 한다는 여론이 비등하게 되었다. 이러한 상황에서 독일 연방의회는 3월 10일 단일민족국가로 통일될 미래 '독일 제국'의 헌법 초안 작성을 '17인 위원회'에 위임하고, 오스트리아의 요한(Johann, 프란츠 요제프 1세의 숙조부) 대공을 독일 제국의 섭정으로 임명했다.[1] 17인 위원회는 회의체의 명칭만 바꾸었을 뿐, 독일 연방의회의 양대 회의체 중의 하나인 특별위원회와 같은 회의체였다. 지금까지 특별위원회는 단독투표권을 행사한 11개 국가와 공동투표권을 행사한 6개 국가집단으로 구성된 후 운영되었다.

1848년 3월 31일 프랑크푸르트 예비의회가 구성된 후, 17인 위원회에 부여된 헌법 초안 작성 임무는 예비의회 의원들로 구성된 50인 위원회로 넘겨졌다. 예비의회에서 선출된 후 전권을 부여받은 50인 위원회는 과도기구로서 국민의회의 개원을 준비하고, 독일 연방 회원국 정부들과 협력하여 국민의회 의원 선거를 치르기로 결의했다. 독일 연방의회의 기능이 3월 혁명으로 사실상 정지된 후 활동을 개시한 예비의회는 4월 3일까지 열렸다. 독일 민족 전체를 대표하는 최초의 대의기구인 예비의회를 이끈 이들은 독일 전역에서 온 574명의 대표자였다. 그들은 선출된 것이 아니라, 17인 위원회가 영방국가 의회들의 의원 중에서 선발한 인물들이었다. 그러나 예비의회는 매우 이질적으로 구성되었기 때

---

1 장기간 배척되던 부르셴샤프트의 흑—적—황색이 연방의 상징색으로 채택되는 이변도 나타났다.

문에, 민주주의적 관점에서 강조되던 대표성은 없었는데 그것은 남서부 독일 출신이 지나치게 많았다는 데서 확인할 수 있다. 프로이센 예비의회 의원은 모두 141명이었고 이들 대부분은 서부 지방 출신이었던 데 반해, 북부 지방을 대표한 의원들의 수는 매우 적었다. 헤센 대공국에서는 84명이, 바덴 대공국에서는 72명이 예비의회에 참석했지만, 오스트리아 출신 의원은 단 두 명에 불과했다.[2]

예비의회의 과제는 국민의회의 효율적인 활동을 준비하는 것이었다. 활동 직후부터 온건파와 급진파의 갈등이 표출되었지만, 그것을 극복하는 방법은 제시되지 못했다. 수적으로 우세한 온건파는 군소국들이 오스트리아나 프로이센이 주도하는 연방국에 통합되고 이 연방국의 책임내각과 평의회(Senat) 및 국민의회(Volkshaus)에도 소속되어야 한다는 의견을 제시했다.[3] 이어 온건파는 국가의 중앙권력을 외교, 국방, 교역, 관세, 민법 및 형법 등으로 확대했지만 봉건체제의 잔재 폐지를 위한 구체적인 조치를 마련하지는 않았다.

온건파의 이러한 통일국가 이념에 과격파는 동의하지 않았다. 바덴 출신의 과격파 인물인 슈트루베는 3월 31일 예비의회에 15항목으로 구성된 제안서를 제출했다. 소시민적 이념을 토대로 한 제안서는 민중의 이익 실현과 혁명의 지속 필요성을 강조했다. 실제로 당시 과격파는 언론의 자유, 공개재판, 경제생활의 통일화 등의 법률적 권리와 자유로 혁명을 마무리해서는 안 된다고 했다. 이들은 광범위한 정치적·사회적 변혁을 원했고 그 과정에서 상비군 대신 민병대를 창설하고 전문 행정 관리의 선거 및 봉건 특권의 철폐를 요구했다. 아울러 이들은 누진적 소

---

2   예비의회 참석자들은 대부분 프랑크푸르트에서 멀지 않은 지방에서 왔다.
3   예비의회 참석자의 약 70%는 온건파로 간주되었다. 30%는 민주주의 좌파이고, 그들 중의 약 30%는 과격한 공화주의자로 알려졌다.

득세 및 누진적 상속세 도입을 제안했고 사회구성원의 법적인 불평등폐지도 언급했다. 노동계층의 빈곤을 타파하고 자본과 노동 사이를 조화시키려는 이들의 요구, 즉 자본가 이익을 노동계층에게 분배하라는 요구는 무산계층의 이해관계와도 연계되었다. 이것은 마르크스가 제시한 잉여가치설(Theorie des Mehrwerts)과 맥을 같이한다고 하겠다.

당시 자본가들은 노동시장을 독점하고 있었다. 그들이 생산에 필요한 주요한 기재들, 즉 생산수단을 가졌기 때문이다. 이에 따라 자본가들은 노동자들의 임금을 기아선상으로 내리고, 잉여가치 또는 이윤의 형태로 노동자들이 생산하는 부의 대부분을 착취할 수 있었다. 슈트루베와 그의 추종 세력은 자본가들이 그들 이익의 일부를 노동계층에게 할애한다면 노동자 계층의 처한 경제적 상황 역시 어느 정도 개선할 수 있다는 관점을 피력한 것이다. 그런데 당시 슈트루베는 마르크스가 언급한 생산수단을 가진 계층과 그렇지 못한 계층, 즉 무산자 계층 간의 투쟁은 무산자 계층의 독재가 실현될 때까지 지속된다는 역사적 필연성을 인지하지 못했다. 따라서 그는 착취당하는 계급으로서의 무산자 계층이 그들의 공통된 목적인 유산자 계층, 즉 자본가들을 제거해야 한다고는 언급하지 않았고 자본가 계층의 선처만을 강조했다.

예비의회에서 온건파와 과격파는 두 가지 점에서 첨예하게 대립했다. 과격파를 주도하던 슈트루베는 군주제 폐지와 연방공화국으로의 독일 통합을 요구했으며 상설 국민의회의 구성 필요성도 강조했다. 이에 반해 가게른이 이끌던 온건파는 군주제가 유지되어야 한다고 주장했고 군주제 원리에 따라 국민의회 역시 구성되어야 한다고 했다. 예비의회 내에서 자신들의 목적이 관철될 수 없음을 인지한 급진파 의원 77명은 예비의회를 떠났다.[4] 이후부터 온건파가 예비의회를 주도했고 거기서

---

4   예비의회를 떠난 과격파는 그들의 정치적 목표를 관철하기 위해 4월 12일 콘스

국민의회의 소집도 결정했다. 예비의회가 1848년 4월 3일에 해체된 후이 의회의 임무를 물려받은 50인 위원회는 1848년 4월 4일부터 5월 18일 국민의회가 개원하기 전까지 43일 동안 존치한 독일 연방의회와 프랑크푸르트 국민의회 사이의 과도기구로서, 그 임무는 독일 연방을 대체할 미래 통합 독일의 헌법 제정을 논의하고, 국민의회 의원 선거를 준비하는 일이었다.

2. 국민의회의 개원과 활동

1848년 4월부터 5월 초까지 국민의회 선거가 시행되었고 같은 달 18일부터 프랑크푸르트의 성 파울 교회에서 국민의회의 활동이 개시되었다. 프랑크푸르트 국민의회는 독일 민족 전체보다는 자유주의를 지향하던 중산계층을 대변했다. 이러한 특징은 그리 놀랄 일이 아니었는데 그것은 예비의회가 성년이 된 시민들 모두에게 투표권을 부여했음에도 불구하고 여러 영방국가들이 '독립적'이라는 조건을 자의적으로 규정한 데서 비롯된 것 같다.[5]

프랑크푸르트 예비의회가 출범하기도 전에 연방의회는 프랑크푸르트 국민의회 선거 시행계획을 마련했다. 연방의회는 모든 독일 국가들, 즉 독일 연방에 속한 모든 국가에서 시민 7만 명당 1명의 의원을 선출하는 방안을 제시했다. 그러나 예비의회의 강력한 요구로 기준 수는 5만

탄츠에서 공화국을 선포했다.

5 13세기에 독일 황제권이 약화하자 독일의 봉건제후들이 지방국가를 세웠는데 이를 영방국가라 한다. 30년전쟁(1618~1648)이 끝난 후 독일에는 약 2천여 개의 영방국가가 있었고 이 수는 나폴레옹이 독일을 침략할 때까지 거의 그대로 유지되었다. 나폴레옹에게 점령된 독일은 40여 개의 영방국가로 정리되었고 이러한 상태는 1871년 독일 제국이 등장할 때까지 그대로 유지되었다.

명으로 줄어들었다. 그런데도 독일 연방에 속한 각 지역 사이의 대표 불균형은 해소되지 못했다. 왜냐하면 연방 인명부가 너무 오래되어 지난 수십 년 동안 진행된 급속한 인구변동을 제대로 반영하지 못했기 때문이다. 예비의회가 약간 수정한 연방의회의 제안에 따라 독일 국가의 모든 성인 남성에게 능동적 선거권이 부여되었다. 그리고 여기에 '독립성(Selbständigkeit)'이라는 제한 기준이 첨부되었지만, 예비의회는 이미 이 문제를 더는 다루지 않기로 합의했다. 이것은 많은 영방국가들 내에서, 예를 들자면 하인과 농촌의 피고용인, 그리고 심지어는 아직 부모 집에서 살고 있던 성인 남성과 같이 종속적인 노동관계에 있던 모든 사람이 선거권 행사에서 배제되었기 때문이다. 심지어 바이에른에서는 직접세를 내지 못하는 시민들도 선거권을 부여받지 못했다. 그러나 이것은 실제 상황에서 별 의미가 없었다. 왜냐하면 이런 사례에 해당하는 성인 남성은 극히 소수에 불과했기 때문이다. 보통의 경우에 빈민구호금을 받는 사람들 역시 파산자와 마찬가지로 선거권이 부여되지 않았다.

몇몇 국가에서는 선거권을 고정 거주지와 연계시켰는데, 이 규칙은 특히 소시민계층에게 불리하게 작용했다. 그런데도 이 규정 때문에 선거권을 부여받지 못한 사람의 수는 생각보다 훨씬 적었다. 프로이센에서 이 규정으로 선거권을 박탈당한 사람은 전체 남성 유권자 중 5%에서 10% 정도였고, 남부 지역의 국가들에서는 장소에 따라 확연하게 높은 수치를 보여주기도 했다. 전체적으로 볼 때, 성인 남성 시민 중에서 80% 이상이 선거권을 부여받았는데, 이 규정은 남성에 대한 무제한의 보통·평등 선거권에 근접했다. 이 점은 당시 상황에서 볼 때 주목할 만한 일로서, 프랑스 대혁명 기간을 제외하면 유럽 전체에서도 그와 유사한 사례를 찾아볼 수 없었다.

이렇게 선거권을 대부분의 하층 시민계층까지 확대하는 방안에 자유주의자들은 동의하지 않았다. 보통 선거권의 도입은 하층계급에 속한 사람들이 그들의 고용주나 관료들의 이해관계에 따라 투표하도록 하거나 그들의 표가 매수될 수 있다는 자유주의자들의 우려를 키웠다. 그러나 그보다 더 심각했던 것은 '무지한' 하층계급이 선거에 참여하면 급진화는 물론, 때에 따라서는 무정부상태까지도 초래될 것이라는 공포심이었다. 사람들은 하층계급이 정치적 사안에 대해 독자적 판단을 내릴 수 있다고 믿지 않았다.

1848년 4월 초 프로이센 연합지방의회에서도 프로이센 제헌 국민의회 선거를 위한 방안이 논의되었다. 당시 심의 과정에서 보통·평등 선거권 도입에 대해 반대하는 발언이 자유주의 진영에서는 물론 보수주의자들로부터도 나왔지만, 결국 현재 상황에서 하층계급을 선거권 행사에서 배제한다는 권고는 철회되었다. 실제의 상황도 그렇게 전개되었다. 궁극적인 측면에서 본다면, 프로이센 제헌 국민의회 선거를 위한 선거권은 성 파울 교회에서 개최된 국민의회 선거권과 약간밖에 차이 나지 않았다.

이렇게 예비의회가 연방의회의 결정에 따라 선거 진행 방법 승인권을 영방국가들에 이양하자 헤센 대공국과 뷔르템베르크 왕국을 제외한 대다수의 영방국가들은 간접선거, 즉 원선거권자(Urwähler)들이 선거인단(Wahlmänner)을 뽑고, 선거인단이 다시 후보자들과 그 대리인들을 선출하는 방식을 채택했다.[6] 그러나 선출된 선거인단은 거의 대다수가 지역 명사들이었다. 그 과정에서 이들의 정치적 선호도나 입장이 검증되지 않았기 때문에, 선거 결과는 원선거인들의 진정한 의지를 신뢰할 수 있을 정도로 반영되지 못했고, 사람들이 생각할 수 있는 것과 같이 정치적 중도파가 선출되는 방향으로 왜곡되기도 했다. 그렇게 해서 3월 혁명 전

6　원선거권자 100명당 선거인단에서 활동할 1명을 선출했다. 이러한 간접선거에 참여한 비율은 지역에 따라 편차를 보였지만 대체로 40~50% 정도였다.

정치개혁의 투사로 등장한 명사들이 선출되기에 유리해졌다.

독일 연방에 속한 오스트리아 지방에서도 프랑크푸르트 국민의회 선거가 연방의회의 지침에 따라 실시되었다. 그러나 이곳 관리들은 성 파울 교회에서 독일인을 대표하는 국민의회 의원들이 더 많이 선출되어야 한다는 데 그리 관심이 없었다. 그에 따라 선거는 상대적으로 느슨하게 이루어졌고, 여러 가지 면에서 불규칙한 사건들도 발생했다. 예를 들면 티롤에서는 14명의 의원 대신에 17명이 선출되었는데, 그 가운데 다섯 명은 이탈리아인이었다. 이보다 더 심각했던 것은 여러 언어가 사용되던 지방, 즉 슬로베니아, 보헤미아, 그리고 모라비아 같은 지방에서 비독일계 민족들이 프랑크푸르트로 보낼 의원 선출에 크게 반발한 것이었다. 이에 반해 독일인들은 프랑크푸르트 국민의회에 참석한다면 경쟁 민족들에 대한 그들 입장 역시 더 강화할 수 있다고 판단했다. 프라하 체코 민족위원회는 보헤미아 및 체코인이 전체 주민 가운데 다수를 차지하던 모라비아 여러 지역에서 프랑크푸르트 국민의회 선거를 거부하기로 했다. 슬로베니아에서도 같은 결정이 내려졌다. 이것은 제국 내 많은 지역이 프랑크푸르트 국민의회에 대표자를 파견하지 못하는 결과를 가져왔으며, 다른 경우에는 소수 집단의 선거만 이루어지기도 했다. 결국 합스부르크 왕조에 속한 193개의 선거구 가운데 61개 선거구가 프랑크푸르트 국민의회에 대표를 보내지 못하는 상황이 발생했다. 일차적으로 보헤미아가 그 경우에 속했는데, 이곳에서는 모두 68개 선거구에서 25명의 의원만을 선출했다. 오스트리아 왕실 직영지를 대표하는 123명의 의원 가운데 독일인은 3분의 2만을 차지했다. 나머지 의원들은 다양한 민족 출신이었다. 당시 이들은 그들의 참여를 통해 장차 세워질 통합국가 내에서 그들 민족의 위상이 강화될 것이라는 기대도 했다.[7]

---

7   오스트리아는 132개 선거구(Wahlkreis)에서 186명, 프로이센은 200개 선거구에

국민의회는 5월 1일에 소집되어야 했지만, 많은 국가에서 이날 또는 더 나중에 의원 선거가 시행되었고, 결과가 나오려면 또 며칠을 기다려야만 했다. 전체적인 선거 참여율은 유권자의 40~70%로 추정된다. 5만 명의 주민당 1명의 의원을 선출한다는 원칙에 독일 연방의 명부와 옛 인구 통계를 대입하면, 총 649명의 의원이 있어야 했다. 그러나 앞에서 언급했듯이 체코인이 다수인 보헤미아 및 모라비아의 선거구들은 국민의회 의원선거를 거부했기 때문에 결국 585명의 의원만이 선출되었다. 이렇게 선출된 585명의 의원 대다수는 중산계급 출신이었다.[8] 이들의 95%가 대학 입학 자격시험인 아비투어(Abitur)를 보았고, 최소 81.7%가 대학을 졸업했으며, 그중 절반은 법학을 전공했다. 국민의회의 의원 상당수는 학우회(Corps) 또는 부르셴샤프트 출신이었다. 직업상으로는 국가공무원이 과반수였으며, 여기에 속하는 436명의 의원 중 49명은 대학 교수, 49명은 인문계 고등학교 교사, 30명은 일반 교사, 110명은 판사와 검사, 152명은 고위 또는 일반 공무원과 군 지도자, 11명은 외교관 출신이었는데 이들 중의 상당수는 박사학위도 취득했다.[9] 실제로 당시 프랑크푸르트 국민의회에는 뛰어나고 다재다능한 인물들이 대거 참여했다.

서 280명, 바이에른은 71개 선거구에서 91명, 하노버/올덴부르크(Oldenburg)는 31개 선거구에서 41명, 뷔르템베르크는 30개 선거구에서 42명, 작센은 24개 선거구에서 36명, 그리고 나머지 국가에서 129명의 의원이 선출되었다.

8 당시 많은 의원이 개별 영방국가의 의원직이나 정부 관료직을 겸직했기 때문에, 보통 프랑크푸르트에는 400~450명의 의원이 머물렀다. 중요한 표결이 있을 때는 540명의 의원이 나타나 표를 행사하곤 했다.

9 국민의회 의원으로 활동하던 공무원들은 사임하지 않아도 되었다. 다만 의원으로 활동할 때 일시적으로 휴직할 수 있는데 이때에도 이들은 정부로부터 평상시의 봉급을 받았기 때문에 경제적 어려움을 겪지 않았다. 그러나 자유업에 종사하는 의원들은 프랑크푸르트 국민의회에서 봉급을 받지 않았기 때문에 각자의 경제 능력에 따라 국민의회 활동이 결정되기도 했다. 실제로 국민의회 의원들은 국민의회의 활동이 그리 길지 않을 것이라는 예상을 하고 있었다.

프랑크푸르트 국민의회의 개원 행사

달만(Friedrich Christoph Dahlmann), 드로이젠(Johann Gustav Droysen), 바이츠(Grorg Waitz), 아른트, 얀, 블룸(Robert Blum), 루게(Arnold Ruge), 케텔러(Wilhelm Emmanuel v. Ketteler) 주교, 조이론(Johann Georg Alexander Freiherr v. Soiron), 야코비(Joann Jacoby), 마티(Karl Mathy), 헤크셔(Johann Gustav Wilhelm Heckscher), 무르셸(Wilhelm Heinrich Murschel) 등과 같은 유명한 정치가들도 있었다. 마이어(Hermann Henrich Meier), 메르크(Ernst Merck), 베케라트, 메비센, 메츠(Karl Mez)와 같은 대상인, 산업자본가, 은행가도 다수 있었다. 수적으로 매우 적게 대표되었던 집단은 수공업자와 지주들이었다. 전자는 46명이었고, 후자는 56명으로 주로 동 엘베 지역의 대토지 소유자들의 이익을 대변했다.[10] 반대로 블룸과 같은 장인 출신은 스스로를 민주주의적 좌파로 생각했는데, 이는 그 자신이 소외계층이 겪는 사회 문제들을 실제로 경험했기 때문이다. 결론적으로 프랑크푸르트 국민의회는 고등 교육을 많이 받은 계층이 압도적 우위를 차지한 의회라 특징지을 수 있다.

본래 예정했던 것보다 두 주 반이 지난 뒤인 1848년 5월 18일, 군대가 경계하는 가운데 두 개의 흑-적-금색 깃발이 내걸리고 군중의 축하 박수를 받으면서 330명의 의원이 뢰머 광장에서 파울 교회까지 행렬을 지어 이동하는 축하 행사가 끝난 후 국민의회는 프랑크푸르트 황제홀

10 지주들의 대다수는 보수적 성향이었다. 그리고 단지 3명의 농민만이 이 집단에 포함되었다.

(Kaisersaal)에서 개원했다.[11] 회의를 체계적으로 운영하는 일은 힘들고 혼란스러웠다. 몇 차례의 시행착오를 겪고 나서야 잠정적인 의사 진행 규칙이 마련되었고, 가게른을 의장으로 선출하는 데 성공했다.[12]

1848년 5월 19일 의장으로 선출된 가게른은 축사에서 국민의회가 국민주권 원칙에 따라 헌법 제정권을 제한 없이 가질 것인가, 아니면 이 과제가 영방국가들과의 타협을 통해 이루어져야 하는지에 관한, 논란이 될 수밖에 없는 핵심 문제들을 언급했다.[13] 여기서 그는 문제 해결을 위한 절충적 해법도 제시했다. 당시 프랑크푸르트 국민의회 의원들은 특수 정당이나 집단적·정치적 신념에 대한 충성을 공개적으로 밝히지 않았다. 정치적 성향으로 볼 때, 절반 내지 2/3가 자유주의적이었고, 좌우 급진파는 약 15%에 불과했다. 시간이 지나면서 느슨하게나마 정치적 집단, 즉 정파(Fraktionswesen)들이 형성되었는데 이들은 통상 토론을 위해

---

11 1833년 교회 헌당식을 거행한 파울 교회가 국민의회의 활동 장소로 선택된 것은 이 교회의 실내공간이 당시 프랑크푸르트에서 가장 넓었기 때문인 것 같다. 이후 파울 교회는 국민의회가 활동하기 적합한 장소로 개축되었다.

12 나이순에 따라 의장이 된 랑(Friedrich Lang)이 첫 본회의를 주관했다. 우선 그는 거의 알아들을 수 없는 목소리로 각국의 통치자들이 보낸 축하 전문을 읽었다. 이어 뮌스터(Münster) 주교 출신인 뮐러(Johann Georg Müller) 의원이 본회의 개최 직전 항상 예배식을 거행해야 한다는 안건을 상정했지만, 좌파 의원들의 강력한 반발로 통과되지 못했다. 이어 진행된 의장선거에서 가게른과 더불어 의장 후보로 나선 블룸은 단지 3명의 지지를 받았지만 가게른은 절대다수인 305명의 지지를 얻어냈다.

13 의장으로 선출된 가게른은 5월 29일 국민의회 총회에서 의사규칙도 통과시켰다. 이것에 따라 같은 날 한 명의 의장과 두 명의 부의장이 선출되었다. 의사규칙에는 4주마다 선출된 의장과 부의장에 대한 재선거가 명시되었는데, 이는 몰이 고안한 방안이었고, 의장석은 누구에게나 개방되었다. 의장은 원내 규칙을 올바르게 유지하고, 의사 진행 절차에 따라 의회를 이끌었다. 6월 29일에 재선출된 가게른은 1848년 12월 16일까지 의장직을 수행했다. 의장으로 선출된 직후, 즉 5월 31일 가게른은 헤센 정부의 장관직을 사임했는데 이것은 국민의회 의장직에 전념하려는 그의 의지에서 비롯되었다.

비공식적으로 모이던 숙소의 이름을 따서 그들 정파를 부각하려 했다. 이렇게 각 정파가 그들의 숙소에서 정치적 사안을 논의했던 것은 성 파울 교회가 너무나 협소했기 때문이다.[14] 각 정파는 분파 모임을 통해 의회의 협상 과정에서 추구해야 할 공동 방안을 논의했고, 공식적인 분파 대표를 선출했으며, 가입자들에 대한 규범도 제정했다. 이렇게 등장한 정파들은 정치적 측면에서 상당히 동질적이었으며, 마찬가지로 그들 사이에 존재하는 경계선 역시 유동적이었다. 그 밖에도 분열이 계속 일어나 성 파울 교회에서는 어떤 시점에서도 결정적으로 확고한 스펙트럼이 존재하지 않았다. 그런데도 이 정치적 분화 과정은 이후 독일권의 정치 체제 발전에 커다란 의미를 부여했다.

정치적 우파들은 초반에는 '석조전(das Steinerne Haus)'에 모였다가, 나중에는 '카페 밀라노(Café Milani)'에서 회동했다. 이들은 타협 원칙이 국민의회 내 협상 과정에서 결정적 규범이 되어야 한다는 태도를 보이고 있었다. 이들의 중요한 목표는 통합국가 헌법을 제정한 후 이 헌법에 '독일권 정부들이 자유롭게 찬성'하도록 하는 데 있었다. 마찬가지로 이들은 영방국가들과 협력해 나가려면 이들 국가에 필요한 권리를 많이 부여해야 하고 그것을 위해 새로운 헌법 역시 연방주의적 구조를 확고히 갖춰야 한다고 역설했다. 카페 밀라노는 다른 정파와 마찬가지로 그들 정파 운영에 필요한 제 규범을 제정했다. 이것에 따를 때 국민의회에 제출될 사안들은 정파 모임에서 미리 토론하고 제출 여부를 결정한다는 것이다. 만일 정파 모임에서 반수 이상의 지지를 받지 못하는 안건이 있다면 이 안건은 국민의회에 원칙적으로 제출하지 않는다는 것도 명시되

---

14 이렇게 각 정파가 그들이 머물던 호텔을 회의 장소로 활용하기 전에 이들은 파울 교회 주변의 공원이나 길거리에서 회의했고 그 과정에서 갑자기 비를 맞기도 했다.

었다. 그리고 정파에서 결정된 사안에 대해 정파 소속 의원들은 본 회의 과정에서 반대의견을 제시하거나 반대투표를 해서는 안 된다는 것도 거론되었는데 이것을 지칭하여 '정파의 압박(Fraktionszwang)'이라고 한다. 또한 규범에서는 정파의 운영 방법에 대해서도 언급했다. 매주 4번 오후 7시에 정례적으로 개최하는 정파 모임을 효율적으로 운영하기 위해 3인으로 구성된 이사회를 4주마다 재구성하여 건물 임대료 정산 문제를 해결하고 국민의회 본회의에서 카페 밀라노의 공식적 입장을 언급할 의원들도 선발하도록 했다. 이 정파에 참여한 대표적 인물로는 라도비츠(Joseph Maria v. Rodowitz), 빈케(Georg v.Vincke), 슈베린(Maximillian v. Schwerin) 백작[15], 브루크(Carl v.Bruk)[16], 그리고 리히노브스키(Felix v. Lichnowsky) 등이 있다.[17]

프랑크푸르트 국민의회에서 구성된 정파 중에서 카페 밀라노보다 훨씬 더 중요한 집단은 '중도우파(Das rechte Zentrum)'였다. 이 집단은 처음에 '큰 사슴굴(der Grosse Hirschgraben)'에서 모였지만 나중에는 '카지노(Casino)'에서 회합했기 때문에, 보통 '카지노당'으로 알려졌다. 약 150여 명의 의원이 참여한 카지노당은 온건 자유주의 집단을 통합하는 데 주도적 역할을 했는데 여기에는 민족 및 자유 운동에 적극적으로 참여한 인물들이 대거 포진해 있다. 달만, 아른트, 그림(Jacob Grimm), 드로이젠, 바이츠, 바서만, 마티, 벨커, 베케라트, 메비센 등이 이에 해당한다고 하겠다. 카지노당에서 핵심적 역할을 담당한 달만은 1785년 5월 13일 메클렌부르크의 한자동맹 도시(Hansestadt, 브레멘, 뤼베크, 함부르크를 비롯한 북독일 7도시를 지칭)인 비스마르(Wismar)에서 이 도시의 시장인 진디쿠스

---

15 슈베린은 1848년 3월부터 6월까지 프로이센의 문화장관직을 역임했다.
16 브루크는 후에 빈 정부에서 교역장관으로 활동했다.
17 1848년 10월 이 정파에 가입한 의원은 40명 정도였다.

달만

요한 크리스티안 에렌프리드 달만(Syndikus Johann Christian Ehrenfried Dahlmann)의 아들로 태어났다. 비스마르의 대도시 공영학교(Große Stadtschule)에서 학업을 마치고 1802년 코펜하겐(Kopenhagen)대학에 입학하여 고전어 문학을 배웠다. 그러나 달만은 대학의 교육과정에 불만을 품고 할레(Halle)대학으로 편입했다. 할레대학에서 달만은 볼프(Friedrich August Wolf) 교수에게 깊은 관심을 표시했다. 그러나 할레대학에서의 학업은 빈약한 유산만을 남기고 사망한 아버지 때문에 중단할 수밖에 없었다. 덴마크로 돌아온 달만은 고향인 비스마르에서 수년간 머무르면서 독학을 했다. 1809년 달만은 뮐러(Müller)의 초청으로 드레스덴으로 갔다. 여기서 그는 당시 뮐러와 클라이스트(Heinrich v. Kleist)가 간행하던 『푀부스(Phöbus, 태양신 아폴론의 별칭)』에 기고문을 투고하려고 했다. 달만이 드레스덴이 도착했을 때 이 잡지는 이미 정부에 의해 간행이 중단된 상태였다.

1810년 비텐베르크(Wittenberg)대학에서 달만은 「보헤미아의 오토카르(Ottokar in Böhmen)」로 박사학위를 취득했고 다음 해인 1811년 코펜하겐대학에서 교수 자격증을 획득했다. 1812년부터 킬대학에서 역사학 강의를 시작하고 다음 해인 1813년 같은 대학에서 조교수로 임용되었다. 그는 1815년 워털루 승전을 기념하기 위해 개최된 행사에서 독일의 정치적 재건이 절실히 필요하다는 것을 강조했다. 슐레스비히-홀슈타인(Schleswig-Holstein) 기사 계층의 권리를 강조하던 달만은 점차 반정부 인사로 주목받았고 그로 인해 덴마크에서 정교수로 활동할 수 없게 되었다. 1829년 달만은 괴팅겐대학의 독일 역사와 국가학 전담 교수로 임용되었다. 괴팅겐 7교수 사건 이후 하노버 공국에서 강제로 추방되어, 라이프치히에서 머물면서 학술 활동을 하려 했지만, 당시 작센 정부의 간섭으로 활동 장소를 예나로 옮겼다. 이 도시에서 달만은 많은 저서를 출간했는데 3권으로 구성된 『덴마크 역사(Geschichte von Dänemark)』가 대표적이다. 프리드리히 빌헬름 4세가 즉위한 이후 달만은 본에서 교수 생활을 다시 시작했고 그의 강의에는 항상 많은 학생이 참석했다. 달만은 강의에서 영국 및 프랑스 혁명과 그것이 가지는 정치적 의미 등을 매우 비중 있게 취급했다. 달만은 1846년과 1847년에 개최된 전 독일 독문학자 모임에 참석하여 임시 독일 의회의 개최 필요성과 거기서 다룰 사안들도 구체적으로 언급했다.

달만은 이미 5월 말 카지노당의 정치적 노선을 제시하여 향후 등장할 통합국가나 독일권 내 국가들이 입헌군주정 체제를 도입해야 한다고 강조했다. 그의 의견에 따르면, 사람들은 '하나의 독일 헌법'을 원하는데, 이 헌법이 강력한 통합성과 합리적 권력구도 속에서 영방국가들의 정당한 요구들을 수용·반영한다면 그 이행 역시 가능하다는 것이다.[18] 카지노당 의원들은 기존의 국가 질서체제를 광범위하게 개편하는 과정에서 나타날지 모를 사회질서의 불안정을 가능한 한 피하려고 했다. 카지노당은 국민의회에서 수적으로나 인적으로나 가장 강력한 파벌이었지만 내부적으로 분파 현상도 나타났다. 활동을 개시한 지 얼마 안 되어 대독일주의를 추종하던 몇몇 자유주의자들이 이탈했는데 그 대표적인 인물로는 슈멜링(Anton Ritter v. Schmerling)을 들 수 있다. 그는 1848년 5월부

---

18 프랑크푸르트 국민의회가 활동을 개시한 지 얼마 후 구성된 헌법위원회(Verfassungsausschuß)에서 카지노 당 소속 의원들이 과반수를 차지했다. 이들은 향후 헌법을 제정하면서 영방국가들에 통치적 부담을 주지 않고 안건을 무조건 수용하라는 압박도 가하지 않겠다는 견해를 밝혔다. 나아가 이들은 영방국가들의 희망사항을 연방헌법 제정에 적극적으로 반영하겠다고 말했다.

터 7월까지 프랑크푸르트 국민의회 의원 겸 연방의회에서 오스트리아 사절단 대표로 활동했다. 프랑크푸르트에서 통합 독일의 영역이 쟁점화됨에 따라 카지노당은 소독일주의를 지지한다는 견해를 밝혔고 슈멜링은 이에 동의하지 않았다.[19]

얼마 후 슈멜링과 그의 동조자들은 카지노당에서 탈당했고 이 당에서는 '중도좌파'도 등장했다.[20] 중도좌파(Das linke Zenrum) 성향의 의원들은 카지노당의 자유주의적·정치적 노선을 공유했다. 그러나 이들은 다소 유보적 자세를 보이면서도 영방국가들의 헌법보다 통합국가의 헌법이 우위임을 인정하고, 과제 해결을 위해 통합국가 차원에서 의회의 내각 책임제가 가미된 민주주의적 왕정 체제도 도입하려고 했다. 그러나 중도좌파는 결코 그 자체가 통일성을 갖춘 집단이 아니었다. 중도좌파의 관점은 예를 들어 하이델베르크 법률가인 몰(Robert v. Mohl)이나 미터마이어(Karl Mittermaier)처럼 솔직하게 좌파 지향적이라는 것을 밝힌 입헌적 자유주의자들과 요르단(Sylvester Jordan) 같은 민주주의 왕정 추종자들 사이에서 움직였다.

중도좌파에 속한 의원들은 처음에는 란츠베르크(Landsberg)에서 모였다. 이미 6월 초 쾰른 출신의 언론인 라보(Franz Raveaux)와 비더만이 이끄는 '뷔르템베르크 궁정파(Würtemberger Hof)'에 새로운 정파가 출현했는데 여기에는 100명 정도의 의원이 참여했다. 뷔르템베르크 궁정파 의원

---

19 슈멜링은 오스트리아 귀족 출신으로 1829년부터 오스트리아 공직에서 활동하기 시작하여 출중한 능력으로 빠르게 승진, 1842년 법원 사무관으로, 4년 후인 1846년에는 항소법원 사무관으로 임명되었다. 그는 대독일주의를 지향했으며 메테르니히의 반동정책에 동의하지 않았다. 3월 혁명 이후 슈멜링은 자유주의적 개혁에 긍정적이었고 이것은 소독일주의를 지향하던 가게른의 정치적 노선과도 맥을 같이한다고 하겠다.
20 일시적으로 이 정파에 가입한 의원은 전체 의원의 20%를 상회했다. 그런데 프랑크푸르트 국민의회의 모든 정파는 50명 정도의 회원으로 만족해야만 했다.

들은 카지노당의 온건 자유주의자들과는 달리 국민의회에 무제한의 권한을 부여하고, 영방국가들의 입법에 대해서도 국민의회의 결의가 구속력을 가져야 한다고 했다. 아울러 이들은 국민의회가 독자적으로 헌법을 제정할 수 있는 권리도 가져야 한다고 했다. 또한 이들은 통합국가 원수는 약간의 행정권 행사에 만족하고 헌법 제정에서 절대적 거부권 대신 법안 연기권만 가져야 한다고 했다. 그리고 제국 중앙정부와 각국 정부는 일반선거 제도를 통해 구성된 제국의회 및 각국 의회에 대해 책임져야 한다는 태도도 표방했다. 카지노당과는 달리 대독일주의를 선호한 뷔르템베르크 궁정파 인물들은 독일 통합에서 프로이센의 주도적 역할을 인정하지 않으려 했는데, 이것은 이들의 대다수가 남부 및 서부 독일 출신이었다는 데서 비롯된 것 같다. 하이델베르크 법률가인 몰과 미터마이어, 뷔르템베르크 왕국 출신인 뤼멜린(Gustav. Rümelin)과 비셔(Thodor Vischer), 라보, 그리고 함부르크 출신의 리저(Gabriel Riesser) 등이 뷔르템베르크 궁정파의 대표적 인물이었다. 정치질서에 관한 근본적 문제에서 더 진보적이었던 중도좌파의 입장과 사안에 따라 영방국가들의 의지에 대응하면서 강력한 중앙권력을 추구하던 그들의 자세는 독일 민족적이고 통일론적인 입장과도 연계되었다. 물론 헝가리를 제외하면, 그렇다고 해서 의원들은 오스트리아 제국과 프로이센의 비독일 영토들을 포기할 생각을 하지는 않았다.

1848년 8월 일련의 지도자적 의원들이 뷔르템베르크 궁정파를 떠나 몇몇 온건 좌파 추종자들과 더불어 '베스텐트할(Westendhall)' 분파를 결성했는데, 동시대인들은 이 분파를 '연미복을 입은 좌파(Linke im Frack)'라고 불렀다.[21] 이에 대항하는 움직임 속에서 1848년 9월에는 일단의 우

---

21 베스텐트할파를 주도한 것은 라보와 브레슬라우 출신의 지몬(August Heinrich Simon)이었다.

파 의원들이 아우크스부르크 궁정(Augsburger Hof)에 모였다. 이것은 본질에서 프랑크푸르트 봉기 이후 국민의회에 대항해서 발생한 일련의 민중소요에 중앙권력이 단호히 대응하는 과정에서 비롯되었다.

이에 반해 국민주권 원칙을 견지하면서 공화주의 질서체제 유지를 위해 독일권을 급진적으로 개조하려던 민주주의 좌파는 '독일 궁정파(Deutscher Hof)'와 '도너스베르크파(Donnersberg)'로 분열되었다. 이 두 분파는 일상적이고 세부적인 결정에서 견해를 달리했지만, 근본적으로는 맥을 같이했다. 당시 독일 궁정파를 주도하던 인물로는 플룸, 베네다이(Jacob Venedey), 그리고 포그트(Karl Vogt) 등이 있었다. 그리고 이들은 그들이 지향하던 프로그램을 은폐하면서 그것의 이행을 적극적으로 추진하는 섬세함도 발휘했다. 또한 이들은 중도파와의 연합 가능성을 배제하지 않았고, 엄격한 입헌군주제도 용인하려고 했다.

이에 반해 더 급진적인 도너스베르크파는 4월 바덴에서 혁명적 소요를 일으킨 헤커와 슈트루베가 구상한 정치적 구상, 즉 의회에서의 협상보다 소요 등의 직접적 행동을 통해 정치적 이념을 달성하겠다는 의지를 밝혔다. 한편 헤커는 프랑크푸르트 국민의회 선거에서 당선되었지만, 독일로 귀환하지 못했다. 독일 땅을 밟는 순간 체포될 수 있었기 때문이다. 당시 도너스베르크파는 브렌타노(Lorenzo Brentano), 지몬(Ludwig Simon), 트뤼츠쉴러(Adolf v. Trützschler), 베젠돈크(Hugo Wesendonck)와 그들을 추종하던 50여 명의 의원에 의해 운영되었다. 협상보다는 행동으로 자신들의 정치적 목적을 달성하려던 도너스베르크파는 점차 소외되는 상황에 놓이곤 했다. 이에 반해 독일 궁정파의 온건적 민주주의자들은 국민의회의 결정에 나름대로 영향력을 행사할 수 있었다. 실제로 이들은 독일 국민의 기본권설정에서 논란의 여지가 있는 사안들뿐만 아니라 헌법 기구에 대한 핵심 문제에도 깊이 관여했다.

당시 국민의회의 최대 목표는 독일 연방을 하나의 통합국가로 변형시키는 것이었다. 그러나 역사적으로 형성된 개별 영방국가들을 그대로 둔 채 강력한 중앙권력을 창출한다는 것은 쉬운 일이 아니었고 통합 방안에 대한 의원들의 의견 역시 일치되지 않았다. 따라서 프랑크푸르트 국민의회는 독일 통합 방안을 구체화하기 위해 당시 독일권에서 결정적 영향력을 행사하던 프로이센과 오스트리아의 동의를 얻어 중앙정부를 구성하려고 했다. 그러나 이들 국

가게른

가와의 협상이 교착 상태에 빠짐에 따라 국민의회는 당시 의장이었던 가게른의 강력한 요구로 독자적인 활동을 개시했고 제국 섭정을 선출하는 작업에도 착수했다.

국민의회에서 핵심적 역할을 수행한 가게른은 1799년 8월 20일 정치가, 외교관, 그리고 문화역사가로 활동하던 한스 크리스토프 에른스트 폰 가게른(Hans Christoph Ernst Freiherr v. Gagern) 남작의 아들로 태어났다. 1812년부터 1814년까지 가게른은 뮌헨 사관학교(Kadettenschule)를 다녔다. 그러나 그는 당시 집안의 교육 수준보다 훨씬 낮은 사관학교의 교육과정에 만족하지 않았다. 1815년 4월 2일 15세의 가게른은 육군소위 신분으로 나사우의 한 연대에 편입된 후 나폴레옹의 백일천하군과 전투를 벌였다. 1815년 6월 18일 워털루 전투에서 가게른은 다리에 경상을 입었지만, 이 전투는 향후 그의 정치적 행보에 지대한 영향을 끼쳤다. 이후 가게른은 민족주의적-자유주의적 이상을 실현해야만 외부적 침입에 효율적으로 대응할 수 있다는 관점을 가지게 되었다. 1816년 가게른은 형인 프리츠(Fritz)와 같이 하이델베르크대학 법학부에 입학하여 부르셴

샤프트 총연합회(Allgemeine Burschenschaft)의 정관 작성에 깊이 관여했다. 재학 중 가게른은 금지된 결투로 10일간 학생 지하감옥에 투옥되기도 했다. 1817년 가게른은 하이델베르크에서 괴팅겐을 거쳐 예나대학으로 옮겼다. 당시 부친은 교수들의 연봉과 비슷한 생활비를 가게른에게 보냈지만, 학업에 대한 그의 열의는 그리 높지 않았다. 하이델베르크와는 달리 예나는 부르셴샤프트 활동의 핵심지였고 가게른 역시 이러한 분위기에 쉽게 편승했다. 이에 따라 가게른은 예나대학에 설치된 부르셴샤프트에 가입하여 적극적으로 활동했다. 여기서 그는 민족주의가 민주주의적 규범과 헌법 도입을 지향하고 있다는 사실도 인지했다. 당시 가게른은 다른 학우들과는 달리 직접 해방전쟁에 참가했기 때문에 이들로부터 존경을 받기도 했다.

1830년 프랑스에서 7월 혁명이 발생한 이후 가게른은 로트에크(Karl v. Rotteck), 이츠슈타인, 그리고 벨커를 알게 되었고 당시 억압받던 폴란드인들에게도 관심을 보였다. 1832년 실시된 지방의회 선거에서 로르쉬(Lorsch) 선거구에서 당선된 가게른은 의회에서 재정분과위원회 의장과 반대파, 즉 야당 당수로 활동했다. 1833년 11월 2일 프랑크푸르트 정부는 반정부적 성향이 강한 헤센 대공국 지방의회를 해산했고 1834년 다시 지방의회 선거를 시행했다. 이번에도 가게른은 의회에 진출했고 의장으로도 선출되었지만, 정부는 그가 의정으로 선출되었다는 것을 인정하지 않았다. 그런데도 가게른은 이전처럼 재정분과위원회 의장으로 활동했다.

당시 독일권에서는 프로이센이 독일 통합 과정에서 주도적인 임무를 수행해야 한다는 견해가 확산했는데 이것은 프로이센 왕국의 해체도 요구하는 것이었다. 가게른은 독일권 국가들이 통합에 동의하지 않는다면 시민계층의 주도로 혁명을 일으켜야 한다고 생각했다. 1846년 가게른은 프로이센 주도로 독일권을 통합한 후 이 국가와 오스트리아 제국이 동맹체제를 구축해야 한다는 구상도 가지고 있었는데, 이 구상은 향후 제시된 소독일주의의 원칙과도 일치된다고 하겠다. 프랑스에서 2월 혁명이 발생한 후 가게른은 1848년 2월 28일 헤센 대공국 지방의회에서 제국 정부와 국민의회의 구성을 요구했는데 이것은 혁명적 프랑스가 분열된 독일 국가들을 공격할 것이라는 우려에서 비롯된 것 같다. 실제로 가게른은 국민의회를 프랑스의 공격을 효율적으로 막을 수단으로 간주했다.[22]

프랑크푸르트 국민의회를 이끌 의장의 임기는 1개월에 불과했기 때문에 의회의 효율적 운영에 걸림돌이 되었다. 이러한 제도적 문제점에도 불구하고 가게른은 7회 연속 의장에 선출되었으므로 국민의회는 비교적 원활히 운영되었다. 가게른은 총 17개 상임위원회와 10개 임시위원회를 설치했고 그것에 따라 모든 의원은 최소한 하나의 위원회에 소속되어야 했다. 위원회에 공석이 생길 경우, 그 위원회에서 3명의 의원을 추천하고, 본 회의에서 그중 한 명을 선출했다. 위원회 회의는 원칙적으로 비공개방식을 채택했다. 17개의 상임위원회 중에서 국민의회 설립을 위한 준비위원회(1848년 5월 18일부터 1848년 6월 17일까지 활동), 의사규칙 위원회(1848년 5월 19일부터 활동 개시), 제국헌법 초안 제정을 위한 위원회(1848년 5월 24일부터 활동 개시), 제국 섭정 추천 준비를 위한 위임위원회(1848년 7월 10일 이후부터 활동 개시), 오스트리아 문제 위원회(1848년 10월 17일 이후부터 활동 개시), 그리고 제국헌법 실행을 위한 위원회(1849년 4월 11일 이후부터 활동 개시)를 중요한 위원회로 제시할 수 있다.

국민의회는 6월 28일 450 대 100의 찬성으로 '독일 임시 중앙권력 도

---

22 가게른은 자유주의적 성향 의원들의 추천을 받아 의장 후보로 나섰고 5월 19일 305명의 찬성을 얻어 의장으로 선출되었다. 그가 후보로 나서지 않았다면 3명의 지지를 받은 블룸이 의장으로 선출되었을 것이다.

입에 관한 제국법'을 가결했다. 이 법에 따라 국민의회 의원 중 한 명이 새롭게 구성된 임시 제국 정부 대표, 즉 제국 섭정으로 선출되어야 했다. 다음 날 페르디난트 2세의 동생인 요한(Erzherzog v. Johann) 대공이 제국 섭정 후보로 지명되어, 6월 28일에 시행된 투표에서 436명의 지지를 얻어 제국 섭정으로 선출되었다.[23] 당시 프랑크푸르트 국민의회의 위상은 상대적으로 높았기 때문에 영방국가들은 그러한 지명 및 선출에 이의를 제기하지 않았다. 7월에 접어들면서 연방의회가 요한 대공에게 모든 기능을 이양함으로써 대공은 임시 제국 정부 구성에 필요한 작업을 본격적으로 이행하기 시작했다. 1848년 7월 15일 요한 대공은 바이에른의 라이닝겐(Karl zu Leiningen) 후작을 임시 제국 정부 수반으로 임명했다. 라이닝겐 후작은 빅토리아 여왕의 이복오빠였고 알버트공과는 사촌이자 처남 매부 사이였다.

이후 구성된 프랑크푸르트 임시 제국 정부는 외형상 문제가 없었다. 그러나 이 임시 제국 정부의 권한은 매우 제한되었고, 개별 영방국가들이 프랑크푸르트 임시 제국 정부에 협력할 용의가 있느냐에 전적으로 의존해야만 했다.[24] 이러한 것은 포이커(Eduard v. Peucker) 국방장관이 개

---

23 1559년에 공사가 중단되었던 쾰른 대성당의 완공을 경축하기 위해 1842년 9월 축제가 개최되었고, 프리드리히 빌헬름 4세, 메테르니히, 그리고 요한 대공이 참석했다. 이 자리에서 요한 대공은 "프로이센, 오스트리아, 그리고 독일어를 사용하는 그 밖의 지역이 하나가 된다면 이 국가는 산의 돌처럼 강해질 것이다."라고 발언했다. 그런데 언론은 이 발언을 "더는 프로이센과 오스트리아는 없다. 산처럼 강한 독일만이 있을 뿐이다."라고 보도했고 이 덕분에 요한 대공이 제국 섭정으로 선출되었다는 주장이 제기되기도 했다.

24 프랑크푸르트 임시 제국 정부의 권한은 다음과 같다. 첫째, 독일 연방에 속한 국가들의 일반적 안전 및 행복과 연계되는 모든 관심사에 대한 집행권을 행사한다. 둘째, 모든 군사력에 대한 감독권을 넘겨받고 총사령관 임명권도 가진다. 셋째, 국제법상 그리고 교역법상 독일의 대표 임무를 수행하며 사절단 또는 영사도 임명할 수 있다.

별 영방 군대에 대해 약간의 통제권을 행사하려 할 때 드러난 저항에서 확인되었다.[25] 실제로 대다수의 약소국은 그들의 군대가 제국 섭정에 충성서약을 하는 데 동의했으나 프로이센, 오스트리아, 그리고 하노버 등은 반대했다. 그리고 임시 제국 정부는 연방의회의 재정이 고갈됨에 따라 개별 영방국가들의 지원에 의존할 수밖에 없는 어려운 상황에 놓여 있었다. 또한 프랑크푸르트 임시 제국 정부는 유럽 강국으로부터 인정도 받지 못한 상태였다. 러시아와 프랑스는 독일권의 통합을 원하지 않았다. 영국 정부는 다소 유연한 자세를 보였지만 수상 팔머스톤(Henry John Temple 3rd Viscount Palmerstone) 역시 아무런 정책을 시행하지 못하던 임시 제국 정부와 외교관계를 체결하는 데는 주저했다. 이에 반해 스웨덴, 네덜란드, 벨기에, 그리고 스위스는 임시 제국 정부를 승인했다. 미국 역시 프랑크푸르트 임시 제국 정부를 승인했는데 그것은 연방체제에 대한 긍정적인 자세에서 비롯된 것 같다.

3. 슐레스비히-홀슈타인 문제

국민의회의 무력함은 슐레스비히-홀슈타인 문제에서 명백히 드러났다. 두 공국은 오랫동안 덴마크 국왕의 지배 아래에 있었으며 그중 홀슈타인은 1815년부터 독일 연방의 일원이었다. 아울러 주민의 대다수는 독일어를 사용했다. 1111년 작센 대공 주풀린부르크(Lothar v. Sup-

---

25 포이커는 당시 국민의회의 의원이 아니었지만, 국방장관으로 임명된 첫 번째 경우이다. 함부르크 출신의 헤크셔(Johann Gustav Heckscher)가 외무장관, 라인 지방 출신의 은행가 베케라트가 재무장관, 브레멘 상인 출신의 두크비츠(Arnold Duck-witz)가 교역장관, 뷔르템베르크 왕국의 법률가인 몰이 법무장관, 그리고 오스트리아 출신의 슈멀링이 내무장관으로 임명되었다. 이렇게 임명된 장관들의 정치적 성향은 우파 쪽이었다.

plinburg)가 샤우엔부르크(Adolf v. Schauenburg)를 홀슈타인 백작으로 임명했고 그 이후 홀슈타인은 독일계 샤우엔부르크 가문의 영지가 되었다. 1459년 홀슈타인과 슐레스비히의 귀족들, 도시들, 그리고 교회들은 샤우엔부르크 가문의 아돌프 8세(Adolf Ⅷ) 사망 이후 야기될 수 있는 공작들의 충돌을 방지하기 위해 덴마크 왕 크리스티안 1세(Christian I, 1448~1481)를 슐레스비히 공작 겸 홀슈타인 백작으로 선출했다. 이후 이 인물은 슐레스비히와 홀슈타인의 '영원한 비분리'를 선언했는데 이것은 1460년에 체결된 리펜(Ripen: Rib) 조약에서 비롯되었다. 1474년부터 홀슈타인은 공작령으로 승격되었고, 덴마크 왕 크리스티안 4세(Christian IV, 1588~1648)는 홀슈타인 대공의 자격으로 30년전쟁(1618~1648)에 참전했다. 1627년부터 시작된 전쟁으로 홀슈타인 지역은 황폐해졌고, 홀슈타인이 경제적, 정치적 그리고 사회적으로 덴마크의 통합국가로 흡수되면서, 아이더(Eider)강 경계는 형식적인 의미로 전락했다. 1490년 덴마크 국왕은 아들들에게 영토를 분배했고 그것에 따라 국가의 분할도 이루어졌다. 홀슈타인 내의 분리된 지역들은 왕국 혹은 공작령이 되었으며, 이러한 상황이 18세기 후반까지 이어졌다.

그런데 양 공국은 덴마크 왕국과는 다른 상속법을 운용하고 있었다. 즉 덴마크에서는 여자 상속이 가능했지만 살리카 법(Lex Salica, 6세기에 확립된 프랑크족의 성문법으로 여자 상속이 금지되었다)의 지배를 받던 양 공국은 그렇지 않았다. 1840년대 초 덴마크 왕세자 프레데리크 7세(Frederick Ⅶ, 1848~1863)가 후손이 없는 상태에서 사망할 것이 확실시되자 계승 문제가 대두되었다. 코펜하겐 정부는 덴마크계 주민이 많이 사는 슐레스비히 공국이 덴마크로부터 영구히 떨어져 나가지 않을까 우려했다. 그리고 그 우려가 현실이 되는 것을 막기 위해 프레데리크 7세의 부친인 크리스티안 8세(Christian Ⅷ, 1839~1848)는 1846년 7월 이른바 '공개서한'을 발표하여 슐레스비히에 덴마크 상속법을 적용할 것이라고 말했다.

장차 덴마크 국왕이 남자 후손 없이 사망할 때 여자 상속을 통해 슐레스비히 공국에 대한 권한을 유지할 길을 열어준 것이다.

공개서한으로 독일에서 촉발된 위기는 민족주의 정서가 갑자기 격화되는 결과를 초래했다. 실제로 공개서한이 발표된 이후 슐레스비히와 홀슈타인 공국에서는 즉각적인 항의 소동이 일어나서 독일인들은 지방 신분제의회에서 탈퇴했고 몇몇 저명한 독일 관리들도 사임했다. 1840년대 초에는 프랑스가 적국이었으나 이제는 덴마크가 적국으로 등장했다. 대학, 지식인 계층, 그리고 일부 지방의회는 덴마크의 공세로부터 옛 권리를 지키기 위한 양 공국의 투쟁을 연방의회가 지원해야 한다고 촉구함으로써 항의 사태에 동조했다. 또한 영방 군주들도 같은 반응을 보였다. 바이에른 국왕은 아우구스텐부르크(Augustenburg) 가문에 대한 공감을 공공연하게 표시했다. 프로이센 국왕 프리드리히 빌헬름 4세 역시 덴마크 국왕의 공개서한을 인정할 수 없다고 했고, 정통주의의 기수였던 메테르니히 역시 덴마크 통치자에게 아우구스텐부르크공의 계승권 존중을 환기하는 것이 필요하다고 생각했다. 그런데도 1848년 1월 20일, 덴마크 왕위에 오른 직후, 프레데리크 7세는 공개서한에서 덴마크의 통합 헌법을 반포할 예정이며 슐레스비히를 덴마크에 통합하겠다는 의사도 명확히 밝혔다. 이 문제를 둘러싸고 국경을 맞댄 양국, 즉 덴마크와 프로이센에서는 논란이 확산되었다. 당시 프레데리크 7세는 민족적 자유주의 세력의 압력을 받고 있었고, 프리드리히 빌헬름 4세는 자신의 측근인 아르님-주코(Heinrich Alexander v. Arnim-Suckow)로부터 덴마크 사태에 적극적으로 대응하라는 조언을 받고 있었다.

3월 혁명을 계기로 홀슈타인 지방의 독일계 주민들이 덴마크 지배에 항의했고 그 과정에서 무력 충돌도 발생했다. 당시 독일계 주민들은 슐레스비히가 명백히 독일령 홀슈타인과 수세기 동안 긴밀히 결합한 영토이기 때문에 독일 연방의 일원이 되어야 한다는 주장을 펼치고 있었다.

이에 반해 덴마크계 주민들은 슐레스비히가 덴마크 영토이기 때문에 반드시 덴마크에 포함되어야 한다는 태도를 밝히고 있었다. 1848년 3월 코펜하겐에서 혁명이 발생했고 새로이 구성된 내각에는 덴마크의 민족주의자들이 대거 참여했다. 이에 독일인들은 양 공국을 덴마크로부터 지키기 위해 3월 23일 임시정부를 킬(Kiel)에 수립하고 연방의회에 지원을 요청했다. 연방정부는 베젤러(Wilhelm Hartwig Beseler)가 이끄는 킬 정부를 승인하고 프로이센에 양 공국 문제 개입을 요청했다.[26] 상황이 이렇게 전개됨에 따라 프레데리크 7세는 슐레스비히에 대한 공격을 감행했다. 덴마크의 무력 개입이 기사화됨에 따라 프리드리히 빌헬름 4세는 아우구스텐부르크공과의 약속을 지켜 양 공국 문제에 개입해야만 했다.[27] 이에 따라 4월 23일 프로이센군은 양 공국에 진입했고 다음 달에는 프로이센군과 연방 파견대 사령관인 브랑겔(Friedrich v. Wrangel) 장군이 덴마크인들을 유틀란트(Jütland/Jylland) 남부 지방에서 축출했다.[28]

그러나 프리드리히 빌헬름 4세는 성급한 개입을 후회하기 시작했는데 그것은 오스트리아를 비롯한 대다수의 영방국가들이 슐레스비히와 홀슈타인에서 프로이센을 지원하지 않았기 때문이었다. 아울러 덴마크 해군이 북독일 해안을 봉쇄함으로써 프로이센의 상업 활동은 큰 타격을 입었다. 이에 따라 국민의회는 해군력 강화 필요성을 제기했고 많은 독일 국가들 역시 호응했다. 이후 많은 국가에서 해군홍보협회가 결성되

---

26 프랑크푸르트 예비의회는 홀슈타인뿐만 아니라 슐레스비히에서도 프랑크푸르트 국민의회 의원을 선출하겠다는 의사를 밝혔는데 이것은 덴마크 정부의 격한 반발을 유발했다.

27 프리드리히 빌헬름 4세는 아우구스텐베르크공에게 외세 침입으로부터 양 공국을 방어하겠다고 약속한 상태였다.

28 덴마크와의 전쟁에는 하노버, 메클렌부르크, 올덴부르크, 브라운슈바이크, 한자동맹에 가입한 도시들도 참여했다.

었고 이 기구를 중심으로 전함 건조에 필요한 모금 운동도 벌였다.

유럽의 강대국들인 러시아, 영국, 프랑스, 그리고 스웨덴 등은 프로이센의 정책에 강한 불만을 표시했다. 이후 스웨덴은 군사적 행동까지 고려했으며 그것을 위해 말뫼(Malmö)에서 지원군 1만 명을 소집하여 덴마크로 급파하려고 했다. 상트페테르부르크의 니콜라이 1세(Nicholas I, 1825~1855) 역시 프로이센의 처남이 혁명적 민족주의자들과 제휴하는 것에 분노했다. 그는 프로이센이 양 공국에서 철수하지 않으면 러시아군을 파견하겠다고 위협했다. 이렇게 강경한 러시아의 조치는 다시 영국 정부를 불안하게 만들었다. 영국은 슐레스비히-홀슈타인 문제가 덴마크에 대한 러시아의 내정 간섭을 유발하는 구실이 될 수 있다는 우려를 표명했다. 실제로 덴마크는 발트해에 대한 통제권을 행사했기 때문에, 런던 정부로서는 전략적으로 관심이 쏠리는 문제였다.

이렇게 프로이센군이 철수해야 한다는 압박이 거세짐에 따라 프리드리히 빌헬름 4세는 5월 말 브랑겔에게 프로이센군을 남부 유틀란트에서 철수할 것을 명령했다. 이것은 프랑크푸르트 국민의회의 강한 반발을 불러일으켰다. 달만은 의회 연설에서 역사적 전통에 따라 슐레스비히와 홀슈타인의 통합이 훼손되지 않은 채 유지되어야 한다고 했다. 이어 그는 슐레스비히 북부에 거주하는 덴마크인들이 덴마크에 편입하려는 시도에도 반대했다. 그림, 요르단, 바이츠를 비롯한 일련의 의원들은 달만의 이러한 관점을 지지했고 이로써 슐레스비히와 홀슈타인 공국의 권리와 독일의 명예가 보장되는 평화조약이 체결될 때까지 군사작전이 지속되어야 한다는 국민의회의 공식적 입장이 나왔다. 그러나 프로이센은 프랑크푸르트 국민의회의 반응에 관심을 보이지 않았을 뿐만 아니라 브랑겔에게 덴마크와 휴전 협상을 조속히 체결하라고 명령했다. 결국 8월 26일 스웨덴의 말뫼에서 휴전협정이 조인되었으며, 이에 따라 프로이센군과 덴마크군은 양 대공국에서 철수했다. 아울러 슐레스비히와 홀슈타인에서 구성된 의용군을 해산하고 킬의 임시정부 역시 해산되었으며 임시정부가 발표한 모든 법령이 폐기되었다. 그리고 덴마크와 프로이센이 협력하여 가능한 한 빨리 신정부를 출범시키고 이 정부 수반으로 코펜하겐 정부의 신뢰를 받던 몰트케-뉴츠사우(Carl v. Moltke-Nütschau) 백작을 임명한다는 계획과 덴마크 정부가 추진하던 슐레스비히 대공국의 덴마크 편입도 중단한다는 것이 휴전협정에서 명시되었다.[29]

프랑크푸르트 국민의회는 프로이센의 이러한 행보에 동의하지 않았다.[30] 1848년 9월 5일 프랑크푸르트 국민의회는 그들의 동의 없이 프로이센이 독자적으로 체결한 말뫼 조약을 238 대 221의 투표율로 거부했다.[31] 그렇지만 프랑크푸르트 국민의회는 프로이센과의 충돌과 급진주의자들의 득세를 막기 위해 9월 16일 말뫼 조약을 추후 비준할 수밖에 없었다.[32] 이로써 두 공국의 독일계 주민은 프랑크푸르트로부터 배반을 당한 상황에 놓이게 되었고 대다수 독일인 역시 프랑크푸르트 국민의회의 결정에 불만을 표했다.

---

29 1848년 7월 2일 휴전협정의 초안이 나왔고 이것에 대해 브랑겔 장군 역시 불만을 표시했다. 그런데 8월 26일에 체결된 휴전협정에는 초안보다 덴마크를 더욱 배려하는 내용이 담겨 있었다.

30 1848년 6월 9일부터 국민의회는 슐레스비히-홀슈타인 문제에 대한 논의를 개시했다. 여기서 달만은 독일의 명예를 위해 국민의회가 슐레스비히-홀슈타인 문제에 개입해야 한다고 주장했고 많은 의원이 이에 동조했다. 당시 달만은 덴마크 측에서 제기한 슐레스비히 대공국 분할에 반대한다는 뜻도 명백히 밝혔다.

31 말뫼 조약을 인정하지 않은 국민의회 의원들은 좌파, 중도좌파, 일부 중도우파, 그리고 약간의 우파 출신이었다.

32 추후 비준 과정에서 236명의 의원은 비준에 동의하지 않았는데 이들의 대다수는 좌파 성향의 정치가들이었다. 9월 16일 비준에 반대했던 의원들이 덴마크와의 전쟁을 속개해야 한다는 안건을 상정했지만 258명만이 찬성표를 던져 부결되었다. 당시 말뫼 협정이 국민의회에서 추인된 후 그림 형제는 '프랑크푸르트 국민의회의 명성 역시 붕괴했다'라고 언급했다.

1848년 9월 17일 프랑크푸르트에서는 '독일 민족과 독일의 자유 및 명예를 반역한 자들'을 성토하는 시위가 일어났다. 프랑크푸르트 및 인근 지역, 즉 오펜바흐(Offenbach), 다름슈타트(Darmstadt), 그리고 마인츠(Mainz)와 주변의 여러 마을에서 몰려든 1만 5천 명의 시위자는 휴전협정에 동의한 의원들을 매국노라 외쳤고 좌파 의원들은 국민의회를 떠나 새로운 민중의회를 구성하여 혁명의 새로운 전기도 마련해야 한다고 했다.[33] 그러나 휴전조약에 반대한 237명의 의원 중 겨우 20명만이 시위자들 요구에 동의했다.

같은 날 프랑크푸르트 임시 제국 정부의 내무장관 슈멜링은 마인츠에 주둔하던 요새 사령관에게 2개 대대를 즉시 파견할 것을 요청했다. 이러한 요청이 있기 전 제국 섭정 요한은 9월 16일 저녁 임시 제국 정부 장관들을 불러 폭력화 징후가 감지되던 프랑크푸르트 시위 문제를 논의했다. 이 자리에는 슈멜링을 비롯하여 포이커, 몰, 두크비츠(Arnold Duck-witz), 그리고 베케라트가 참여했다. 슈멜링 주도로 진행된 회의에서 가능한 한 빨리 군대를 투입한다는 것이 결정되었다. 이에 몰과 두크비츠가 이의를 제기하자 슈멜링은 "현재 상황은 시위자들이 우리를 죽이거나 우리가 그들을 죽여야 할 것이다. 이러한 긴박한 상황에서 당신들은 어떠한 것을 선택할 것인가?"라는 언급으로 대응했다.

9월 18일 오스트리아군 1개 대대와 프로이센군 1개 대대, 약 2천 명이 프랑크푸르트에 도착했고 이들은 파울 교회를 수비하기 위해 그 주변에 진을 쳤다. 이후 프랑크푸르트의 여러 곳에 40여 개의 바리케이드가 설치되었는데 그 과정에서 문인이자 공무원인 메센하우저(Wenzel Messenhauser)와 『프랑크푸르트 일반 노동자신문(Frankfurter Allgemeine Arbe-

---

33 이러한 시점에 좌파 의원들은 모임을 가지고 국민의회 의원직 사퇴와 반대의회 구성에 대해 논의했다.

iterzeitung)』의 사회부 편집기자인 에셀렌(Christian Esselen)이 주도적인 역할을 담당했다. 시위군중의 일부는 군이 설치한 저지선을 뚫고 국민의회가 열리던 성 파울 교회 안으로 진입했다. 당시 국민의회 본회의장에서는 자유와 학문의 기본적 조항을 논의하기 위한 정례회의가 열렸는데 갑작스러운 시위군중의 진입으로 회의는 중단되었고 시위군중들과 일부 의원들 사이에 심한 몸싸움이 벌어졌다. 시위군중의 일부가 본회의장을 점거함에 따라 총검으로 무장한 프로이센과 오스트리아 연합군은 즉시 이들을 본회의장 밖으로 쫓아냈고 그 과정에서 시위군중의 일부는 체포되기도 했다.[34]

당시 우파로 간주되던 리흐노프스키(Felix Fürst Lichnowsky) 공작은 프랑크푸르트 국민의회 본회의장을 떠나 시가전이 한창인 뢰머베르크(Römerberg)로 가서 시위대와 대치하던 프로이센군을 위해 격려 연설을 했다. 그런데 그는 독일인들이 자신을 경멸하고 있다는 사실을 잘 알고 있었다. 그는 에스파냐에서 전개된 게릴라 전투를 경험했기 때문에 총사령관 리빌리(Nibili) 장군에게 시가전 대응법을 조언하기도 했다. 그에 따르면 시위대 후면을 공격하는 것이 최적의 방법이라는 것이다. 리흐노프스키 공작이 연설하는 장소에는 아우어스발트(Hans Adolf Erdmann v. Auerswald) 장군도 있었다. 이 두 사람은 시위대와 대처하다가 중상을 입었고 그것으로 인해 목숨까지 잃었다.[35]

---

34 당시 대시민계층, 상인, 그리고 지식인들은 이렇게 전개되는 상황을 우려했지만 중·소시민계층은 시위군중에 동조했다. 그들은 지속되는 경제적 어려움에서 벗어나지 못했을 뿐만 아니라 프로이센에 대한 뿌리 깊은 반감도 가지고 있었기 때문이다.

35 이 과정에서 두 사람이 총상을 입고 분노한 시위대에게 맞아 죽었다는 소문과 린치로 살해되었다는 소문이 급격히 확산되었다. 이후 프랑크푸르트 국민의회 의원들, 특히 자유주의 및 보수주의 의원들의 주도로 그들을 추모하기 위한 기념주화도 주조되었는데 이것은 민주주의 의원들에게 충격을 가져다준 빈에서의

이후 도시의 여러 곳에서 시가전이 격렬하게 벌어졌고 일부 좌파 의원들은 이를 우려했다. 이어 이들은 보켄하이머(Bockenheimer) 별장에 머물던 제국 섭정 요한을 방문하여 시가전 중단에 필요한 조처를 할 것을 요청했다. 이에 요한은 담당 장관인 슈멜링을 만나보라 권유했고 그것에 따라 좌파 의원들은 에센하이머(Eschenheimer)가에 있는 투른-탁시센(Thurn und Taxisschen)궁에서 슈멜링을 만났다. 여기서 좌파 의원들은 내무장관에게 프랑크푸르트에 투입된 프로이센과 오스트리아군을 철수시킨다면 시위대 역시 자진 해산할 것이라고 말했다. 이에 대해 슈멜링은 불법적 행동을 자행하는 집단의 요구를 수용할 수 없다는 강경한 견해를 밝혔고 그것에 따라 좌파 의원들은 성과 없이 회의를 중단해야만 했다. 그런데도 이들은 시가전을 종식 내지는 중단해야 한다고 생각하고 있었다. 따라서 뢰슬러(Adolf Rösler)와 그리츠너(Joseph Gritzner)는 일부 좌파 동료의원들과 더불어 시가전이 격렬하게 벌어지던 차일(Zeil)로 가서 하얀 손수건을 흔들면서 시가전 중단을 요구했다. 이에 따라 격렬했던 시가전은 서서히 중단되었고 양측, 즉 군대와 시위대는 17시부터 90분 동안 휴전하기로 합의했다. 휴전 동안 시위대는 다친 사람들을 치료하고 부서진 바리케이드들을 보수하는 데 치중했지만, 군은 무력 보강에 활용했다. 다름슈타트에서 중화기인 대포들이 철로 대신 군마로 이동되었고 18시에 프랑크푸르트에 도착했다.

이 시점에 시위대 대표들은 제국 섭정을 비롯한 제국 정부의 각료들과 휴전 연장에 대해 논의하고 있었는데 차일에 배치된 대포에서 발포가 시작되었다. 이후 시가전은 도시의 여러 곳에서 재개되었고 결국 화력이 우세한 프로이센군과 오스트리아군에 의해 시위대는 격퇴되었다. 이 시가전에서 33명의 시위군중이 희생되었고 이보다 많은 132명이 중

블룸의원 처형과 같은 선상에서 이해해야 할 것이다.

상을 입었다.[36]

9월 18일 독일 제국 섭정 요한과 임시제국 내무장관의 이름으로 프랑크푸르트에 계엄이 선포되었다. 계엄하에서는 민간법 대신 군법이 적용되었고, 모든 정치단체의 활동은 중단되고 단체 회원들의 집회 허용도 불허되었다.[37] 그리고 소요를 부추기거나, 주둔병에게 저항하거나, 권한 없이 무기를 소지한다면 계엄령에 따라 처벌되었다. 이러한 조치로 혁명적 단계가 중단되고 복고적 단계, 이전의 질서체제로의 회귀가 이행되는 상황이 초래되었다. 그러나 프랑스 대혁명에서 확인했듯이 구질서체제가 일시적으로 주도권을 장악했음에도 불구하고 이전의 체제로 회귀할 수 없었듯이 독일에서도 프랑크푸르트 시위로 일시적 주도권을 장악한 구질서체제는 혁명의 이행 과정을 한시적으로 중단시키는 역할만 했다.

---

36 시위대 해산에 성공한 프로이센군과 오스트리아군은 시가전 참가자와 불참자를 구별하지 않고 가혹하게 다루었다. 한 가지 사례를 들면, 시위에 참가했다가 체포된 가구공 직인은 30시간 동안 음식이나 음료를 받지 못했다. 그리고 프랑크푸르트 경비 본대에서 한 장교가 16세의 시가전 참가자를 담당자에게 인도하면서 "저 더러운 인간이 매우 격분한 얼굴을 하고 있다."라는 비하적 발언을 하기도 했다. 당시 제국 법무장관이었던 몰은 체포된 수백 명의 시위 참가자가 좁은 지하 공간에서 고통을 호소하는데도, 그에 대한 배려를 전혀 하지 않고 있다고 언급한 바 있다.

37 계엄령에서는 대학에 대한 감시 강화와 언론 검열 강화도 언급했다. 특히 각 정부의 공무원에게 불손한 모욕이나 비방을 가하거나 소요를 주도하거나 기존 질서체제 붕괴를 도모하는 행위를 다룬 언론에 대한 처벌도 명시했다. 아울러 공공장소에서 국민의회 의원들을 모욕하면 처벌할 수 있다는 것과 프랑크푸르트와 이 도시로부터 37킬로미터 이내의 모든 지역에서 야외 집회를 금지한다는 것이 명시되었다. 이것은 독일 역사 최초로 의회 건물 주변에서의 시위를 법적으로 금지한 것으로 볼 수 있다.

4. 독일의 통합 방안

슐레스비히-홀슈타인 문제를 통해 독일인들은 열강의 동의 없이는 통합 역시 불가능하다는 사실을 확실히 깨닫게 되었다. 이후의 역사에서 확인되듯이 독일 통일은 유럽 열강 간의 합의 또는 힘의 공백기에서나 가능했다. 그런데 국제적 상황과는 관계없이 국민의회는 독일 국가의 기본 체제를 심의하기 시작했다. 통합 방안에 대한 논의 과정에서 의견을 달리하는 파벌이 형성되었는데 소독일주의파(Kleindeutsch)와 대독일주의파(Grossdeutsch)가 바로 그것이었다. 통합 논의 과정에서 대독일주의가 소독일주의보다 먼저 거론되었다.

대독일주의는 3월 혁명 이전부터 통합 방안으로 거론되었으며 중부 유럽 여러 민족이 지향한 통합 방안과 비교할 때 비교적 유리한 조건을 갖추고 있었다. 왜냐하면 기존의 연방체제를 연방국으로 변형시키는 건 당시 국제법에서 허용되던 테두리 내에서도 가능했기 때문이다. 독일 연방에 속했던 오스트리아 제국의 보헤미아, 모라비아, 아우슈비츠(Auschwitz), 차토르(Zator) 그리고 슐레지엔 지방을 대독일주의 원칙에 따라 통합 독일에 편입시키는 것은 당시 강조되던 '정통성의 원칙'에도 크게 위배되지 않았다.[38] 따라서 그것에 대한 외부로부터의 개입 역시 없으리라는 것이 독일권에 널리 퍼져 있던 일반적 견해였다. 이 시점에서 대독일주의를 선도했던 프라일리그라트(Ferdinand Freiligrath)와 그의 추종자들은 오스트리아, 프로이센, 그리고 대표적 중소국가들의 위정자들이 독일 통합에 적극적으로 나서야 한다고 주장했다. 당시 대독일주의 추종자들은 독일 민족, 이탈리아 민족, 폴란드 민족, 그리고 헝가리 민족만이 민족국가를 형성할 수 있다고 믿었다. 이론적 단계에서 살펴볼 때

---

38 차토르 대공국은 1445년 아우슈비츠 대공국으로부터 분리되었다.

이러한 구상은 당시 널리 확산되었던 민족주의 개념에서 비롯되었다는 것과 한 영토의 소유권은 그곳에 사는 민족에게 있다는 원칙론에서 출발했음을 확인할 수 있다. 따라서 대독일주의 추종자들은 독일 연방 내 슬라브 민족에게 민족적 충성을 요구했는데 그것은 이들이 독일 민족과 체코 민족, 슬로베니아 민족 그리고 우크라이나 민족과의 관계를 프랑스 민족과 프랑스에 살던 브르타뉴인, 프로방스인, 그리고 알자스인들과의 관계와 동일시한 데서 비롯된 것 같다. 아울러 이들은 체코 민족, 슬로베니아 민족, 그리고 우크라이나 민족을 하나의 민족 단위체로 인정하지 않고 혈연 집단으로 간주했는데 그것은 이들 민족이 독일 민족이나 폴란드 민족의 지배하에서도 자신들의 혈연적·언어적 특성을 충분히 보존시킬 수 있다고 판단했기 때문이다. 또한 대독일주의 추종자들은 독일 통합의 장애 요소로 간주했던 오스트리아 제국 및 그 통치체제에서 비롯되는 문제점들을 부각했는데 그것은 아마도 이들이 오스트리아 제국 내에서, 특히 보헤미아 지방에서 그들의 동조세력을 확보하려는 저의에서 비롯된 것 같다. 지금까지 거론된 대독일주의적 주장들을 종합·분석할 때 이 주의를 추종한 인물들은 그들 주장에 따른 통합 과정에서 야기될 수 있는 민족문제에 대해 전혀 관심을 가지지 않았다는 것과 거기서 발생할 수 있는 문제의 심각성에 대해서도 고려하지 않았음을 확인할 수 있다. 실제로 프랑크푸르트 국민의회에서 대독일주의가 통합 방안으로 제시된 후 통합 독일의 구체적 영역이 결정되지 못함에 따라 의원들은 새로운 대안을 찾기 시작했다. 당시 대독일주의를 추종하던 세력은 독일 연방을 토대로 통합국가를 구축해야 한다는 태도였는데 오스트리아 출신 의원들은 동의하지 않았다.

슈멜링을 비롯한 오스트리아 출신 의원들은 독일 연방을 토대로 통합국가를 출범시킨다면 중대한 문제점, 즉 오스트리아 제국의 해체가 필연적이라는 것을 인지하고 있었다. 이후부터 이들은 그들의 대안인 오스트리아적 대독일주의를 지향했고 그것의 관철을 위해 노력했다. 오스트리아적 대독일주의란 통합 독일에 오스트리아 제국 전체가 참여해야 한다는 것인데 이에 대한 국민의회 의원들, 특히 달만, 드로이젠, 가게른, 그리고 베젤러(Georg Beseler)의 반응은 매우 부정적이었다.

1848년 12월 7일 중도파를 자칭하던 40명의 의원이 제국 정부의 재무장관인 베케라트와 회동했는데 여기에는 슈멜링도 참석했다. 여기서 다수의 의원은 오스트리아가 대독일주의 원칙에 따른 통합국가 출범에 참여하지 않아야 한다고 했다. 그리고 빈 정부는 즉시 통합 독일 국가와 오스트리아의 관계도 명확히 설정해야 한다고 했다. 참석 의원들은 통합 독일 국가와 오스트리아는 상호 분리된 독립 국가라면서 후자의 과제를 이행하기 위해 슈멜링은 임시 제국 정부 장관직을 사임하고 그러한 과제 이행에 적합한 인물도 추천해야 한다고 했다. 그러나 슈멜링은 그러한 요구에 동의하지 않았다. 이후부터 프로이센 주도로 통합 독일 국가를 출범시켜야 한다는 소독일주의가 대독일주의의 대안으로 제시되기 시작했다. 1848년 10월 26일 프랑크푸르트 국민의회에서 소독일주의 원칙에 따른 독일권 통합안이 공식적으로 제시되었는데 거기서는 오스트리아가 기존의 영토를 견지하는 대신 통합국가에 참여해서는 안 된다는 것이 강조되었다. 당시 소독일주의를 지향하는 세력은 프로이센 주도로 독일을 통합해야 한다는 견해도 제시했다. 나아가 이들은 오스트리아 제국의 역할을 인정하지 않으려고 했을 뿐만 아니라 독일권에서 이 제국도 축출하려고 했다.

제4장

반혁명세력의 대응

반혁명세력의 대응

1. 파리의 6월 봉기

2월 혁명 이후 프랑스 주요 도시에 설치된 국립공장은 약 10만여 명의 실직 무산자들에게 일자리를 제공했다. 운하 건설장과 광산이 이들의 주요 일터였다. 이러한 국가사업은 사회적 긴장을 해소하고 노동자들을 급진적인 사회주의 이념으로부터 차단하기 위해 실시되었다. 많은 노동자는 국립공장을 블랑 등의 사회주의자들이 주창한 노동조직의 시초라 생각했지만, 노동자들의 요구에 신물이 난 시민계층은 국립공장을 게으름의 온상 또는 사회주의 실현의 실마리로 간주했다. 많은 노동자를 수용해야 하는 국립공장은 부르주아지뿐만 아니라 과세 부담에 시달리던 소시민과 농민들의 불만도 유발시켰다. 불만이 커짐에 따라 파리 정부는 6월 초 법령을 통해 일당 노동제 폐지와 할당제 노동제의 도입을 발표했다. 그리고 6월 21일에 공포된 새로운 법령은 실제로 국립공장의 해체까지 명시했다. 이 법령은 17~25세의 미혼 노동자들이 군에 입대하든가 또는 해고되든가 중에서 하나를 선택하게 했다. 정부와의 협상에서 노동자 대표들은 법령 철회를 요구했지만 거절당했다. 여기서 이들은 혁명을 통해 쟁취한 공화국이 자신들의 이해관계를 무시하고 혁명에서 표출된 그들의 요구마저 거부함에 따라 대응책을 강구하기로 했다. 6월 22일 파리에서 100여 명의 국립공장 노동자들이 시위를 벌였다. 이 소식을 접한 정부는 정오에 정부군 출동을 명했다. 이에 파리의 모든 노동자가 2월 혁명 때 소지한 무기를 들고 일어섰다. 기아와 실업 위기에 직면한 노동자들은 정부와 의회에 분노하며 무력투쟁으로 대응했는데 이는 생존권을 위한 자기방어 수단이었다. 그들이 든 깃발에는 '빵이 아니면 죽음을 달라!'라고 적혀 있었다. 1831~34년 리옹(Lyon)의 견직공들의 구호인 '일하면서 살든가 싸우면서 죽자!'가 되살아난 것이다.

1848년 6월 파리 노동자들의 소요는 시민혁명이 진행되는 가운데 발생한 일종의 무산자 운동이었다. 그러나 시민계층을 무너트리고 노동계급이 지배층으로 부상하는 것은 자본주의가 상당히 발전된 당시의 프랑스에서도 시기상조였다. 6월 24일과 25일 사이에 시위자들은 정부군의 진압작전에 대항했다. 이제 정부군은 이전 시가전에서 사용하지 않았던 무기마저 사용했다. 이들은 바리케이드를 대포로 무너뜨리고 산탄 사격으로 거리를 소탕했다. 화염탄 발포로 온 거리가 불길에 휩싸였다. 26일 기동부대, 국민군, 정규군의 합동 공격을 받고 노동자들은 항복했고 그 과정에서 많은 노동자가 희생되었다. 소요 진압을 주도한 인물은 3월부터 국방부 장관으로 활동하던 카베나크(Louis Eugene Cavaignac)였다. 파리의 시민계층은 그를 영웅으로 환영했고 의회 역시 그를 수상으로 임명했다. 승리자들은 잔혹한 보복을 시작했다. 주모자를 가혹하게 가려내는 가운데 1만여 명의 봉기자가 재판 없이 처형되었고 2만 5천여 명이 체포되고 1만 1,500명은 재판에 회부되었다. 아울러 정부는 3,500명의 소요 가담자도 추방했다.[1]

---

1 『신라인 신문』은 6월 봉기자 편에서 봉기의 성격을 평가하고 그 시대적 의미를 부각했다. 여기서 이 신문은 파리에서 자본과 노동 사이의 모순이 역사상 처음

그때까지 프랑스 공화국의 임시정부를 인정하지 않았던 프로이센 정부는 6월 소요가 실패한 후 다시 프랑스와 외교관계를 재개했고 프리드리히 빌헬름 4세는 7월 신임장을 제출하는 프랑스 대사를 특별예우로써 접견했다. 8월 초 프리드리히 빌헬름 4세는 측근인 빌리젠(Adolf Freiherr v. Willisen) 장군을 특사 자격으로 파리에 파견하여 파리의 체험을 프로이센의 반동 전략에 활용하는 방안을 마련하게 했다. 독일의 자유 시민 계층은 파리에서의 소요가 진압되자 가벼운 마음이 되었다. 프로이센 제헌 국민의회 의원이었던 바움슈타르크(Adolf Baumstark)는 파리 프롤레타리아트의 봉기 실패를 유럽에서 일어난 가장 다행스러운 사건 중의 하나라 평가했다.

6월 폭동을 진압한 온건 공화파 세력은 그해 11월 4일 민주주의적 공화제를 지향하는 헌법을 제정했고 이 헌법에 의거, 임기 4년의 대통령 선출을 위한 보통선거도 실시했다.[2] 프랑스 국민은 당시 상황을 극복할 수 있는 강력한 정부의 출현을 기대했다. 이에 따라 나폴레옹의 조카였던 루이 나폴레옹(Louis Napoleon)은 1848년 12월 10일에 실시된 대통령 선거에서 540만 표를 획득하여 대통령으로 선출되었다.[3]

으로 무산자와 유산자 사이의 공공연한 계급투쟁으로 나타났다는 것을 강조했다.

2 이 헌법에서는 대통령이 4년 임기를 마치고 난 후 다시 4년이 지나야만 재출마 할 수 있도록 규정했다. 이러한 규정을 개정하려면 한 달씩의 간격을 두고 연속적인 세 번의 심의를 의회에서 거친 후, 500명 이상이 투표하여 3/4 이상이 찬성해야 했다. 신헌법에서는 대통령의 의회해산권을 인정하지 않았을 뿐만 아니라 대통령이 비합법적인 방법으로 헌법을 무력화시킨다면 '헌법을 지키는 애국적인' 시민들의 행동으로 방어해야 한다는 것도 명시되었다. 그 외에도 노동권 보장 철회, 언론 · 출판의 자유 보장, 불법체포 금지, 평화적 집회 및 청원권 인정, 그리고 단원제 의회 구성 등이 거론되었다.

3 루이 나폴레옹은 나폴레옹 1세의 동생인 네덜란드 왕 루이 보나파르트(Louis Bonaparte)와 나폴레옹 1세의 부인인 조세핀 드 보아르네(Joséphine de Beauharnais)

2. 빈의 10월 소요

3월 혁명 이후 빈 정부가 공공 고용 프로그램을 적극적으로 운용하면서 노동자 계층의 경제적 상황은 다소나마 호전되었다.[4] 그러나 빈 정부의 열악한 재정 상황은 이러한 정책의 지속을 허용하지 않았다. 따라서 빈 정부, 특히 공공 노동장관인 슈바르처(Ernst v. Schwarzer)는 8월 초 공공 긴급 구제사업에 참여한 근로자 5만 명의 임금을 삭감하고 이들을 일반 노동시장에 재편입시키려 했다.[5] 재무장관이 공공 긴급 구제사업에 필요한 예산을 마련하겠다고 약속했음에도 불구하고 슈바르처는 노동자 대표와의 협상에서 자신의 견해만을 고수했다. 나아가 그는 공공 긴급 구제사업 노동자들이 정부 정책에 반기를 든다면 정부는 프랑스의 6월 혁명의 예를 따라 무력으로 대응하겠다는 뜻도 밝혔다.

결국 공공 긴급 구제사업 노동자들이 8월 21일 거리로 나섰고 국민군과 충돌했다. 충돌에 앞서 노동자들은 진흙과 짚으로 만든 노동장관의 허수아비 입에 1크로이처(Kreuzer) 동전을 물리고 당나귀에 태워 희화적인 장례식을 거행했다. 8월 22일 법무장관인 바흐(Alexander v. Bach)가 제국의회에서 모든 선동적 행위와 공화주의를 지향하는 소요를 더는 허용하지 않겠다는 단호한 태도를 피력했다. 이에 따라 다음 날인 8월 23일에 계획된 프라터(Prater) 공원에서 시내까지의 시위행진은 불허되었고 이로 인해 시위자들과 국민군의 치열한 시가전이 발발했다.

의 딸 오르탕스 드 보아르네(Hortense de Beauharnais) 사이에서 태어났기 때문에 나폴레옹 1세의 조카였다. 대통령으로 당선된 루이 나폴레옹이 헌법을 침해하지 않는 한, 즉 공화주의적 관점에서는 물론 자유주의적 관점에서도 허락되지 않는 쿠데타를 일으키지 않는 한, 1852년에 대통령직에서 물러나야만 했다.

4 공공 고용 프로그램을 통해 2만 명의 노동자가 고용되었다.

5 슈바르처는 노동자들의 임금을 1크로이처 삭감했다.

시가전에서 18명의 시위자가 죽었고 280여 명이 다쳤다. 국민군에서도 2명의 희생자와 56명의 부상자가 발생했다. 당시 빈의 시민계층은 시가전에서 승리한 국민군이 프라터로 회군하는 길목에서 이들을 열렬히 환영했는데 이것은 국민군만이 그들을 노동자 계층의 위협으로 보호할 수 있다는 현실적 판단에서 비롯되었다. 같은 날 법무장관 바흐는 빈에서 정부 역할을 보좌하던 안전위원회의 소극적이고, 무능한 활동을 신랄히 비판했고 그것에 따라 이 위원회는 자발적으로 해산했다.

공공 긴급 구제사업 노동자들의 시위를 진압한 빈 정부는 9월 초 다시금 대중소요에 직면하게 되었는데 그것은 시계제조업자인 스보보다(August Swoboda)의 신용조합(Kreditverein)을 둘러싼 위기가 대중소요와 연계된 데서 비롯되었다. 당시 스보보다는 가난에 시달리던 수공업자와 소상인들에게 무이자로 자금을 빌려주고 황궁, 성직자, 귀족, 그리고 경제적으로 부유한 시민계층이 상환 보증하는 구상을 했는데 이것은 그가 3월 혁명 이전부터 생각한 것이다. 스보보다의 계획은 1848년 여름 황궁과 정부의 지지를 받아 시행되었다. 이에 따라 약간의 수수료를 받고 신용조합 조합원들에게 쿠폰, 즉 금전 교환권이 지급되었고 이것은 상거래에서 지급수단으로 사용되기 시작했다. 금전 교환권은 오늘날의 지폐와 성격이 같은데 그 실제 교환가치는 신용조합 주식서명자들의 보증에서 비롯되었다. 당시 호른보스텔(Theodor Friedrich v. Hornbostel) 교역장관과 도블호프-디에르(Anton Freiherr Doblhoff-Dier) 장관 역시 주식서명자에 포함되었기 때문에 스보보다 신용조합은 반공식적인 외형을 갖추었다. 그러나 9월 초에 이르러 금전 교환권이 거래에서 원래 가치를 인정받지 못하는 상황이 초래됨에 따라 금전 교환권 소유자들은 정부가 그 가치를 보장해야 한다고 요구하기 시작했다. 그러나 빈 정부가 요구를 거부함에 따라 도블호프-디에르 장관 사무실 앞에서 대규모 소요가 발생했고 도블호프-디에르는 간신히 성난 시위대에게서 벗어날 수 있었다. 제국의회는 빈에서 발생한 이러한 소요를 완화하기 위해 200만 굴덴(Gulden)을 긴급 지출하기로 합의했다. 여기서 상호 신뢰에서 비롯된 신용 시스템을 독자적으로 구축하려던 스보보다의 구상은 매우 무리라는 것도 밝혀졌다.

이렇게 빈민계층의 경제적 상황을 제대로 호전시키지 못한 빈 정부는 다민족 국가에서 발생하는 민족 간의 대립 문제도 해결해야 하는 과제를 안고 있었다. 3월 혁명이 성공적이었다는 소식에 헝가리 내 제 민족은 크게 기뻐했다. 그러나 얼마 안 되어 이들은 모든 면에서 헝가리 민족과 동등한 권리를 가져야 한다는 입장을 표방했다. 이에 헝가리 정부는 민족의 평등권 요구를 거절하고 문화적-종교적 자치권만을 인정하려고 했다. 이러한 헝가리 정부의 태도에 대해 헝가리 내 소수민족 지도자들은 동의하지 않았다. 특히 헝가리 민족의 세력 신장과 헝가리 왕국의 독립성 및 자주성 유지에 강한 거부감을 가졌던 빈 황실은 분할 통치의 원칙을 가지고 헝가리 왕국 내 소수민족의 지도자들을 고무시킴으로써, 그들의 요구사항은 점점 더 확대되어 각 민족의 영토적 자치권마저 요구하게 되었다. 나아가 비헝가리 민족의 지도자들은 농민들의 모든 요구를 완전히 수용하겠다는 자세를 보였고 그것은 각 민족의 다수를 차지하던 농민계층의 절대적인 지지도 확보하게 했다. 특히 크로아티아, 세르비아, 그리고 루마니아 농민들과 농노들은 농노 지위에서 해방되더라도 삶의 질이 실질적으로 향상될 수 없는 열악한 상황에 놓여 있었기 때문에 민족 지도자들의 이러한 약속에 쉽게 빠져들었다. 이로써 헝가리 왕국 내 소수민족의 농민 및 농노 계층은 시민혁명과 사회개혁을 위한 구호보다 지금까지 소수민족의 지도자나 정치인들이 지향한 민족적 구호에 동조하게 되었고 그로 인해 헝가리 혁명에 반대해 무장 소요까지 일어났다.

1848년 6월에는 세르비아인들이, 가을에는 크로아티아인들, 슬로바

키아인들, 그리고 루마니아인들이 무기를 들고 반혁명세력으로 등장했다. 헝가리 정부는 왕국 내 제 민족의 반혁명적 움직임에 자극받아 혁명적 과업 수호를 위해 약 20만 명에 달하는 헝가리 독립군대(Honvéd)를 본격적으로 조직했다. 1848년 9월에 접어들면서 빈 정부의 암묵적 지지를 받던 비헝가리 계통의 민족, 즉 세르비아인들과 크로아티아인들은 그들의 민족적, 영토적 자치권을 요구하면서 헝가리 남부 지역에서 헝가리인들과 무력적 충돌을 펼치기 시작했다. 이에 따라 빈 정부는 람베르크(Feldmarschall Franz Philip v. Lamberg) 백작을 헝가리 총괄위원(Kommissar)으로 임명하여 헝가리군과 옐라치치(Josip Jellačić)군 사이의 충돌을 중단하는 방안을 세우게끔 했다. 그러나 당시 헝가리 민족주의자들은 빈 정부의 이러한 조처가 그들의 자치권을 해치는 것으로 간주했다. 따라서 이들은 빈 정부의 정책을 수용할 수 없다는 견해를 밝혔을 뿐만 아니라 부다(Buda) 정권을 강제적으로 인수하기까지 했다. 헝가리 민족주의자들의 이러한 반발 및 대응에도 불구하고 람베르크는 예정대로 9월 28일 부다에 부임했지만 같은 날 흥분한 군중들에 의해 살해되었다.

상황이 이렇게 악화함에 따라 페르디난트 1세는 10월 3일 헝가리 의회를 해산한다는 칙령을 발표했을 뿐만 아니라 옐라치치를 헝가리 전권위임자로 임명하는 강경책으로 나왔다.[6] 나아가 10월 6일 전쟁장관 라투르(Theodor Baillet de Latour)에게 빈 수비대를 헝가리 소요 진압에 즉시 투입할 것도 지시했다. 이에 따라 라투르는 같은 날 빈 수비대를 헝가리로 보내기 위한 수송 작전을 시작했다. 그러나 이 과정에서 소요가 발생했고 거의 같은 시간 슈테판스 대성당(Stephansdom) 주변에서도 황제 추종 세력과 반정부세력 간의 시가전이 벌어졌다. 이러한 시가전에서 우위를 장악한 반정부세력은 68세의 라투르를 그의 집무실에서 처형했고

---

6 동시에 빈 정부는 헝가리에도 비상계엄령을 선포했다.

옷을 벗긴 시신을 가로등에 거는 무자비한 행동도 자행했다. 나아가 빈의 무기고를 습격하여 필요한 무기들도 대량 확보했다.

이 혁명으로 인해 빈 정부의 주요 관료들은 빈을 떠났고 페르디난트 1세 역시 10월 7일 다시 제국의 수도를 떠나 모라비아의 올로모우츠로 가야만 했다. 그리고 적지 않은 제국의회 의원들, 특히 우파와 중도파 의원들도 황제를 따라 제국 수도를 떠났지만, 좌파 의원들의 대다수는 빈에 머무르며 자신들이 제국의회에서 주도적인 역할을 담당하겠다는 의사를 표명했다. 이에 따라 이들은 의회 내에 '공공질서 유지위원회'를 결성하고 반동 및 무질서에 적극적으로 대응하려고 했다. 이와는 달리 빈 시의회는 이중적인 태도를 보였다. 당시 시의회는 시민들을 안정시키려는 목적에서 시 방어에 필요한 여러 조치를 마련했고, 군사권을 국민군 총사령관에게 위임했다. 국민군은 주로 시민계층으로 구성되었다. 또한 시의회는 자체적으로 동원군도 모집했는데 이것은 빈을 방어하려는 것보다는 노동자들을 규제하려는 의도에서 나온 것 같다. 그러나 시의회의 의도와는 달리 동원군은 잘 조직된 노동계층의 군대로 바뀌었고 이들은 대학생군 및 자유군과 협력하여 수 주일 동안 정부군의 반동을 억제하는 데 크게 이바지했다.

10월 12일 극작가로 활동한 메센하우저가 국민군 총사령관 겸 빈 총사령관으로 선출되었다. 그는 이전에 장교로 활동한 적이 있었으나 군에 제대로 적응하지 못했고 철저한 민주파도 아니었다. 오히려 10월 14일 작전참모로 임명된 폴란드 장군 벰(Jozef Zachariaz Bem)이 지휘관 역할을 충실히 수행했다. 벰은 이미 1812년 나폴레옹의 러시아 원정 때 포병 장교로 활동했고, 1830년 폴란드에서 발생한 혁명에서도 탁월한 군사적 역량을 입증한 바 있었다. 벰은 4개 부대로 분류된 동원군에서 핵심적 역할을 담당했고 이 인물의 덕분으로 빈은 오랫동안 정부군의 압박에 효율적으로 대응할 수 있었다.

빈의 운명은 혁명운동과 군사적 조직이 어떻게 단합하느냐에 달려 있었다. 동시에 헝가리군이 빈의 혁명세력과 어떻게 협력해야 하는지도 중요한 관건으로 부상되었다. 그러나 소시민적 민주파가 장악한 지도부, 학생위원회, 민주동맹중앙위원회는 독자적인 혁명조직을 구성하여 혁명을 관철하려고 시도하지는 못했다. 다만 제국의회와 시의회에 의존하면서 이들의 지시만을 따랐을 뿐이다. 그리고 안전위원회와 시의회를 혁명적 동반자로 유도하려던 혁명적 민주파의 시도 역시 실패로 끝나게 되었다. 또한 반동세력과 타협하기 위한 공적 기구의 설립도 무산되었다. 이에 반해 반동세력은 단호했고 무력으로 빈을 회복할 수 있다고 확신하고 있었다. 따라서 이들은 빈을 정복할 계획을 차분히 마련했고 그 과정에서 빈디쉬그래츠가 주도적인 역할을 담당했다.

빈디쉬그래츠는 이미 6월에 프라하에서 발생한 오순절 소요를 진압한 바 있으며 빈을 무자비하게 정복하려는 강경파 인물이었다. 페르디난트 1세는 10월 17일 그를 이탈리아 외곽에 주둔하던 오스트리아 총사령관으로 임명했다. 그리고 당시 슈바르첸베르크(Felix Fürst zu Schwarzen-berg)가 빈디쉬그래츠의 정치고문으로 활동했는데 두 사람은 인척 관계였다. 빈이 함락되기도 전에 슈바르첸베르크는 빈 정부 수상으로 행세했는데 이것은 황제와 더불어 올뮈츠(Olmütz)로 이동한 수상 베센베르크의 위상이 크게 실추되었기 때문이다.

10월 10일 옐라치치가 군대를 이끌고 빈으로 진격했지만, 오스트리아의 국경선을 넘지는 않았다. 이와는 달리 빈디쉬그래츠군은 신속하게 빈으로 진격했고 10월 20일에는 빈에 계엄령을 선포했다. 이러한 상황 변화에도 불구하고 제국의회, 시 의회, 그리고 국민군 지휘부는 계속하여 자체의 합법성을 주장하는 실수를 저질렀다. 제국의회와 시 의회는 끝까지 혁명세력과 반동세력 간의 중재를 담당하려고 했다. 반동세력의 공격과 혁명세력의 압박으로 제국의회는 결국 모든 혁명운동의 지휘를 담당하게 되었으나 그것은 원래 이들이 원했던 것도 아니었고 이들의 능력에도 맞지 않았다. 결국 제국의회와 시의회의 역할은 혁명운동의 진행을 저해하는 요인으로 작용하게 되었다.

당시 프랑크푸르트 국민의회는 빈의 혁명을 강 건너 불 보듯이 했다. 임시 제국 정부는 자유파 의원인 벨커와 모슬레를 조사위원으로 파견했다.[7] 혁명세력과 반동세력을 화해시킬 임무를 부여받은 이들은 빈으로 가지 않고 올로모우츠로 갔다. 여기서 이들은 황실로부터 불신만을 받았을 뿐이다. 이에 따라 프랑크푸르트 국민의회의 좌파 세력은 10월 13일 네 명의 의원, 즉 프뢰벨(Julius Fröbel), 하르트만(Moritz Hartmann), 트람푸쉬(Albert Trampusch), 그리고 블룸을 빈으로 급파했다.[8] 4인으로 구성된 프랑크푸르트 국민의회 사절단은 라이프치히, 드레스덴, 그리고 브

---

7 빈의 혁명적 소요는 10월 12일 프랑크푸르트에 알려졌다.

8 프뢰벨과 블룸은 이미 8월 말부터 빈에서의 상황이 독일 및 유럽에서 진행되던 혁명의 성공 여부를 좌우할 것이라고 예견했다. 프랑크푸르트 예비의회 부의장과 1848년 4월 4일부터 5월 18일까지 존속한 예비의회 후속 회의체인 50인 위원회에서 활동한 블룸은 1848년 10월 17일 부인에게 보낸 서신에서 빈에서의 소요가 지니는 의미를 나름대로 분석했다. 그는 빈에서 혁명세력이 승리를 거둔다면 혁명은 새로운 전환기를 맞이할 수 있다고 생각했다. 그리고 빈의 혁명세력이 외양상 혁명을 느긋하게 이끌고 있지만 거기서 혁명의 근본적 목적을 강하게 추구하고 있다고 했다. 이어 블룸은 이들이 설치한 중요한 지역의 바리케이드들은 매우 효율적이고 혁명세력의 전투 자세 역시 엄청나다는 것도 거론했다. 그렇지만 혁명세력이 패한다면 독일은 오랫동안 '공동묘지와 같은 적막감(Friedhofsruf)'에서 벗어나지 못하리라는 우려 섞인 분석도 했다. 당시 독일권에서 좌파 정치가로 간주하던 프라일리그라트(Hermann Ferdinand Freiligrath) 역시 빈의 상황에 깊은 관심을 표했다. 당시 프라일리그라트는 혁명세력이 무릎을 꿇을 기회를 얻는다면 즉시 그렇게 해야 하고, 혁명세력이 기도한다면 빈을 위해 기도해야 한다고 했다. 당시 블룸을 비롯한 좌파 의원들이 빈으로 떠난 것에 대한 여론은 절망감의 표시 또는 프랑크푸르트 국민의회 의원으로서의 다양한 의무 수행으로부터의 도피 행위로 보았다. 그리고 실제 혁명의 현장에서 결정적 역할을 하려는 의지에서 비롯된 것이라는 관점도 일부 제시되었다.

레슬라우를 거쳐 10월 17일 빈 중앙역에 도착했다.[9] 블룸과 그의 동료들은 가능한 한 빨리 혁명의 주체세력과 접촉하려 했다. 그 과정에서 블룸은 빈 학생위원회를 상대로 한 연설에서 독일 전체와 프랑크푸르트 국민의회 좌파 의원들 모두가 빈의 혁명세력을 적극적으로 지지한다는 것을 언급했다. 온건 좌파로 알려진 블룸은 프랑크푸르트 9월 봉기 중 대결보다는 타

블룸

협정책을 시도한 바 있었다. 그러나 그는 빈 시민을 위험에 방치해서는 안 된다고 생각하여 적극적으로 10월 소요에 참여했다. 10월 23일, 챙 넓은 펠트 모자를 쓰고 빈의 대학생들이 선사한 검을 허리에 찬 블룸은 당시 빈의 혁명세력이 자주 모여 토론하던 강당에서 "혁명은 우리에게 외부의 적뿐만 아니라 내부의 적, 즉 반혁명세력인 정부에 협조하는 시민계층을 분쇄하라는 요구도 하고 있습니다. 이를 위해 우리는 과감한 무력투쟁을 전개해야 합니다."라는 연설을 했고 참석자들 역시 매우 긍정적인 반응을 보였다.

이후 블룸, 프뢰벨, 그리고 하르트만은 10월 25일에 결성된 엘리트 부대(Corps 'Elite)에 참여하는 등 빠른 행보를 보였다. 이 부대는 대학 구성원, 노동연맹 회원, 국민군 과격파 등으로 구성된 것이다. 빈의 혁명 지휘부는 헝가리의 지원을 기대했으나 가시적인 상황은 발생하지 않았다. 이전에 빈의 시민계층은 헝가리를 위해 일어선 적이 있었다. 헝가리

---

9 드레스덴에서 블룸은 약간의 시간을 내서 가족과 만나기도 했다.

군이 빈에 근접해 있으므로 당연히 이 군대가 신속하게 빈의 혁명군을 지원해야 한다는 것이 혁명 지휘부의 판단이었다. 그러나 헝가리 군대는 오스트리아 국경 근처에서 지체했고 그사이 오스트리아군은 빈과 헝가리군 사이를 차단했다. 헝가리군 진영에서는 오스트리아 영역을 침범해서는 안 된다는 의견이 지배적이었다. 그리고 많은 장교 역시 아직까지 헝가리 국왕직을 겸하고 있던 오스트리아 황제에 대항하여 싸운다는 자체를 인정하지 않으려고 했다. 이에 코슈트와 그의 지지자들은 헝가리군의 신속한 개입을 촉구했다. 결국 헝가리 의회는 10월 10일 국경선을 넘으라는 명령을 군대에 내렸지만 빈 혁명세력으로부터의 공식적 요청이 선행되어야 한다는 조건도 제시했다. 이에 따라 빈의 민주동맹 의장인 타우제나우는 시의회에서 헝가리에 군대 파견을 요구해달라고 호소했고 학생위원회도 비슷한 요청을 했다. 그러나 시의회는 시민적 합법성을 내세워 거절했다. 국민군 총사령관도 의회와 같은 생각이었다.

10월 24일 코슈트가 헝가리군 수뇌부와의 협상에서 빈으로의 진격을 관철했으나 이미 때는 늦었다. 그리고 헝가리군은 슈베하트(Schwechat) 전투에서 패한 후 헝가리로 철수했다. 10월 23일 이미 정부군은 빈 포위를 끝냈다. 방위군은 곳곳에서 포위망을 뚫으려 했고 벰 장군 역시 방위선 돌파 계획을 구체적으로 세웠다. 그러나 시의회와 제국의회는 국민군 지휘부에 행동 금지령을 내렸다. 다음 날 정부군은 포위망을 좁히면서 도시 북쪽을 일부 점령했다. 10월 26일 레오폴트슈타드(Leopoldstadt)에서 치열한 전투가 벌어졌다. 학생들, 노동자들, 그리고 국민군은 바리케이드를 설치했다. 벰이 이끄는 부대는 정부군을 여러 차례 격퇴했지만 결국 13시간 만에 무릎을 꿇었다. 10월 28일 오전부터 시가를 향한 총공세가 시작되었다. 방어군의 희생적인 저항 때문에 정부군의 진격은 예상보다 늦어졌다. 블룸은 빈 북부에 있는 누스도르프(Nußdorf)에서 벌어진 전투에서 지휘를 맡았다. 혁명 참가자들은 시가와 가옥을 방어했지만, 정부군은 저녁 무렵 시 중심지에 보루를 설치했다. 이에 따라 메센하우저는 시의회에서 항복을 종용했지만 수용되지 않았다.

10월 29일 국민군과 시 의회 대표자들이 빈디쉬그래츠 병영에서 항복 조건을 협상했고 여기서 빈디쉬그래츠는 무조건 항복을 요구했다. 여기서 노동자들이 주도하던 과격파는 끝까지 싸울 것을 주장했으나 메센하우저는 항복을 설득하고 나섰다. 10월 30일 오후 노동자들, 학생들, 그리고 과격파 국민군은 다시 전투를 감행했다. 다음 날 시 중심은 정부군의 수중에 들어갔고 최후의 방어자들은 무기를 던지기도 전에 살육되기 시작했다.[10]

빈의 10월 혁명으로 2천여 명이 희생되었다. 이 중에는 메센하우저와 민주주의 클럽의 베허(Alfred Julius Becher)를 비롯하여 프랑크푸르트 국민의회 의원이었던 블룸도 포함되었다.[11] 11월 4일 정부군 대위가 이끄는 체포팀이 블룸과 프뢰벨이 머물던 '슈타트 런던 호텔(Hotel Stadt London)'에 나타났다.[12] 호텔 주인이 블룸과 프뢰벨에게 이 사실을 알렸지만, 이들이 피하기에는 너무 늦었다. 두 사람은 체포된 후 참모 감옥(Stabsstockhaus)으로 이송되었지만 이들의 수감 생활은 비교적 편했다.[13] 그리고 프뢰벨은 며칠 후 석방되었는데 그것은 아마도 그가 『빈, 독일과 유럽(Wien, Deutschland und Europa)』이라는 소책자에서 오스트리아 제국 일부가 아닌 전체가 독일과 결속 내지는 통합해야 한다고 주장했기 때문

---

10 당시 프랑스 국방부 장관 카베나크는 빈디쉬그래츠가 독일권과 오스트리아를 위해 큰 선행을 했다는 축하 메시지를 발표했다.

11 10월 혁명을 진압한 후 빈디쉬그래츠는 예상과는 달리 25명만을 처형했다.

12 10월 혁명이 진압됨에 따라 블룸을 비롯한 프랑크푸르트 사절단은 프랑크푸르트로 돌아가려고 했다.

13 블룸의 체포 소식을 접한 작센 정부의 장관 페르드텐(Ludwig von der Pfordten)은 빈 주재 작센 대사관에 서신을 보내, 블룸이 작센 왕국의 신민이기 때문에 그에 걸맞은 지원도 해야 한다는 입장을 강력히 밝혔다.

이다.

이에 반해 블룸은 반동의 본보기로 설정되었다. 이것은 슈바르첸베르크가 빈디쉬그래츠에게 보낸 서신에서 "가장 자유스러운 계획을 위해 블룸을 당신께 위임하니 그것을 통해 많은 이득도 얻기를 바란다(Blum bleit Dir zur freiesten Disposition und verdient alles),"라고 쓴 데서 확인되었다. 11월 8일 저녁 블룸은 계엄령하의 즉결재판소에서 2시간 이상 재판을 받은 후 참모 감옥으로 돌아왔다. 다음 날 오전 5시 관리가 그에게 재판 판결문을 전달했는데 거기서는 10월 소요에 적극적으로 참여한 죄로 교수형에 처해진다는 것이 명시되었다.[14] 당시 재판 판결에 결정적 요인으로 작용한 것은 드레스덴 주재 오스트리아 총영사직을 수행한 휘브너(Alexander v. Hübner)의 밀고였다. 밀고에서 휘브너는 블룸이 매우 위험한 반정부주의자라고 수차례에 걸쳐 언급했고 슈바르첸베르크 역시 암묵

---

14 11월 9일 오전 5시 사형선고를 받은 블룸은 즉시 부인인 귄터 에니(Günther Jenny)에게 작별 편지를 썼다. "나의 사랑하는 부인이여, 앞으로도 행복하게 살기를 바랍니다. 그리고 아버지를 치욕적 인물로 간주하지 않도록 아이들도 훌륭하게 키워달라고 부탁합니다. 우리의 약소한 재산은 주변 친구들의 도움으로 쉽게 팔릴 수 있으리라 생각합니다. 신과 주변의 좋은 사람들은 분명히 당신과 우리 아이들을 도와줄 것입니다. 이 편지를 쓰면서 나는 눈가에 고이는 눈물을 닦아내고 있습니다. 다시 한번 행복하게 살기를 바랍니다. 그리고 우리 아이들은 분명히 우리의 비싼 유산이기 때문에 이들과 더불어 당신은 오래 살면서 번성해야 합니다. 행복하게 살기를 수천 번 말하면서 당신께 마지막 키스도 하고자 합니다. 아마도 오늘 오전 5시 또는 6시에 저는 생을 마감해야 합니다. 이제 1840년부터 손목에 낀 결혼반지에 다시 한번 키스하면서 당신과 작별하려고 합니다. 그리고 인장이 붙은 반지는 한스(Hans)에게, 시계는 리하르트(Richard)에게, 다이아몬드 단추는 이다(Ida)에게, 목걸이는 알프레트(Alfred)에게 기억물로 남겨주고 싶습니다. 그리고 나의 나머지 유품은 당신 판단에 따라 나누어주세요. 밖에 사람들이 다가오는 소리가 들립니다! 오래 살기를 다시 한번 바랍니다!" 공화정 체제의 도입을 강력히 지향한 블룸 역시 생을 마무리하면서 오직 부인과 가족의 안위만을 걱정한 소시민으로 회귀했음을 그의 마지막 편지에서 확인할 수 있다.

적으로 이에 동의했다.

10월 소요에 참여한 인물들을 처형하느라 당시 빈에는 형 집행인이 부족했다. 이에 따라 블룸의 처형 방식도 교수형에서 총살형으로 바뀌었다. 오전 6시 블룸은 참모 감옥 앞에 도착한 호송마차를 타고 형장인 도나우 운하 근처의 브리기테나우(Brigittenau)로 갔다. 여기서 사냥터지기 집에 머물면서 가톨릭 성직자와 약간의 이야기를 나눈 후 7시 30분 9명의 사수로 구성된 팀에 총살형을 당했다.

블룸이 처형된 이후 독일권에서는 좌파 세력의 결집이 가시화되었고 이것은 3월 혁명 말기에 큰 변수로 작용했다.[15] 실제로 작센 출신인 블룸의 시신이 라이프치히에 도착하여 치러진 장례식에는 1만 5천 명의 시민이 참석했고 별도로 그의 죽음을 슬퍼하는 추모식이 드레스덴에서 열렸는데 여기에는 8천 명에 달하는 여성이 참석했다. 추모집회에서는 블룸 가족에 대한 모금운동도 이루어져 11만 굴덴의 기부금이 모였다.

10월 소요가 진압된 후 반혁명세력은 오스트리아 제국 내에서 주도권을 되찾았고 그에 따라 빈에서 개원 중이었던 제국의회 역시 슈바르첸베르크[16]에 의해 11월 22일 모라비아의 소도시인 크렘지어(Kremsier; Kroměříž)로 강제로 옮겨졌다.[17]

---

15 프랑크푸르트 국민의회는 11월 14일 블룸의 총살 소식을 전해 들었다. 이에 따라 임시 제국 정부는 블룸 처형에 직간접적으로 참여한 인물들에 대해 처벌을 요구했지만, 구체적인 성과를 거두지 못했다.

16 슈바르첸베르크는 3월혁명이 발발한 후 라데츠키(Joseph Wenzel Graf v. Radetzky) 군에 자원 입대하여 약간의 군 경력을 쌓았고, 1848년 11월 21일 빈 정부의 국무총리 겸 외상으로 임명되었다. 비록 반혁명적 관점을 가지긴 했지만, 그는 입헌체제를 완전히 부정하지는 않았다. 이것은 메테르니히가 혁명을 무조건 저지하려 한 것과는 달리 변화된 상황에 적응하려는 자세에서 확인할 수 있다. 그런데도 그는 시민병을 해산시켰고 정치적 조직을 결성하거나 야외에서의 공공 집회도 불허했다. 아울러 언론 검열도 크게 강화했다.

17 오늘날 크로메리츠라고 불리는 크렘지어는 올로모우츠 근처의 소도시였다. 당

슈바르첸베르크

의회의 기능과 효용성을 부정했던 슈바르첸베르크는 당시 자유주의의 상징으로 간주하던 제국의회를 가능한 한 빨리 해산시키려고 했다. 그리고 그는 이러한 입장을 제국의회의 재개원 석상에서 명백히 밝혔다. 슈바르첸베르크는 오스트리아 제국이 독일권에서 주도권을 다시 장악해야 하며 그것이 가능하다고 확신하고 있었다. 따라서 그는 오스트리아 제국의 입지를 약화할 수 있는 대독일주의나 소독일주의 원칙에 따른 독일통합과 슬라브 정치가들의 요구였던 연방체제의 도입에는 부정적이었다.

1848년 12월 2일 페르디난트 1세를 대신하여 그의 조카인 프란츠 요제프 1세(Franz Josef I, 1848~1916)가 18세의 나이로 오스트리아 황제로 등극했다.[18] 이것은 혁명이 종료되지 않은 시점에 오스트리아 제국에서 황제가 교체되었다는 것을 의미한다. 페르디난트 1세는 정권을 이양하라는 국무총리 슈바르첸베르크의 건의를 수용하여 조카인 프란츠 요제

시 이곳에는 페르디난트 1세와 빈 정부의 고위 각료들이 머무르고 있었다. 특히 페르디난트 1세는 빈이 정치적으로 안정될 때까지 이 소도시에 계속 체류하려고 했다.

18 막시밀리안 요제프 고트프리트 폰 좀메라우-베크(M.J.G.v. Sommerrau Beeckh) 올뮈츠 대주교는 자신이 거주하는 궁을 프란츠 요제프 1세에게 제공한 대가로, 1849년 민간인이 받는 최고훈장인 성 슈테판 훈장을 받고, 1년 후인 1850년에는 교황 비오 9세(Pius IX, 1846~1878)로부터 추기경으로 서임되기도 했다.

프에게 제위를 양도했다. 백부로부터 황제권을 물려받은 프란츠 요제프 1세는 겨우 18세의 청년이었지만, 공명심이 남다르고, 정치에 큰 관심을 보인 어머니 조피에 의해 이미 양위를 대비한 지도자 수업을 마친 상태였다. 특히 군사 부문의 교육을 철저히 받아서 대공 시기인 14세 때 이미 대령 신분으로 연대를 지휘한 경험이 있었으며, 황제가 되어서도 노년에 이르기까지 공식 석상에서 군복을 즐겨 착용한 것으로 유명했다. 어머니 조피가 주도한 신앙심과 책임감에 대한 교육은 프란츠 요제프 1세의 통치 철학을 특징지은 가치였으며, 58년의 재위 기간 중 제국의 모든 정책에 영향을 주었다. 프란츠 요제프 1세는 황실 전통에 따른 외자 이름 대신에, 요제프 2세의 이름을 황제 이름에 첨가했다. 만일 프란츠 요제프 1세가 합스부르크 가문의 전통에 따라 외자 이름을 택했더라면, 프란츠 2세로 불려야 했다. 프란츠 요제프 1세는 합스부르크 가문의 역대 황제 중 두 개의 이름을 황제 이름으로 사용한 유일한 통치자였다. 그가 두 개의 이름을 사용한 것은 종증조부 요제프 2세의 개혁정치(요제프주의)를 연상시킴으로써 신민들의 지지를 얻어 혁명을 극복하고, 동시에 무능한 백부와의 차별화를 기하려는 목적에서 비롯되었다. 프란츠 요제프 1세의 즉위식은 제국의 수도 빈이 아닌, 피난지 올뮈츠 대주교궁에서 거행되었다.

1849년 3월 4일, 프란츠 요제프 1세는 크렘지어 제국의회를 강제로 해산시킨 후 제국 전체를 빈의 엄격한 통제하에 두는 신헌법을 공포했다. 이로써 오스트리아 제국이 독일권과 통합되리라는 희망은 완전히 사라졌다.

3월 9일 슈바르첸베르크는 총 인구 3,800만 명의 합스부르크 제국과 인구 3,200만 명의 독일 연방을 결합하여 7천만 명의 대제국을 수립하자는 극적인 제안을 했다. 그는 38명의 오스트리아인과 32명의 독일인으로 구성된 의회의 도움을 받는 7인 집정관이 이 제국을 통치하며, 그

대표는 오스트리아와 프로이센이 번갈아 맡자고도 했다.

3. 프로이센의 반동 쿠데타

프랑스 6월 소요의 실패는 베를린 정부가 혁명 열기에 대한 탄압 조치를 강화할 수 있는 계기가 되기도 했다. 합법적 또는 비합법적인 수단을 활용하여 베를린 정부는 민주화운동과 노동운동을 탄압하기 시작했다. 프로이센의 신임 내무장관인 쿠베터(Friedrich Kuhwetter)는 최선의 국가는 최선의 경찰을 소유한 국가이고 최선의 경찰은 최강의 경찰이라고 공언했다. 내무부는 베를린을 통제할 새 경찰청도 출범시켰다. 베를린 경찰청장은 사전에 경찰 허락을 받지 않은 모든 집회를 금지했다. 7월 1일부터 경찰은 베를린에서 학생들을 체포했고 법무부 역시 좌파 계열의 민주신문을 박해하기 시작했다. 당시 공산주의자가 주도하던 노동연맹이 정치조직으로 성장하지 못했으므로 공산주의자들은 차선의 방법을 마련해야만 했다. 이들은 노동자들이 정치적으로 민주파 정당과 연계되었기 때문에 그들 역시 한시적으로 이 정당과 결속해야 한다는 사실을 인지하고 있었다. 마르크스와 엥겔스가 1848년 6월 민주파 정당인 '민주협회(Demokratische Gesellschaft)'에 가입한 것이 대표적 일례라 하겠다.

이후 많은 공산주의자가 민주파 정당에 가입했지만, 이들은 자신들의 정치적·이념적 독자성을 유지해야 한다는 것을 알았기 때문에 독자적인 정치신문을 발간하기로 했다. 신문은 오랜 진통 끝에 1848년 6월 1일부터『신라인 신문(Neue Rheinische Zeitung)』이라는 제호로 간행되기 시작했다.『신라인 신문』은 '민주주의 기관(Organ der Demokratie)'이라는 부제목도 달았다. 철저한 민주주의를 실현하기 위한 편집자들의 의도가 기사의 여러 곳에서 확인되었다. 또한 이들은 소시민적 민주주의를 대변하기보다는 노동자를 주독자층으로 설정했고 민중운동의 대변자로 자처하기도 했다. 이러한 관점에서『신라인 신문』은 독일 무산자 계층을 위한 최초의 독자적 신문이라 하겠다.

『신라인 신문』편집부는 점차 독일 프롤레타리아트 세력의 거점이 되었고 동시에 독일 공산주의동맹의 중앙집행부 역할도 담당했다. 실제로 편집부는 공산주의동맹의 집행부로 변형되었다. 엥겔스는 신문사 대표로, 마르크스는 편집장으로 활동했다. 그리고 슐레지엔의 소농 출신인 볼프(Wilhelm Wolff)와 쾰른의 상인 출신인 볼프(Ferdinand Wolff)가 편집부에서 중요한 임무를 수행했다. 전자는 동 엘베 지역의 토지 관계에 정통했으며 주로 농민들을 위한 글을 썼다. 후자는 재능 있는 기자로서 1847년 마르크스의 추천으로 공산당에 가입했고 파리에서 프랑스 혁명의 진행 과정을 날카롭게 분석한 인물이었다. 프랑크푸르트 국민의회와 폴란드 독립운동을 추적한 사람은 드론케(Ernst Dronke)였는데 그는 유명한 사회비판적 저서『베를린(Berlin)』때문에 프로이센에서 투옥되었지만 탈옥하여 1848년 3월 공산주의자 동맹에 가입했다.

국내 정치에서『신라인 신문』의 투쟁 목적은 독일 공산당이 지향하던 공화국 수립이었는데 이것은 동시에 프로이센 왕국과 오스트리아 제국의 와해를 의미했다. 혁명이 이미 완결되었다는 소시민적 환상에 대항하여 이 신문은 공화국이 혁명적 긴 과정을 통해서만 성립될 수 있다는 사실도 부각시켰다. 당시『신라인 신문』의 적은 봉건적 잔재를 유지하려는 반동혁명이었는데, 이 반동혁명은 1848년 여름 다시금 등장하여 3월 혁명의 모든 성과를 파괴하려 했다. 이 신문은 시민계층에게 반봉건적 투쟁에 나서라고 요구했으며 혁명에 어긋나는 행동에는 신랄한 비판을 가하기도 했다. 실제로『신라인 신문』은 권력과 타협하고 농민을 배반하는 시민계층을 가차 없이 질책했고, 시민계층의 개혁과 합의 이념에 대해 독자적인 이념을 제시했다. 그것은 국내적으로 반동세력을 무력화시키고, 이전의 국가기구를 청산하며, 민주적 시민사회를 구축하고 보상 없이 모든 봉건 관계를 청산하는 것이었다. 국외적으로는 독일의 압박을 받던 모든 민족을 해방하고 민주적 폴란드를 재건하는 것이었다. 유럽에 민주주의가 승리하도록 러시아 황제에 대한 국민 전쟁도 선포해야 한다고 『신라인 신문』은 주장했다. 또한 소시민적 나약함을 비판하면서 모든 민주주의자의 단합된 투쟁도 열렬히 호소했다.[19]

1848년 7월 31일 저녁 슐레지엔의 요새도시인 슈바이트니츠를 관할하던 지역 군사령관 관저 앞에서 대규모 시위가 벌어졌고 그 과정에서 음조가 맞지 않는 음악(Katzenmusik), 즉 불협화음이 연주되었다.[20] 슈바이트니츠의 지역 군사령관은 시민들 사이에서 인기가 없었다. 이러한 사태에 직면한 슈바이트니츠 시장은 시민병을 동원하여 안정과 질서를 회복하려고 했다. 거의 같은 시간 슈바이트니츠 지역 군사령관의 발포 명령으로 민간인 14명이 사망했다. 이후 사태가 폭력적으로 번지는 와중에, 8월 9일 브레슬라우 출신 의원인 슈타인(Julius Stein)이 정부군은 헌법적 가치에 따라 행동해야 한다는 법안을 발의했다. 그의 관점은 정부군이 반동적 자세를 멀리하고 새 정치질서를 존중한다는 증거로 민간인과 긴밀하게 교류하자는 데서 비롯되었다. 여기서 슈타인은 신흥 정치 엘리트에게 무소불위의 군부 세력에 경각심을 가져야 한다는 것을 우회적으로 경고했다. 만일 군대가 새 질서를 거부하는 세력의 거수기로 남

---

19 『신라인 신문』은 1849년 5월 19일 자발적으로 폐간했다. 적색 잉크로 인쇄된 폐간호에서 프라일리그라트는 당시 권력을 재장악한 기존 질서체제의 문제점과 그것에 대한 신민의 효율적인 대응책도 언급했다.

20 주로 초저녁에 진행된 불협화음 연주는 6월 초부터 매일 베를린의 여러 곳에서도 확인되었다. 주로 저명인사들이나 장관들 저택 앞에서 연주되었고, 시간이 지남에 따라 연주에서 끝나지 않고 무력적 시위로 이어지는 경우도 많았다. 그 일례로 당시 노동자들의 표적이었던 노동부 장관 파토(Robert v. Patow)의 저택 앞에서 불협화음 연주가 끝난 후 연주자들과 관람자들이 저택을 습격했고 이들에 의해 일시적으로 저택이 점거된 것을 제시할 수 있다.

는다면, 자유주의자와 그들의 제도는 군대의 묵인으로 살아남은 것이라고, 그들의 토론과 법안은 코미디와 마찬가지라는 비하적 언급이 돌지도 모른다는 것이다. 슈타인의 발의는 제헌 국민의회의 몹시 민감한 부분을 건드린 것으로서 압도적 다수의 찬성으로 채택되었다. 아우어스발트-한제만 정부는 군대 문제에 관해서 국왕이 양보하지 않을 것이라고 예상하고, 대립을 유발하지 않기 위해 최대한 행동도 조심했다. 하지만 제헌 국민의회의 인내심은 곧 바닥이 났고, 9월 7일 정부가 슈타인 안건의 이행촉구를 요구하는 결의안마저 통과시켰다. 이에 프리드리히 빌헬름 4세는 불만을 표시하면서 불충하고 아무짝에도 소용없는 수도의 질서를 반드시 회복시켜놓겠다고 말했다. 슈타인이 제출한 법안이 제헌 국민의회를 통과함에 따라 프리드리히 빌헬름 4세는 자신의 매우 보수적인 측근들, 즉 카말리라(Kamarilla)와 같이 반동적 프로그램을 구체적으로 마련하기 시작했다. 여기에는 언론 및 집회결사의 자유를 제한하고 정부가 제출한 헌법 초안을 반대한다는 것도 포함되었다. 당시 프리드리히 빌헬름 4세는 귀족들의 특권이 보장된 헌법 초안을 다시 마련하고 이것을 헌법으로 공포하겠다는 생각도 하고 있었다. 슈타인의 제안을 둘러싼 논란으로 정부 역시 어쩔 수 없이 해산했다. 이렇게 아우어스발트-한제만 내각이 해산된 후 프리드리히 빌헬름 4세는 1848년 9월 22일 푸엘(Ernst v. Pfuel) 장군을 수상 겸 국방부 장관으로 임명했다.[21]

---

21 프리드리히 빌헬름 4세가 푸엘을 임명한 것은 올바른 선택이었다. 그는 강경 보수파는 아니었지만, 혁명기의 열기와 정치적 소요를 보며 성장한 인물이었다. 젊은 시절에 낭만주의 성향의 극작가 클라이스트(Heinrich v. Kleist)와 강렬한 동성애적 우정을 나누었다. 푸엘은 프랑스 점령기에 상처 난 애국심을 마음에 품고 외지로 나간 이주민에 속했다. 푸엘은 슈타인과 하르덴베르크가 시도하던 개혁에 동조했다. 훔볼트(Wilhelm v. Humboldt)의 친구였던 그는 유대인 살롱에서 인기를 끌었고 관용과 학식으로 당대의 자유주의 진영으로부터 폭넓은 존경을 받았다. 하지만 중도 보수적인 푸엘마저 고집 센 국왕과 다루기 어려운 제헌 국

국왕은 푸엘 장군이 구질서체제의 입장에서 반동정책을 적극적으로 추진하리라고 기대했지만, 예상과는 달리 푸엘은 입헌정치를 지지했다. 여기서 공식적으로 반동내각을 등장시키거나 군사행동을 통해 민중운동을 억압하는 방법이 있었지만, 국왕은 실제로 그렇게 하지는 않았다. 포츠담에서 푸엘이 작성한 계획은 제헌 국민의회를 다른 도시로 옮긴 후 해산시킨다는 것이었다.[22] 푸엘은 물론 취임 연설에서 입헌주의를 계승하고 신민의 자유를 보장하며 반동적 시도도 거부하겠다고 말했다. 이어 그는 프로이센이 무정부상태에 놓이게 되는 것을 용납하지 않겠다는 선언과 더불어 민중운동의 과격화에 대해 경고하기도 했다. 그리고 제헌 국민의회를 안심시키기 위해 푸엘은 의회의 요청을 수락하는 태도를 보였고 그 과정에서 정부가 이전에 거부한 명령을 정부군에 다시 하달하기도 했다. 즉 9월 23일 군 지휘관들에게 반동적 움직임을 용인하지 말라는 회람을 돌린 것이다. 좌파를 포함한 의원들은 이러한 공허한 말에 모두 만족했다. 그러나 군부가 어떤 태도를 보였는가는 바로 드러났다.

9월 15일 국왕은 브랑겔 장군을 지역 총사령관으로 임명했는데 이 자리는 혁명적 분위기의 베를린을 견제하기 위해 만들어진 것이다. 곧 8만 명의 병력과 60문의 대포를 소유한 이 야전부대는 반동세력의 보루인 베를린을 포위하기 시작했다. 9월 17일 브랑겔은 휘하 부대에 명령을 하달했는데 거기서는 행정부가 베를린의 질서 및 안녕 유지를 제대로 지키지 못한다면 군이 즉각적으로 개입한다는 것이 명시되었다. 9월

민의회 사이를 중재하지 못했다.

22 프로이센의 제헌 국민의회는 프랑크푸르트 국민의회와는 달리 구성되었다. 395명으로 구성된 이 제헌 국민의회에서 귀족, 성직자(51명), 관리 출신(186명)이 다수를 차지했지만, 농민(46명)과 수공업자(18명) 출신도 적지 않았는데 이것은 양계층 출신의 의원들이 모두 64명이었다는 데서 확인할 수 있다.

21일 브랑겔은 3월 혁명 이후 최초로 베를린에서 군사작전을 전개했으며 연설을 통해 언제라도 군의 투입이 가능하다는 것도 공언했다.

푸엘이 재임하는 동안 프로이센 제헌 국민의회는 보다 좌경화되었고 그 세력 역시 절정을 맞이했다. 실제로 제헌 국민의회의 의원들은 여러 좌파 세력에 의해 움직여졌지만, 이 의회는 혁명 활동을 주도하지 못했다. 일부 극좌파 의원을 제외한 대다수 의원은 국왕이나 귀족들과의 타협을 원했다. 9월 위기 중 좌파와 중도파 연합이 정부 구성의 가능성도 보였다. 그것은 물론 시민계층의 내각이었지만 중도 시민계층을 대표하는 것이었다. 제헌 국민의회가 국왕이 임명한 푸엘 대신 그들의 인물을 내각 수상으로 임명했다면 혁명의 지속적인 전개는 가능했을 것이다. 실제로 3월 혁명과 같은 상황이 일어났겠지만, 제헌 국민의회는 그것을 관철하지 못했다. 제헌 국민의회는 단지 그들의 세력 유지를 위해 왕권과 끊임없이 투쟁했을 뿐이다. 이러한 투쟁은 10월에 시작된 헌법 문제에서 두드러졌다.[23]

일반적으로 헌법은 새로운 시민사회의 법질서를 확립하는 기능을 가졌기 때문에 매우 중요했다. 반동적인 제한에도 불구하고 이 헌법은 시민계층의 근본 요구를 수용하고 동시에 신민과 왕권 간의 타협도 모색하려 했다. 10월 12일 제헌 국민의회는 헌법 전문에서 '신의 은총에 의해서(von Gottes Gnaden)'라는 문구 삭제를 전체 의원의 반수가 넘는 217명의 찬성으로 통과시켰다. 이것은 신성불가침한 왕권을 더는 인정하지 않겠다는 것이었다. 제헌 국민의회에서 왕권 제한법이 통과되었다는 소식을 접한 프리드리히 빌헬름 4세는 인격적으로 심한 모독을 당했다고 생각

---

23 이보다 앞서 6월 제헌 국민의회는 정부의 헌법 초안을 거부하고 헌법 초안 제정 위원회를 독자적으로 구성했다. 얼마 안 되어 자유주의적 관점이 명시된 초안이 작성되었지만 몇 개 조항에 관한 심의 과정에서 제헌 국민의회와 국왕 사이의 견해 차이가 심화되었다.

했다. 그는 제헌 국민의회에 불만을 품고 다시 귀족들이 주도하는 연합지방의회로 회귀하겠다는 의사도 밝혔다. 그런데도 10월 31일 제헌 국민의회는 200대 153표로 귀족제도의 폐지까지 결정했다. 이러한 결정과 더불어 의회는 귀족 칭호, 귀족 특권, 융커[24]의 특권을 폐지하고 시민적 평등을 달성하려고 했다. 또한 수렵법을 제정하여 농민들의 경작지에서 대지주들이 사냥하는 것도 금지했다.[25] 국왕이 오랜 고심 끝에 수렵법을 인정함에 따라 융커들은 크게 반발했다. 제헌 국민의회는 헌법 초안과 더불어 봉건의무제의 폐지 법안과 농촌안정법에 대해서도 심의했다. 여기서 자유주의자들은 타협에 의한 해결 방식을 원했지만, 좌파주의자들은 모든 봉건적 잔재를 철폐해야 한다는 태도를 밝혔다. 점차 융커들 역시 그들의 특권이 소멸하는 것에 대해 불안을 느끼기 시작했다.[26]

한편 국왕 측근들은 혁명 초부터 구질서체제를 회복하려 했기 때문에 푸엘의 기용이 잘못된 판단에서 비롯된 것이라고 했다. 당시 푸엘은 국왕과 제헌 국민의회를 동시에 만족시키려고 했다. 그러나 푸엘이 시

---

24 융커는 원래 기사 칭호가 없던 귀족 자제를 가리키는 말이었다. 그러다가 프로이센의 귀족과 대지주를 지칭하는 단어로 변형되었다.

25 같은 날 제헌 국민의회가 개최되던 극장 앞에 수천 명의 베를린 시민이 모여 당시 빈에서 진행되던 10월 혁명을 지지해야 한다고 요구했다. 이것에 자극을 받은 발트에크(Benedikt Franz Leo Waldeck)는 제헌 국민의회에서 프로이센은 활용할 수 있는 모든 수단을 동원하여 빈에서 전개되던 혁명을 지원해야 한다고 발의했지만, 의회에서는 통과되지 않았다. 또한 그는 헌법 전문에 법안 통과는 원칙적으로 일치 원칙(Vereinbarungskonzept)을 준수해야 한다는 발의도 했지만, 이 역시 거부되었다.

26 융커들은 1848년 8월 18일과 19일에 걸쳐 베를린에서 융커 집회를 개최했고 거기서 그들의 특권을 보존하는 방안을 논의했다. 약 400여 명의 지주가 참여한 이 집회를 지칭하여 융커 의회(Junkerparlament)라 했다. 당시 융커들은 국민의회가 왕명에 의해 규정된 헌법 제정 및 조세 승인 문제만을 취급해야 한다고 하면서 정부가 제출한 법안을 다루어서는 안 된다고 주장했다.

민계층에게 너무 많은 양보를 했다는 지적이 제기됨에 따라 국왕의 측근들은 새로운 수상 후보를 물색했다. 여기서 이들은 프리드리히 빌헬름 2세(Friedrich Wilhelm Ⅱ, 1786~1797)의 사생아인 56세의 브란덴부르크 (Friedrich Wilhelm v. Brandenburg) 백작, 즉 프리드리히 빌헬름 4세의 삼촌이 적임자라고 판단했다.[27] 쿠데타 음모가 포츠담에서 무르익었으나 아직 실행에 옮겨지지는 않았다.

기존 질서체제가 혁명세력 분쇄를 준비하는 동안 시민계층은 노동계층에 대한 경제적 · 정치적 탄압을 강화하는 데 주력했다.[28] 이에 따라 10월 13일 제헌 국민의회는 좌파 의원들의 항의에도 불구하고 시민군법을 통과시켰다. 그런데 이 법은 시민군을 정부군의 예하부대로 편입시키면서 소유계층의 특권도 인정하려고 했다. 그리고 노동자와 무산자 계층을 시민군에서 배제해 민중군의 이념과도 대치시켰다. 군대로 둘러싸인 베를린에서 쿠데타 징후가 강하게 드러났음에도 불구하고 일부 시민들

---

27 브레슬라우에 주둔하던 제4군단의 전 사령관이었던 브란덴부르크 백작은 국왕 주변의 보수 인물들에게 선호되었다. 당시 국왕이 그를 임명한 목적은 아주 간단했다. 게를라흐(Leopold v. Gerlach)의 설명에 따르면, 브란덴부르크 백작의 임무는 "가능한 모든 방법을 동원해 제헌 국민의회가 이 나라를 통치하는 것이 아니라 국왕이라는 것을 보여주는 것"이었다.

28 3월 혁명 이후 개선의 기미가 전혀 없는 경제위기는 주식시세의 급격한 하락과 많은 공장 및 대형상점의 도산을 가져왔고 이것으로 인해 실업률 역시 크게 높아졌다. 각 지역의 시 당국은 빵값 인하와 생계 유지에 필요한 긴급 일자리 제공을 통해 경제상황을 개선하려고 했지만 모든 실업자에게 일자리를 제공하지는 못했다. 이에 따라 베를린을 비롯한 프로이센의 주요 도시의 시청사 주변에는 항상 굶주린 실업자들이 모여 대책 마련을 촉구했다. 이어 이들은 도시 내의 의류상점을 공격했고 의류공장의 기계마저 파괴하는 등 과격해졌는데 이것은 기계 때문에 그들의 일자리가 사라졌다는 판단에서 비롯된 것 같다. 아울러 실업자들은 빵을 기준 용량보다 적게 만들어 비싸게 팔던 제빵업자와 경제적으로 부유한 유대인들을 습격하기도 했다. 이렇게 매일 시위를 벌이는 실업자들은 언제라도 혁명적 소요에 참여할 위험한 요소로 간주되었다.

은 노동자들과 유혈 충돌을 일으켰다. 10월 16일 시민군의 일부가 시위하던 운하 건설 노동자들을 공격했다. 이에 분노한 노동자들은 증기 펌프를 부수고 시가지에 바리케이드를 설치했다. 얼마 후 시민군은 바리케이드를 공격했고 그 과정에서 10명의 노동자가 사망하고 13명이 크게 다치는 비극이 초래되었다. 사망자의 장례식은 10월 20일 소시민계층의 민주파, 좌파 국민의회 의원, 노동 동맹이 공동으로 개최했다.

이후 많은 사람들은 10월 26일부터 30일까지 베를린에서 개최될 독일 민주동맹 2차 총회에서 서서히 모습을 보이기 시작한 반동에 대한 효율적인 대응책이 나오리라 기대했지만 실현되지 못했다. 10월 31일 독일민주동맹 총회 주도로 전개된 시위에는 베를린의 시민들이 대거 참여했다. 여기서 프로이센 정부와 독일의 소국 정부들이 빈을 구출해야 한다는 루게의 호소문이 낭독되었지만 참석자들의 반응은 매우 미온적이었다.[29]

빈의 10월 혁명이 실패로 끝나자 포츠담의 반동세력도 쿠데타를 감행했다. 10월 31일 제헌 국민의회 건물 앞에 운집한 시위대가 쿠데타의 빌미가 되었다. 프리드리히 빌헬름 4세는 공공질서 회복이 필요하다고 판단했기 때문에 푸엘에게 베를린에 계엄사태 선포를 요구했다. 그러나 푸엘은 자신이 지향하던 제헌 국민의회와의 타협이 무산되고 당시 베를린 근처에 주둔하던 브랑겔 장군에게 정치적 권한마저 넘어갈 수 있다는 우려에서 국왕의 이러한 요구에 동의하지 않았다. 같은 날 푸엘은 프리드리히 빌헬름 4세에게 사임을 요청했고 국왕은 이를 받아들였다. 다만 프리드리히 빌헬름 4세는 베를린에서의 동요가 더는 확산해서는 안 된다는 인식에서 푸엘에게 후임이 지명될 때까지 사임을 공식화하지 말

---

29 같은 날 발트에크가 제헌 국민의회에 제출한 '빈 혁명 지원을 위한 프로이센 정부의 개입안'은 반수 이상인 229명의 반대로 통과되지 못했다.

라고 명령했다.

11월 2일 아침 제헌 국민의회는 푸엘의 서한을 통해 그가 건강상 이유로 사퇴하고 브란덴부르크가 왕명으로 수상에 임명되었다는 사실을 알게 되었다. 동시에 신내각이 구성될 때까지 의회가 정회된다는 것도 알려졌다. 이것은 공공연한 반동적 선언으로서 민주파뿐만 아니라 시민계층에 대한 일종의 도전이었다. 시민계층의 제헌 국민의회는 이제 반동적인 군사정권과 대치하게 되었다. 이에 따라 제헌 국민의회는 물러섰고 자유파 지도자들은 계속하여 타협을 시도했다. 의원의 대다수는 브란덴부르크를 불신했으나 의회를 고수하며 단호한 조처를 할 수도 없었다. 이에 따라 제헌 국민의회는 국왕에게 브란덴부르크에 대한 불신임 탄원서를 제출하는 등의 수동적 저항을 했다.

11월 2일 저녁 프리드리히 빌헬름 4세는 상수시(Sanssouci) 궁전[30]에서 25명으로 구성된 의회 대표단을 접견하고 청원서를 읽게 했으나 이들의 청원을 거부하고 문밖으로 나갔다. 문밖으로 나가기 직전 프리드리히 빌헬름 4세는 의회 대표단에 "국왕에게는 독자적 판단에 따라 행정부의 수상과 고위공직자를 임명할 수 있는 권한이 있다. 이것에 대해 국민의회는 어떠한 이의도 제기할 수 없다."라고 언급했다. 당시 국민의

---

30 '근심이 없다'라는 뜻을 가진 상수시 궁전은 프리드리히 2세(Friedrich Ⅱ, 1740~1786) 때 건축된 신궁으로, 1744년 8월 10일 내린 그의 명령에서 건축이 가시화되기 시작했다. 프리드리히 2세가 상수시 궁전을 건축할 수 있었던 것은 부친으로부터 거액의 재산을 물려받았기 때문이다. 상수시 궁전은 우아하고 수준 높은 건물로 당시 신성로마제국 내 다른 궁전들과 비교하여 절대적 우위를 차지했다. 시종을 비롯한 근무자들과 손님들을 위한 10여 개의 침실, 대리석 홀, 대식당, 소식당, 음악실, 집무실과 그것에 딸린 창문 없는 작은 침실(Alkoven), 도서관, 화랑, 부엌, 마구간, 부속 건물 등으로 구성되어 규모는 그리 크지 않았지만, 매력 및 창의성에서 타의 추종을 불허했는데 그것은 건축 과정에서 지금까지 적용한 적이 없던 방법들이 활용되었기 때문이다.

회 대표단의 일원이었던 야코비(Johann Jacoby)는 "진실을 귀담아듣지 않으려 하는 것이 왕들의 불행이다(Das ist das Unglück, daß sie[=die Könige] die Wahrheit nicht hören wollen)."라고 말했다. 야코비의 발언을 전해 들은 수천 명의 베를린 시민은 11월 3일 야코비를 지지하는 집회를 개최했다.

11월 9일 브란덴부르크와 내무장관 만토이펠(Otto v. Manteuffel)이 제헌 국민의회에 나타났다. 여기서 브란덴부르크는 무정부상태가 해소되지 않는 한 베를린에서의 의회 활동 역시 불가하다는 왕명을 전달했다. 이에 따라 제헌 국민의회는 회의 장소를 하펠(Havel)로 옮긴 후 11월 27일까지 활동을 중지해야만 했다. 그러나 대다수 의원은 이러한 결정이 불법이라고 선언한 후 베를린에서 제헌 국민의회의 활동을 속개하되, 무력 충돌만은 피하려고 했다.

시민계층은 무력항쟁이 새로운 민중봉기를 유발할 수 있다며 두려워했다. 극좌파들도 무력투쟁의 전면에 나서지 못했다. 이에 반해 베를린의 노동자 우호협회와 29개 노조는 같은 날 민중의 생존과 권익을 위해 봉기할 준비가 되어 있다고 선언했다. 광부들 역시 같은 입장을 표방했다. 상황이 이렇게 전개됨에 따라 다음 날인 11월 10일 오후 브랑겔이 이끄는 1만 3천 명의 병력이 브란덴부르크 성문을 거쳐 베를린으로 진주했다. 이들은 시의 중심부를 장악하고 제헌 국민의회가 열리고 있던 극장 건물을 포위했다. 브랑겔은 제헌 국민의회가 해산할 때까지 군대를 주둔시키겠다는 선언도 했다. 제헌 국민의회 의원들은 이에 항의하면서 군인들이 점령한 극장을 떠났다. 다음 날 아침 이들이 극장에 도착했을 때 극장 출입문은 굳게 닫혀 있었다. 이에 따라 250명의 의원은 인근 다른 건물에서 회의를 속개했지만, 11월 15일 회의 장소는 다시 군대에 의해 점거되었다.[31]

31 11월 27일 제헌 국민의회는 브란덴부르크에서 다시 활동을 시작했다.

브랑겔의 군대가 베를린에 진주한 직후인 11월 11일 저녁 베를린과 그 주변 지역은 이미 계엄령이 선포된 상태였다. 이후 브랑겔은 제헌 국민의회의 해산과 더불어 정치집회 금지, 민주신문의 발간 금지, 그리고 시민군의 해산도 이행했다.[32] 여기서 시민군은 커다란 저항 없이 무기를 버렸다. 이제 프로이센의 시민계층은 브랑겔의 대검 아래 속절없이 굴복하는 상황에 놓이게 되었다.

제헌 국민의회와 브란덴부르크 정부 사이에 마찰이 시작되면서부터 프로이센의 곳곳에서 의회를 지지하는 자발적인 민중운동이 전개되었다. 이러한 운동은 9월에 있었던 운동보다 더 포괄적이었고 더 많은 민중을 연루시켰다. 단시간에 왕권 및 정부에 대항하는 반봉건적인 연합 세력이 형성되었다. 의회, 민주동맹, 노동 동맹, 제헌 동맹, 시민군, 지방의회, 시 의회 등이 제헌 국민의회를 지지했다. 공산파들은 이전보다 더 단호하게 부르주아지와 소시민계층의 결단을 촉구했다.

11월 15일 제헌 국민의회 총회가 베를린의 한 숙박업소에서 마지막으로 열렸다. 이미 떠나버린 우파 없이도 정족수, 즉 227명을 초과했기 때문에 납세 거부를 결정할 수 있었다. 납세 거부는 왕권에 대항할 수 있는 유일한 무기였으므로 쿠데타가 일어난 직후 민중들은 의회에 신속하게 결정하도록 촉구했다. 많은 사람이 지지 서명운동에 참여했다. 납세 거부는 반동적인 브란덴부르크 정부를 퇴각시킬 가장 적절한 방법이었다. 그러나 납세 거부 운동을 철저히 관철하기 위해서는 제헌 국민의회의 결정만으로 불충분했다. 이제 민중들은 수동적인 저항보다 능동적인 저항을 전개해야 했고 그것을 관철하기 위한 조직력도 필요했다. 라인 지방의 민주동맹위원회는 모든 강압적인 세금 징수를 거절하고 제헌

---

32 계엄령 선포 이후 길거리나 공공장소에서 20명 이상 모이는 모든 집회는 금지되었다.

국민의회의 결정에 따르도록 선전했다.[33] 실제로 많은 곳에서 납세를 거부한 후 말과 소가 끌려갔지만, 일부 관공서는 중앙정부에 세금을 전달하지도 않았다. 슐레지엔의 지방장관은 납세 거부가 합법적이라고 선언했다가 베를린 정부로부터 파면당하기도 했다. 비록 일부 지방에서 제헌 국민의회가 주도한 납세 거부 운동이 호응을 받았지만, 대다수의 지방에서는 별로 큰 지지를 얻지 못했다. 당시 정부에 세금을 내는 계층은 일반 대중이 아닌 상류계층, 즉 대시민계층이었다. 이들은 정부에 정면으로 도전하는 것을 회피했고 납세를 거부할 경우 받게 될 법적인 불이익도 두려워했다. 그러나 납세 거부 운동에서 비롯된 민중운동이 예상보다 많이 확산하자, 브란덴부르크 정부는 국민군을 해산하고 정부군의 군사력을 강화했다. 프로이센의 여러 곳에서 국민군 해산에 대해 항의 및 시위가 벌어졌다. 이후 정부는 군부에 모든 저항을 진압하고 필요에 따라 계엄령도 선포하도록 명령했다. 그런데도 에르푸르트에서는 정부군과 국민군 사이에 충돌이 일어났고 노동자들은 자발적으로 국민군에 가세했다. 민중들 역시 바리케이드를 설치하고 정부군에 저항했지만 오래가지 못했다. 군부는 계엄령을 선포했고 전투에 가담한 7명의 국민군을 즉시 처형하는 등의 강경책도 구사했다.

프로이센의 반동 쿠데타는 1848년 12월 5일 강제로 제헌 국민의회가 해산되고 정부가 마련한 헌법이 공포되면서 절정을 맞이하게 되었다. 당시 프리드리히 빌헬름 4세는 3월 혁명 이후부터 견지한 선출 국민대표기구, 즉 제헌 국민의회와 더불어 헌법을 제정하겠다는 의지를 포기했다. 그렇다고 해서 그는 3월 혁명 이전의 체제로 회귀하려고 생각하지는 않았다.

---

33 당시 『신라인 신문』은 한 달 동안 매일 발행인 칼럼을 통해 '더는 세금은 없다'라는 구호를 게재했다.

프리드리히 빌헬름 4세가 공포한 '12월 헌법'은 입헌 군주적이고 시민 자유주의적인 원칙들의 근간을 내포하고 있었다. 이 헌법은 시민계층을 무마하기 위해 자유주의적 원칙들을 과감히 포함했는데 이것은 보수적 성향의 정치가들에게 큰 충격을 주었다.[34] 실제로 제헌 국민의회의 초안과 프랑크푸르트 국민의회가 제시한 '독일 국민의 기본권'은 '12월 헌법'의 기초적 자료로 활용되었다. 이 헌법은 언론·집회 및 결사의 자유, 인격의 자유, 주거불가침권, 신앙의 자유, 종교적 평등권, 시민적 혼례, 그리고 학문의 자유를 보장한다는 것을 명시했다. 그뿐만 아니라 귀족계층의 특권 폐지, 내각책임제 도입, 관직의 개방, 보통 선거권 도입, 토지소유권 보장, 지주의 특권 폐지 등도 명문화시켰다. 그리고 이 헌법과 연계된 다른 법안들, 즉 공개재판법, 면세특권의 폐지, 관세 도입 등도 발표되었다.

프리드리히 빌헬름 4세는 향후 소집될 의회에서 정부가 공포한 헌법을 수정할 수 있다고 했다. 또한 그는 1849년 2월 말 의회를 소집한다는 계획도 밝혔다. 프로이센 정부가 발표한 헌법에는 평판이 나쁜 3계급 선거권 제도(Dreiklassenwahlrecht)의 도입도 명시되었다. 이 제도는 1918년까지 효력을 유지했고, 프로이센의 정치적 후진성을 드러내는 상징이 되었다. 헌법에 따르면 프로이센의 유권자, 즉 25세 이상의 남성들은 각자가 내는 직접세, 즉 재산세 규모에 따라 3분화되었다. 한 선거구의 직접 세수 가운데 33%를 내던 첫 번째 계급의 유권자들은, 그 수와 관계없

---

34 제헌 국민의회에서 비스마르크와 더불어 극단적 보수주의자로 간주했던 타덴-트리글라프(Adolf v. Thadden-Trieglaff)는 12월 헌법을 '아주 불필요할 정도로 물러터진 양보의 통합'이라고 혹평했다. 그는 제헌 국민의회에서 이슈화된 출판의 자유에는 동의했지만, 언론이 보도를 통해 죄를 지으면 관여한 기자들을 교수형으로 처벌해야 한다고 주장하기도 했다. 또한 그의 딸인 마리에(Marie)는 향후 비스마르크의 정치적 행보에 적지 않은 영향을 끼쳤다.

이 선거구 의회 구성원의 33%를 선출하는 선거인단을 선택할 권리를 부여받았다. 두 번째 계급은 해당 선거구에서 직접세의 그다음 33%를 내는 사람들로 구성되었다. 마지막 계급은 세수의 나머지 33%를 내는 유권자들과 직접세를 면제받은 유권자들로 구성되었다. 이러한 시스템은 극단적인 정치적 차별이었다. 극소수 유권자가 속한 첫 번째 계급, 그보다 다소 많은 유권자가 속한 두 번째 계급, 그리고 대다수 유권자가 속한 세 번째 계급이 같은 의석 수로 대표되었다. 실제로 이 제도의 의도가 차별적이었고, 농촌과 도시의 부유층에 유리하도록 정치권력을 극도로 왜곡시키는 결과도 가져왔다.

이러한 양보를 통해 국왕과 정부는 자유주의파를 이해시킬 수 있다고 믿었고 실제로 자유주의자들은 만족했다. 그리고 대다수의 시민계층 역시 그들의 요구가 관철되었다고 생각했는데 그것은 향후 구성될 양원(Zwei Kammern-Parlament)이 헌법을 수정하고 통과시킬 권한을 갖게 된 데서 비롯된 것 같다. 실제로 자유주의자들은 나름대로 헌법 수정이 가능하다고 생각했으며 보수주의자들도 그 점에 동의했다.

1849년 1월 22일과 2월 5일에 양원 선거가 시행되었는데 개원될 의회의 최우선 과제는 1848년 12월에 상정된 헌법안을 수락하고 정부가 주도한 쿠데타를 합법화하는 일이었다. 먼저 선거인단이 선출되었는데 후보들의 입장은 헌법을 어떻게 간주하느냐에 따라 결정되었다. 철저한 민주파들은 헌법을 무조건 거부하는 후보자를 선출하라고 요구했다. 공산주의자들은 반동이나 반동 후보자들에 반대하는 모든 세력의 단합을 호소했고 통일전선의 형성을 위해 자신의 목표도 제시하지 않았다. 『신라인 신문』은 시민계층을 정치적 무관심으로부터 일깨워 정부에 대한 신뢰를 무너뜨리고 반동에 대한 투쟁에서 민중과 협력하도록 유도했다. 그러나 대시민계층은 민중, 즉 소시민계층을 두려워한 나머지 그들의 이해를 철저하게 관철하지 못하고 반동에 굴복했다.

1월 22일 선거인단 선거에서 정부와 대시민계층에 불리한 결과가 나왔는데 그것은 10개월 동안 지속된 혁명 속에서 싹튼 민중의 정치의식이 표출되었기 때문이다. 그러나 상원은 완전히 반동적이었다. 혁명세력과 반동세력은 하원에 시선을 집중했다. 여기서는 소시민적 좌파가 1848년의 제헌 국민의회에서와 비슷한 세력을 확보했다. 문제는 좌파가 12월의 쿠데타에 항의하는 혁명적 태도를 계속 견지하는가였는데 좌파는 그렇게 하지 않았다. 대부분은 상정된 헌법을 수정하여 통과시키려 했다. 극좌파 의원 몇 명만이 무조건 헌법을 거부했다. 용기를 얻은 브란덴부르크 정부는 3월 양원에 몇 개의 법안을 제출했다. 그것은 쿠데타를 통해 획득한 정부의 반동적 입장을 강화하고 민주적 자유를 제한하는 것으로, 집회 및 결사, 정치문학 및 언론을 제한하는 법안이었다. 브란덴부르크의 예상과는 달리 이러한 악법에 대한 항의가 곳곳에서 일어났다.

4. 프랑크푸르트 국민의회의 마지막 활동

프랑크푸르트 국민의회는 빈과 베를린에서 반동 혁명이 성공하고 오스트리아 및 프로이센 정부가 시민계층을 축출하자, 이전과는 다른 상황에 놓이게 되었다. 이제 많은 사람은 국민의회를 각 정부와 대항할 수 있는 최후의 보루로 생각했다. 그러나 신민의 다수를 차지하던 자유 시민계층이나 소수의 민주파가 국민의회를 혁명의 주도 세력으로 이끌지 못했기 때문에 국민의회로부터 혁명을 고무하는 어떤 조치도 나오지 않았다. 당시 국민의회는 민중과의 연계를 단호하게 거부했기 때문에 이들 계층으로부터 지원을 얻을 수도 없었다. 실제로 프랑크푸르트 국민의회는 베를린 제헌 국민의회의 납세 거부 결정을 불법이라 선언했고 프로이센 정부의 쿠데타에 대해서도 강하게 항의하지 못했다.

소독일주의를 지향하던 프랑크푸르트 임시 제국 정부 수반 가게른은 1848년 11월 24일 베를린에서 프리드리히 빌헬름 4세를 알현하고 그에게 독일 제국 황제로 등극하라고 설득하려고 했다.[35] 프리드리히 빌헬름 4세는 잘 알려진 대로 주어진 황제 칭호를 '흙과 먼지로 만들어낸 왕관'이라 보고 거절했지만, 오스트리아를 비롯한 다른 독일 군주들이 동의한다면 수락할 가능성도 배제하지 않았다. 당시 가게른은 독일 제후들이 헌법을 수용한다면 프리드리히 빌헬름 4세 역시 제위를 수용하리라는 판단을 했는데 그것은 이 군주가 종종 상황에 따라 자신의 태도를 변경한 데서 비롯된 것 같다.

1848년 11월 27일 빈 정부가 모든 형태의 독일 연방을 거절하자, 오스트리아를 통합 독일에서 배제해야 한다는 의견이 크게 대두되었다. 이후부터 프로이센 주도로 통합 독일 국가를 탄생시켜야 한다는 소독일주의가 대독일주의의 대안으로 제시되기 시작했다. 프랑크푸르트 국민의회에서 제시된 소독일주의 원칙에 따른 독일권 통합안에서 오스트리아는 기존 영토를 견지하는 대신 통합국가에 참여해서는 안 된다는 것이 강조되었다.

1848년 12월 13일 중도우파인 '카지노파', 중도좌파인 '란츠베르크파', 그리고 중도 자유파인 '아우크스부르크 궁정파'에 속한 의원들의 연합간담회가 개최되었다. 같은 날 저녁 브레슬라우에서 온 임시 제국 정부 임용 후보자인 슈네르(Alexander Schneer) 의원이 란츠베르크파 의원총회에서 슈멜링에 대한 불신임투표를 요구했고 아우크스부르크 궁정파도 동의했다. 이어 개최된 임시 제국 정부 회의에서 통합 독일과 오스트리아 제국의 분리가 결의되었다. 반수 이상의 임시 제국 정부 장관들이 슈멜링의 주장, 즉 대독일주의 원칙에 따른 독일 통합에 동의하지 않는

---

35 국민의회 의원인 짐존(Edward v. Simson)과 빈케도 베를린 방문에 동참했다.

다는 태도를 밝힘에 따라 다음 날인 12월 14일 슈멜링의 사임도 결정되었다.

　슈멜링의 후임으로 소독일주의 정파를 주도하던 가게른이 지명되었다. 12월 15일 제국 섭정은 가게른에게 임명장을 주었고 이후 전개된 독대에서 회의적이고 떨떠름한 표정으로 가게른의 향후 독일권 구도에 대한 설명을 경청했다. 가게른은 앞으로 등장할 통합 독일이 오스트리아와 상호 협력해야 한다고 말했는데 이에 대한 제국 섭정의 반응은 부정적이었다. 장관으로 임명된 가게른은 12월 18일 국민의회 총회에서 통합 독일과 오스트리아 제국의 향후 관계에 대해 자세히 논했다. 첫째, 기존 독일에 대한 오스트리아 제국의 연합적 지위는 그대로 유지한다. 그러나 오스트리아 제국 내 비독일 지역과 통합 독일 간의 결합은 불허한다. 둘째, 지금까지 국민의회에서 결정된 사안들을 통해 오스트리아가 연방체제의 일원이라는 것을 부정하지는 않지만, 이 국가는 향후 출범할 통합국가에 참여할 수 없다. 셋째, 연합 또는 연맹 관계를 정의한 문서로 통합 독일에 대한 오스트리아 제국의 연맹적 관계가 정의되고 그것에 따라 양측의 혈연적·정신적·정치적, 그리고 물질적 욕구가 충족되었지만, 앞으로는 이러한 것이 보류 내지는 중단될 것이다. 넷째, 오스트리아 제국이 비록 임시 제국 정부에 의해 독일 연방의 일원으로 인정되었지만, 이 제국이 통합 독일에 가입하지 않는다면 상호 간의 이해와 기존의 의무 및 권리는 외교사절단의 운용을 통해 유지한다. 다섯째, 통합 독일의 헌법 제정은 양측의 이익을 고려하지만, 오스트리아 제국의 입장을 별도로 배려할 필요는 없다.

　1849년 독일 통합 방안이 기존의 당파와 연계되면서 정치적 조직은 이전보다 복잡한 양상을 띠었다. 1849년 2월 독일 통합과 관련하여 다시 구성된 각 집단은 모임 장소의 이름을 따서 불리게 되었다. 우선 '마인루스트(Mainlust)'를 들 수 있다. 이 파는 대독일주의를 지향했고 160

명의 좌파, 카지노파의 분파인 '파리 궁정파(Pariser Hof)' 출신의 100명의 가톨릭주의자, 그리고 연방주의적 성향의 남독일인, 오스트리아인들로 구성되었다. 이어 '바이덴부쉬(Weidenbusch)파'는 소독일주의를 지향했고 여기에는 220명의 의원이 참여했다. 카지노파, 란츠베르크파, 아우크스부르크 궁정파와 뷔르템베르크 궁정파의 일부, 그리고 베스텐트할파의 개신교도가 참여했다. 마지막으로 '브라운펠스(Braunfels)파'에는 베스텐트할파 출신의 자유주의자와 민주주의자가 참여했다. 브라운펠스파가 바이덴부쉬파에게 타협안을 제시함으로써, 제국헌법은 보통 선거제도와 같은 민주주의적 요소들도 포함하게 되었다.

독일 통합 논의 과정에서 오스트리아적 대독일주의 옹호자와 소독일주의 추종자는 타협보다는 그들의 관점을 관철하는 데 주력했다. 대독일주의를 지지하는 세력은 독일 연방에 소속된 오스트리아 제국의 영역을 신독일에 포함해야 한다고 주장했다. 물론 오스트리아가 독일권에서 행사했던 기득권 역시 보장되어야 한다는 것이 대독일주의파의 입장이었다. 시간이 지남에 따라 대독일주의를 지지하던 오스트리아 출신 의원들은 점차 대독일주의에 대해 부정적인 시각을 가지게 되었는데 그것은 그들이 지속적으로 주장한 오스트리아 제국의 전 영역이 신독일에 편입돼야 한다는 견해가 수용되지 않았기 때문이다.

슐레스비히-홀슈타인 문제로 위상이 격하된 국민의회는 헌법의 기본 구조 심의를 본격적으로 가동하기 시작했다. 이미 국민의회는 1848년 5월 24일 바서만을 의장으로 헌법위원회(정원 30명)를 설치하여, 제국헌법의 근간을 마련하고 그것에 대한 조정 작업도 진행했다. 아울러 향후 법치국가 운영에 필요한 국민 기본권 제정에 착수했다. 국민 기본권은 이미 이전부터 각 영방 헌법에서 보장된 시민적 권리를 집약하고 봉건적 구속을 폐기한다는 원칙에서 비롯되었다. 여기서는 개인의 자유, 법적 평등, 영업·경제 활동의 자유, 이동의 자유, 영주의 자의적 체포나 권력 남용에 대한 권리 보장, 출판·신앙·사상의 자유, 집회·결사의 권리 등이 망라되었다. 당시 국민의회는 제국헌법 제정과 더불어 독일 국민의 기본권도 심의했다. 1848년 12월 28일 제국법률공보지에 전날 국민의회에서 가결된 '독일 국민의 기본권과 관련된 제국법'이 게재되었다. 공보지는 독일 국민에게 부여된 기본권은 즉시 구속력을 가지고 시행된다는 것도 명시했다.

1849년에 접어들면서 프랑크푸르트 국민의회의 소독일주의자들은 의회 내에서 반수 이상을 차지하게 되었다. 이들은 헌법에 명시된 황제권을 독일권의 한 국가 군주에게 이양해야 한다는 관점을 가지게 되었고 이것을 3월 27일 국민의회에 투표안건으로 넘겼다. 이날 실시된 투표에서 독일권의 한 군주에게 황제권을 이양한다는 안에 대해 279명의 의원이 찬성했고 이보다 24명이 적은 255명은 반대했다.

이어 진행된 황제권의 세습화에 대한 투표에서 바이덴부쉬파 중에서 지몬(August Heinrich Simon)과 그를 추종하던 12명의 의원이, 가게른이 강력히 추진하던 세습황제 도입에 찬성표를 던졌는데 이것이 안건 통과에 결정적인 요인으로 작용했다. 실제로 267명이 찬성했고 이보다 단지 4명이 적은 263명이 반대표를 던졌다. 여론 변화의 주된 이유는, 대안으로 제시된 선출군주제나 임기제 의장이 있는 집정부제와 같은 다른 모든 방안의 실현 가능성은 거의 없었고, 급진좌파가 미국을 모델로 요구한 공화국만큼이나 별 지지를 얻지 못했기 때문이다. 당시 반대표를 던진 의원들의 대다수는 도너스베르크파, 독일 궁정파, 그리고 대독일주의를 추종하던 의원들이었다.[36] 다음 날 세습황제제 도입에 찬성한 소위 '지몬-가게른 타협(Simon-Gagern Pakt)파' 의원들의 주도로 프리드리

---

36 세습황제제 도입에 기권한 의원은 모두 8명이었는데 이들은 베스텐할파(5명), 독일 궁정파(1명), 무당파(2명)였다.

히 빌헬름 4세가 독일 황제로 추대되었다.

국민의회는 3월 28일 총 196조로 구성된 제국헌법(Reichsverfassung)을 선포했는데 여기서는 중요한 것들만 언급하도록 한다. 독일 제국의 영역을 구체적으로 명시했다(제1조). 독일 제국에 소속된 국가가 독일 제국 이외의 지역에서 영토를 소유할 때 이 국가의 비독일 영역은 독자적으로 헌법, 정부, 그리고 행정체제를 가진다(제2조). 독일 제국에 소속된 국가들은 제국헌법에서 명시한 것 이외의 부분에서 독립성을 유지하고 독자적인 통치권도 행사할 수 있다. 따라서 각 국가는 독자적으로 제3국과 협약을 체결을 할 수 있다(제5조 및 제8조). 중앙정부는 우편 업무 및 동전 주조에 대한 독점권을 가지며 독일 제국에 포함된 각 국가에 제국 운영에 필요한 부담금도 부과할 수 있다(제41조, 제45조, 제50조). 제국 중앙정부는 제국 평화를 유지하는 데 필요한 모든 업무를 수행하며 시민법, 교역 및 어음법, 형법, 소송법 등을 다룬 제국법전도 출간할 수 있다(제64조). 제국법은 제국 내 각 국가의 법보다 우위를 차지한다(제65조). 국가원수의 지위, 즉 신성불가침의 권한을 가진 독일 황제는 제국 내에서 국왕의 지위를 가진 인물 중에서 선출하고 이 가문의 후손들은 계속하여 황제직도 수행한다. 그리고 그 과정에서 장자상속제도의 원칙을 적용한다(제68조, 제69조, 제70조). 독일 황제로 선출된 인물은 책임내각제를 통해 자신에게 부여된 제 권리를 행사한다(제73조). 독일 황제는 국제법상 독일 제국 및 이 제국에 소속된 국가들을 대표하고 동맹 및 조약체결권뿐만 아니라 제국의회 소집 및 해산권도 가진다. 아울러 독일 황제는 제국의회에 법률안 제출권을 가지며 제국재판소에서 다룬 안건에 대한 사면 및 감형권도 행사한다(제75조~제81조). 귀족제 폐지, 법적 평등권 보장, 평등선거제 도입, 그리고 개인적 자유를 보장한다(제138조). 사형제도를 폐지한다(제135조). 영장 없는 주거 침입은 불허한다(제140조), 우편의 비밀을 보장한다(제142조). 언론·신앙·양심의 자유를 허용한다(제

143조, 제144조). 학문의 자유를 보장한다(제152조). 민간결혼(Die bürgerli-che Gültikeit der Ehe)제도를 도입한다(제150조). 교육과 종교를 분리하고 각 국가는 교육감독권을 행사한다(제153조). 사형제도를 폐지한다(제135조). 국민교육의 의무화 및 무상화를 시행한다(제157조). 집회 및 결사권을 보장한다(제161조). 사유재산을 보장한다(제164조). 토지는 자유 매매가 가능한 사유재산으로 인정한다. 그리고 주종관계를 폐지하고, 부역과 영주의 재판권 및 경찰권도 허용하지 않는다(제166조, 제167조). 토지세 및 십일조를 취득세로 바꾸고 타인의 토지에서 행하던 수렵은 불허하고 귀족의 특권 역시 폐지한다(제168조). 재판에서 공개심문 원칙을 적용하며 형사 사건의 경우 공소를 시행하며 중대 재판에는 배심원제도를 도입한다(제178조). 국민대표는 국민이 직접 선출하는 국민원(Volkshaus)과 독일 연방 내 국가들의 대표가 참석하는 연방원(Staatenhaus)으로 구성한다(제85조). 167명으로 구성된 연방원 의원은 38개국 대표로 구성되며 임기는 6년이고 3년마다 절반을 교체한다. 이에 반해 일반, 비밀, 평등 선거제에 따라 선출되는 국민원 의원들의 임기는 3년이지만 첫 대의 임기는 4년이다(제86~제90조).[37] 국민원과 연방원에서 제출된 안건이 통과되려면 정원의 절반 이상의 의원이 참석해야 하고 찬성표가 반대표보다 많아야 한다. 그리고 국민원과 연방원에서, 즉 제국의회에서 통과된 법안이 중앙정부에 의해 거부될 때 이 법안은 회기 중에 다시 제국의회에

---

37 당시 선거권은 만 30세 이상의 품행 단정하고 독립적인 모든 독일인에게 부여한다고 했다. 그러나 독립성이라는 기준은 아주 다양하게 해석될 수 있으므로, 빈민보조금을 받거나 지난 몇 년 동안 받은 적이 있는 사람들뿐만 아니라 하인, 수공업 도제, 공장노동자, 일용노동자들까지도 배제되는 것으로 이해되었다. 이것은 하층 시민계층이 선거권 행사에서 거의 예외 없이 배제되는 것으로 볼 수 있다. 당시 베케라트는 하층 시민계층을 선거권 행사에서 배제한 것에 동의하지 않았지만 현실적 상황을 고려해야 한다는 입장을 표했다.

제출할 수 없다. 그러나 중앙정부로부터 거부된 법안은 다음 회기에 제국의회에 다시 제출할 수 있지만, 중앙정부의 동의를 받아야만 법률적 효력을 가지게 된다. 3회 이상 중앙정부에 의해 거부된 법안이 다시 제국의회에 상정되어 통과되면 이 법안은 중앙정부의 동의 없이 바로 효력을 발휘할 수 있다(제101조). 그리고 제국헌법을 개정하려면 양원에서 참석 의원의 67% 이상의 찬성을 받은 후 제국 황제의 동의도 받아야 한다(제196조).[38] 독일 제국 내 모든 국가의 의회는 헌법 제정권을 가지며 의회에 대한 장관 책임제도 도입한다(제186조). 독일 제국 내 비독일계 민족, 즉 소수민족은 그들의 민족성을 보존하고, 발전시킬 권한을 가지는데 그것을 위해 독일어와 더불어 각국어도 사회적 공용어, 즉 학교와 재판과정에서 사용하게 한다(제188조).

제국헌법에서 명시된 기본법은 각 독일 국가의 헌법적 기초가 되었고 각국의 헌법은 기본권을 제한하거나 폐기할 수 없게 되었다. 기본권에 관한 법률은 시민계층의 요구를 최대한 수용했고 민중의 요구도 부분적으로 수용했다. 몇 개의 기본원칙은 이미 혁명 기간에 만들어졌고 대단히 진보적인 색채를 지녔다. 제국헌법이 공포된 후 국민의회는 기본권이 전 독일에 도입된 것으로 간주했으나 우파들은 많은 조항을 유보하자고 주장했다. 우파가 수적으로 우세했기 때문에 유보가 결정되었고 그것에 따라 프로이센, 오스트리아, 바이에른, 하노버는 기본법을 거부하는 데까지 나아갔다.

1849년 3월 말 오스트리아를 제외한 모든 영방국가의 대표 33명이

---

38 국민원과 연방원은 입법 과정에 동등한 자격을 가지고 참석하지만 무게중심은 국민원에 있었다. 당시 황제는 국민원의 해산권도 가지고 있었다. '독일 국민의 기본권과 관련된 제국법률'은 바이마르 공화국 헌법과 독일 연방공화국 기본법에도 계승되었다.

프로이센 국왕에게 황제 대관을 봉정하기 위해 베를린으로 향했다.[39] 4월 3일 프로이센 국왕 프리드리히 빌헬름 4세는 프로이센 출신의 짐존[40]과 가게른이 이끄는 프랑크푸르트 국민의회 사절단, 즉 황제대표단(Kaiserdeputation)과의 대화에서 다시 한번 독일 모든 제후의 동의 없는 황제직 수용을 거부했다. 내적으로는 혁명의 선물을 받아들이는 것이 신의 은총을 받은 군주의 성스러운 권리 및 명예를 더럽히는 것으로 간주했기 때문에 거부한 것이다.[41] 아울러 프리드리히 빌헬름 4세는 소독일주의 원칙에 따른 독일권의 통합에 대해서도 부정적인 시각을 가지고 있었다. 당시 그는 '티롤(Tirol), 즉 오스트리아를 제외한 독일은 코 없는 얼굴보다 더욱 흉하다'라고 생각하고 있었다. 실제로 생애의 마지막까지 그는 합스부르크가 지배하고, 프로이센의 군주는 단지 군사령관으로서 황제에게 충실히 봉사하는 기독교적—독일 제국이어야 한다는 청년 시절의 꿈에서 벗어나지 못했다.[42]

이렇게 프리드리히 빌헬름 4세가 황제직 수용을 거부했음에도 불구하고 프랑크푸르트 국민의회는 동요하지 않고 오히려 소독일주의에 대한 그들의 신념을 재천명하는 적극성마저 보였다. 28개 영방국가의 전권대사들은 신헌법 지지 의사를 밝혔고, 프로이센 의회 역시 프랑크푸

---

39 1849년 3월 28일에 실시된 투표에서 290명의 의원이 프리드리히 빌헬름 4세를 아직까지 실체도 없던 '소독일 입헌 연방국'의 황제로 선출했다.

40 1848년 12월 18일부터 1849년 5월 11일까지 국민의회 의장직을 수행한 짐존은 독일 연방이 해체된 후 북독일 연방의회 의장을, 독일 통합 후에는 독일 제국 대법원장을 역임했다.

41 당시 프리드리히 빌헬름 4세는 자신을 황제로 선출하는 데 반대한 의원이 248명에 달한다는 사실도 불쾌해했다.

42 1849년 4월 11일 프리드리히 빌헬름 4세는 누이인 샤를로테(Charlotte)에게 보낸 서신에서 오스트리아와 연합하여 프랑크푸르트 국민의회를 해산하겠다는 의지를 밝혔다. 이것은 프랑크푸르트 국민의회를 섬멸하겠다는 속내를 우회적으로 표현한 것이라 하겠다.

르트 헌법이 프로이센에도 법률적 구속력을 가진다고 결의했다. 그렇지만 1849년 4월 28일 베를린 정부가 프리드리히 빌헬름 4세의 황제직 수용 거부를 프랑크푸르트 국민의회에 공식적으로 통보함에 따라 프로이센 위정자의 마음이 조만간 바뀌리라 기대했던 소독일주의자들의 희망은 완전히 사라지게 되었고, 이것은 프랑크푸르트 국민의회의 종말을 알리는 계기도 되었다.[43]

프리드리히 빌헬름 4세가 독일 제국 황제 추대를 거부한 후 오스트리아 정부는 프랑크푸르트 국민의회에 소속된 자국 출신 의원 전원을 본국으로 소환했다. 이들의 철수로 프랑크푸르트 국민의회의 동력은 크게 상실되었고, 5월 14일에는 프로이센 출신 국민의회 의원들마저 의원직을 사임함으로써 프랑크푸르트 국민의회는 이제 존폐 위기를 맞이하게 되었다. 1848년 5월 19일부터 12월 16일까지 국민의회 초대 선출 의장을 역임한 가게른이 요구한 보궐선거는 시행되지 않았고, 국민의회는

---

43 프리드리히 빌헬름 4세는 1849년 5월 15일 '프로이센 신민들에게 보내는 편지'에서 자신의 황제직 거부 이유를 다시금 거론했다. "나는 독일 국민의회 – 프랑크푸르트 국민의회 – 측에서 제안한 황제직 수용에 동의할 수 없다. 왜냐하면 독일 국민의회는 독일 모든 정부의 사전동의 없이 나에게 그러한 제안을 할 수 없기 때문이다. 게다가 이들은 그들이 제정한 헌법 수용마저 요구했는데 거기에는 영방국가들의 권리 및 안전을 위협하는 내용도 다수 포함되었다. 지금까지 나는 독일 국민의회를 이해하기 위해 모든 방법을 다 활용했다. 이제 이 의회와 프로이센과의 관계는 회복할 수 없을 정도로 와해되었다. 독일인들은 프랑크푸르트 국민의회 의원들에게 더는 긍지와 신뢰를 보이지 않고 있다. 따라서 의회 활동에 실망한 상당수의 의원은 자발적으로 프랑크푸르트를 떠났다. 어제 나는 아직까지 프랑크푸르트로부터 철수하지 않은 프로이센 의원들 모두에게 베를린으로 귀환할 것을 명령했다. 일부 국가에서도 그러한 조치가 취해질 것이다. 현재는 암살주의자들과 동맹을 맺고 있는 과격한 파벌이 국민의회를 장악하고 있다. 이들은 외형상 독일의 통합을 주장하고 있지만, 사실은 무신론, 거짓, 강도의 전쟁을 벌이고 군주제와의 싸움에도 불을 붙이고 있다. 그리고 만일 군주제가 무너진다면 법과 자유와 소유권의 은혜 역시 사라질 것이다."

하루가 다르게 약화되었다. 실제로 오스트리아 및 프로이센 출신 의원들이 프랑크푸르트에서 철수한 후, 헤센 대공국과 바덴 대공국 출신 의원들을 비롯한 보수파 및 중도자유주의 노선의 의원들도 국민의회를 떠났다. 5월 20일 카지노파에 속한 65명의 의원이 의원직을 사퇴했고 이후에도 의원들의 사퇴는 이어졌다.

프랑크푸르트에 잔류한 좌파 의원들은 28개 독일 연방 회원국이 프랑크푸르트 국민의회에서 제정한 제국헌법을 이미 승인했다는 점에 근거하여 '프랑크푸르트 제국헌법 지지 캠페인'을 벌임과 동시에 기존 독일 연방 회원국 정부에 대한 불복종운동도 전개했다. 이것은 혁명세력의 반정부투쟁을 공공연히 선동하려는 의도에서 비롯된 것 같다. 그 결과 독일 연방과 잔류 국민의회 간의 정치적 갈등이 심화되었다. 국민의회 잔류 좌파 의원들에 의해 프랑크푸르트 헌법 지지 호소문이 1849년 5월 6일자 독일의 여러 주요 일간지에 게재된 후, 공화주의자들의 '5월소요'가 독일의 여러 지역에서 연쇄적으로 발생했다.

무력투쟁은 작센 왕국의 수도인 드레스덴에서 시작되었다. 국왕 프리드리히 아우구스트 2세(Friedrich August II)와 정부는 제국헌법을 인정하지 않겠다고 발언했다. 아울러 그는 프로이센의 원조를 확신하며 군사적인 조처도 취하려 했다. 작센 정부가 베를린의 무력 개입을 요청하려 한다는 사실이 알려진 5월 3일 성난 시위대가 무기고 앞에서 프로이센군에 대항하기 위한 무기와 화약을 요구했다. 수비대가 발포를 시작했고 모든 작센인은 이에 분노했다. 수 시간 만에 이 도시에 100개 이상의 바리케이드가 설치되었고 노동자, 수공업자, 체조인, 학생들이 바리케이드를 점유했다. 지식인을 대표하여 젬퍼(Gottfried Semper), 작곡가 바그너(Richard Wagner), 음악가 뢰켈(August Röckel) 등이 봉기에 참여했다. 그리고 프롱드(Fronde)파의 대표적 인물이고 무정부주의자로 알려졌던 바쿠닌(Michael Bakunin)도 봉기에 가담했는데 이 인물은 프랑스와 폴란

드에서 발생한 혁명적 소요에 적극적으로 참여했었다.[44]

국왕과 정부는 5월 4일 쾨니히슈타인(Königstein) 요새로 도피했다. 민주파들이 자발적인 봉기를 주도하여 3두 체제의 임시정부를 수립했고 대표자로 취르너(Samuel Tzschirner)가 등장했다. 취르너는 드레스덴 시민을 상대로 "결정의 시간이 다가오고 있다. 현재가 아니면 앞으로도 불가능하다. 자유 또는 예속! 여러분들이 선택해야 할 것이다. 우리는 당신들 곁에 있고 당신들도 우리 옆에 항상 있다는 것을 명심해야 할 것이다!"라는 연설을 했다. 당시 작센의 시민계층이 극좌파, 온건 민주파, 자유파로 구성된 이 임시정부를 거부했기 때문에 임시정부는 비밀리에 회의를 진행해야만 했다.[45]

5월 5일 정오부터 강화된 정부군이 바리케이드를 공격했다. 약 5천 명의 정부군이 투입되었는데 그중 절반은 프로이센군이었다. 3천 명도 안 되는 봉기자들 가운데 무기를 든 사람은 3분의 1 정도였다. 봉기자들은 바로 수세에 몰렸고 군대는 무자비하게 진압해 나갔다. 봉기군은 4일에 걸쳐 정부군에 대응하는 저력을 발휘했다. 그러나 봉기군의 희생은 매우 컸는데 이것은 250명이 사망하고 400명이 중상을 입은 데서 확인할 수 있다.[46]

---

44 왕실 궁정 극장을 설계하는 등 건축가로 활동하던 젬퍼는 효율적인 바리케이드 설치 방안을 시위대에게 알려주기도 했다.

45 그러나 작센 왕국 내 24개 도시는 임시정부를 승인했다. 혁명적 소요가 진압된 이후 727명이 재판에 넘겨졌고 이들 모두는 중형을 선고받았다.

46 거의 같은 시기 라인팔츠의 일부 지역에서도 5월 소요가 발생했다. 권력을 이양받은 시민연합은 5인 집행위원회를 구성했다. 집행위원회는 바로 바이에른 왕국으로부터 독립한다는 선포까지 했다. 이후 라인팔츠에 주둔하던 바이에른군의 일부가 혁명세력에 동조하는 상황까지 초래했다. 당시 막시밀리안 2세는 라인팔츠 지방의 상황에 효율적으로 대처할 방법이 없었다. 바이에른의 위급한 상황을 인지한 프로이센이 군사 지원을 제의했지만, 독일권에서 프로이센의 절대적 우위를 두려워한 바이에른 국왕은 거절했다. 그럼에도 불구하고 프로이센은

프로이센에서의 헌법운동도 효과 없이 끝났다. 그리고 1848년 11월부터 계엄이 선포된 베를린에서는 어떤 결정적인 움직임이 나타날 수 없었다. 그런데도 동프로이센에서 시위가 일어났고 포젠과 작센주에서도 봉기가 준비되었으나 제대로 이행되지 못했다. 5월 6일과 7일에 걸쳐 브레슬라우의 노동자들과 민주파들이 바리케이드를 쌓고 투쟁했으나 우세한 군대 앞에 굴복했다. 라인주와 베스트팔렌에서도 시민계층이 민중을 규제할 속셈으로 헌법운동을 전개했다. 5월 8일 쾰른에서 열린 라인주 지방의회는 제국헌법의 수용을 천명했고 프로이센 국왕에게 제헌 국민의회의 재소집과 브란덴부르크의 파면을 요구하기도 했다. 그러나 자유파들은 반동세력과 투쟁을 하는 등의 어떤 적극적인 조치는 취하지 않았다.

정부는 방위군을 소집하여 기선을 제압했는데 그것에 대한 항의는 여러 곳에서 간헐적으로 발생했다. 라인 공업지역에서 엘버펠트(Elberfeld)가 소요의 중심지로 떠올랐다. 여기서 노동자들과 방위군(Landwehr)은 5월 8일 허약한 군대를 몰아낸 후 바리케이드를 설치했다. 이들은 9일과 10일에 다시 진격한 군대를 격퇴했다. 베스트팔렌의 이절론(Iserlon)에서는 무기고를 습격한 방위군과 노동자들이 5월 10일 도시를 장악했다. 하겐(Hagen)에서는 봉기자들이 많은 무기와 탄약을 확보했다. 이후 엘버펠트, 이절론, 졸링겐(Solingen), 하겐 등의 도시에서 소시민적 민주파들이 안전위원회를 구성했다. 그리고 이절론과 엘버펠트에 이웃 도시들이 수천 명의 무장병을 지원 파견했다. 그러나 5월 17일 강화된 프로이센군은 이절론의 거리와 집에서 노동자들과 그 가족들을 살해했는데 그

일방적으로 라인팔츠에 군대를 파병했고, 바이에른 국왕은 추후 동의하는 자세를 보였다. 당시 프로이센군을 지휘하던 빌헬름 왕세제는 혁명세력을 격파한 후 막시밀리안 2세와의 사전협의 없이 라인팔츠에 전시국제법(Kriegsrecht)을 발표하는 등의 무례한 행위를 자행했다.

수는 100명을 초과했다. 다음 날인 5월 18일 실리(Victor Schily)와 아만트(Peter Imandt)가 이끄는 노동자들은 프륌(Prüm)에 있는 무기고를 습격했고 거기서 획득한 무기로 봉기를 재차 일으켰지만 실패했다.

베를린 정부가 자국에서 발생한 봉기 문제로 애쓰는 동안 남부와 서부 독일에서의 헌법운동은 지속되었다. 시위자들은 국왕과 정부가 제국헌법을 승인하지 않는다면 왕궁도 습격하겠다고 했다. 실제로 바덴, 뷔르템베르크, 헤센-다름슈타트, 헤센-카셀, 나사우 등에서 소요가 발생했다. 정부군이 시위 참가자들을 공격함에 따라 노동자들 및 이들과 연계한 민주파들은 자유군을 창설하여 대응했다. 5월 2일 카이저슬라우테른(Kaiserslautern)에서 개최된 민중집회에서 자유파와 민주파 의원을 중심으로 구성된 임시 국방위원회가 활동을 개시했다. 5월 17일에 선출된 민중대표부가 임시 국방위원회를 임시정부로 승격시킨 후 바이에른으로부터 독립을 선언하고 제국헌법을 팔츠 헌법으로 인정했다. 그러나 6월 초부터 프로이센군은 뮌헨 정부의 허락 없이 바이에른-팔츠 지방(오늘날의 라인란트-팔츠)으로 진입한 후 혁명세력을 무자비하게 진압했다.[47]

이 시기 민중운동이 가장 격렬하게 진행된 곳은 바덴이었다.[48] 1849

---

47 뮌헨 정부는 추후 프로이센군의 위법 행위에 당위성을 부여했다.
48 1848년 9월 20일 바덴 대공국의 뢰르라흐(Lörrach)에서 슈트루베가 500명의 무장세력을 이끌고 독일 공화국을 선포했는데 이것은 프랑크푸르트의 무력시위가 성공했다는 신문들의 과장 내지는 허위보도에서 비롯된 것 같다. 스위스 바젤에서 돌아온 슈트루베는 독일 공화국을 선포하면서 '모든 독일인의 복지 증대를 구현하고 이들에게 교육적 기회를 제공하겠다'고 약속했다. 그리고 개인적 제 자유 이행을 실천하고 봉건적 조세 및 노역을 폐지하고 관세 역시 대폭 낮추겠다고 언급했다. 아울러 국가 및 교회의 토지재산을 지역 정부에 일시적으로 넘겨 공화정 체제 구축에 필요한 재원도 확보하겠다고 선언했다. 또한 공공재산을 강제로 뺏고 부유한 시민계층에게 강제 헌납을 요구하겠다고 주장했고 사전 준비 없이 이것을 실제로 이행하기도 했다. 이 과정에서 그와 그의 추종 세력은 도둑 무리 또는 무정부주의자라는 비난을 받기도 했다. 다음 날 간행

프랑크푸르트 국민의회 사절단과 프리드리히 빌헬름 4세

된 『공화국 정부-전단(*Republikanisches Regierungsblatt*)』에서 슈트루베는 임시정부의 대표자 자격으로 억압 군주들에 대한 독일 민중의 저항이 시작되었음을 언급했다. 이어 그는 프랑크푸르트 국민의회와 임시 제국 정부의 무능함을 강력히 비판하면서 독일 민중의 요구사항을 관철하기 위해서는 독일 민중 스스로가 무기를 들어야 한다고 강조했다. 이렇게 독일 공화국을 선포한 후 슈트루베는 4천여 명의 의용군을 이끌고 카를스루에까지 행진하려고 했지만, 이들은 슈타우펜(Staufen)에서 행진을 중단해야만 했다. 당시 800명의 바덴 대공국군은 슈트루베와 그의 의용군을 슈타우펜 전투에서 패배시켰고 슈트루베와 부인 아말리에(Amalie)는 후퇴 과정에서 체포되었다. 1849년 3월 30일 프라이부르크 배심법원은 슈트루베와 그의 측근 블린트(Karl Blind)에게 내란죄를 적용했고 그것에 따라 이들은 8년 동안 교도소에서 수감되어야 했다. 얼마 후 이들의 형량은 5년 4개월로 줄어들었고 슈트루베는 라슈타트 교도소로 이감되었다. 그런데 스위스로 도망간 그의 추종자들이 다시 세력을 결집하여 독일에서 혁명적 소요를 일으킴에 따라 프랑크푸르트 임시 제국 정부는 10월 4일 스위스 정부에 공문을 보내어 스위스로 넘어간 슈트루베의 추종 세력을 가능한 한 빨리 찾아내어 독일로 넘겨달라고 강력히 요구했다. 이 공문에는 독일에서의 혁명적 소요를 준비하는 집단을 검거하지 않고 방관하는 스위스 관리들에 대한 처벌도 언급되었다.

년 5월 9일 라슈타트(Rastatt) 연방 요새수비대의 반란으로 시작된 바덴의 소요는 소요세력이 혁명정부 및 혁명군을 운용할 만큼 규모가 컸다.[49] 3월 혁명 이후 바덴군의 군율은 이전보다 강화되었고 이것에 대해 장교들은 자주 불만을 토로했다. 프랑크푸르트 국민의회에서 통과된 제국헌법에서 명시된 일반병역제가 도입된 다음부터 부유한 시민계층의 아들을 대신하여 높은 급여를 받으면서 근무하던 병역대리자들의 분노가 증대되었다. 이러한 시점에 일부 병사들이 불복종으로 처벌받은 동료들의 석방을 요구했고 이것은 라슈타트 연방 요새수비대가 반란을 일으키는 요인으로도 작용했다.

이후 바덴의 여러 도시에 주둔하던 군영에서도 소요가 동시다발적으로 발생했다. 이러한 상황이 걷잡을 수 없이 확산함에 따라 레오폴트(Leopold) 바덴 대공은 1849년 5월 13일 저녁 카를스루에를 떠나 게르메르스하임(Germersheim) 요새를 거쳐 인근 알자스에서 있는 라우터부르크(Lauterburg)에서 잠시 머무르려고 했지만, 자신과 가족의 신변이 위험해지자 프로이센군이 주둔하던 마인츠로 피신했다. 여기서 그는 독일 연방과 프로이센에 군사 개입을 요청했다.[50]

---

49 연방 요새 수비대원들은 대로와 골목을 행진하면서 '우리는 자유를 원하는 국민이다(Wir sind das Volk, das seine Freiheit fordert)'라는 구호를 외쳤다. 그 후에는 라슈타트 주민들과 더불어 그로머(Gromer) 맥주 양조장에서 '국민에 대한 신뢰와 사랑'을 맹세하면서 저녁마다 혁명가를 불렀다.

50 이에 앞서 레오폴트 대공은 라슈타트 요새 반란을 자력으로 해결하려고 했다. 레오폴트 대공은 5월 12일 전쟁장관인 호프만(Friedrich Hoffmann) 장군에게 반란 진압을 명했다. 그날 호프만은 정부군을 이끌고 라슈타트 요새 공략에 나섰지만, 성공을 거두지 못했다. 결국 호프만과 그의 측근 장교들은 도주했고 그가 이끌던 군대 대다수는 반란군에 투항했다. 1849년 6월 12일 프로이센의 왕세제 빌헬름은 바덴과 팔츠를 공략할 프로이센 총사령관의 신분으로 마인츠에 도착했다. 당시 빌헬름 왕세제와 포이커(Eduard v. Peucker) 장군이 이끌던 프로이센군 규모는 52,000명을 초과할 정도로 막강했다. 마인츠에 도착한 날 빌헬름 왕세제

반란세력에 의해 바덴 공화국 수립이 선포되었고, 프랑크푸르트 국민의회의 급진좌파 의원 브렌타노를 수반으로 하는 바덴 공화국 임시혁명위원회도 구성되었다.[51] 임시혁명위원회에서 브렌타노가 중도적 성향의 인물로 간주되었다는 것으로 위원회의 정치적 성향 역시 쉽게 가늠할 수 있다. 당시 사회주의 혁명가로 알려진 괴크(Amand Goegg)가 재무장관으로 활동했고 정책 논의 과정에서 브렌타노와 충돌하는 경우가 많았다. 브렌타노와 괴크는 프랑크푸르트 국민의회에서 제국헌법이 공포된 직후 바덴에서 민주적–공화주의적 협회를 결성한 후 3월 혁명 이전에 결성된 지방의회를 해산하고 헌법 제정권을 가진 의회 구성을 강력히 요구했었다.[52]

는 포이커 장군과 그뢰벤(Georg v der Gröben) 백작과 더불어 작전참모 회의를 했고 거기서 6월 21일 바덴에 대한 공격을 본격적으로 감행하기로 했다. 당시 바덴 혁명군의 규모는 약 18,000명 정도였고 30문의 대포도 소유했다. 물론 바덴 혁명군의 실제 규모는 이보다 훨씬 많은 45,000명에 달했지만 27,000명의 시민군은 전투력이 그렇게 뛰어나지 못했다.

51 브렌타노는 바덴에서 시작된 혁명을 뷔르템베르크 및 독일 전역으로 확산해야 한다는 괴크를 비롯한 그의 추종자들의 관점에 동의하지 않았다. 괴크는 1849년 5월 석방된 슈트루베의 관점, 즉 바덴을 비롯한 남부 독일을 공화국 체제로 전환해야 한다는 것에 전적으로 동의하고 있었다. 이후 브렌타노는 6월 29일 스위스로 떠났고 바덴에서의 혁명적 소요가 진압된 이후 궐석재판에서 사형선고를 받았다.

52 이들은 일반·평등·비밀·직접 선거제의 도입과 21세 이상의 모든 성인 남자들은 그들의 신분 및 재산 유무와 상관없이 선거권을 가지며 의회 의원으로도 선출될 수 있는 자격을 가진다고 했다. 그뿐만 아니라 제국헌법 이행을 위한 일련의 활동에 대한 군사적 지원과 시민 병 체제구성 비용을 정부가 부담할 것도 요구했다. 아울러 군사법정의 폐지, 공무원 선출제 도입, 봉건적 공납의 무상 폐지, 지방자치제도의 확산, 독일 헌법 제정 이후에 지방의회에서 통과된 모든 법령의 무효화, 형사소송을 위한 배심재판제 도입, 대자본의 횡포를 막기 위한 영업, 교역, 그리고 농업을 위한 국립은행의 발족, 누진소득세 도입, 노동력 상실 계층을 위한 연금제도의 도입도 언급했다.

브렌타노는 1831년부터 1834년까지 프라이부르크와 하이델베르크 대학에서 법학을 전공했다. 이후 그는 법률가로 활동하기 시작하여 라슈타트 고등법원에서 근무했고 1848년 7월까지 만하임의 운터라인크라이스(Unterrheinkreis)의 고등법원 책임자로 일했다. 1845년 12월부터 바덴 신분의회(하원)의 의원이 되어 재판관의 독립성을 법적으로 보호하는 안건을 제출했지만, 이것으로 인해 당시 법무장관과 충돌하게 되었다. 1846년 바덴 하원에서 새로운 극단적 정파가 반정부파로부터 분파되었는데 여기에 브렌타노도 참여했다. 1848년 브렌타노는 프랑크푸르트 예비의회에 참석했고 프랑크푸르트 국민의회의 의원으로도 선출되었다. 당시 그는 바덴의 제2선거구와 제9선거구에서 동시 당선되었는데 이것은 오늘날 한 선거구에서만 후보 등록이 가능한 것과는 차이가 있었다. 여러 선거구에서 당선된 인물은 한 곳을 선택해서 의원으로 활동해야만 했다. 국민의회 의원으로서 브렌타노는 헤커와 슈트루베의 정치적 노선을 지지했다. 나아가 헤커가 국민의회 의원으로 선출된 후 그가 의회에서 활동할 수 있게끔 청원서도 제출했지만, 성과를 거두지는 못했다. 그런데도 브렌타노는 1848년 4월 12일에 발생한 '헤커추크(Heckerzug)'와 같은 해 뢰르라흐에서 시작된 '슈트루베 반란'에 관여한 과격민주주의적 좌파들에 대한 재판에서 변호를 담당했다. 1849년 초에는 만하임 시장으로 선출되었지만 바덴 정부는 그의 반정부적 성향을 빌미로 시장으로 활동하는 것을 불허했다.

혁명정부는 그들에게 투항한 바덴 대공국군을 혁명군의 주력군으로 삼았다. 그러나 혁명군은 경험 없는 장교들의 잦은 실수와 적지 않은 배반자의 등장 등으로 어려움을 겪게 되었다. 이러한 상황에서 1849년 6월 9일 파리 거주 폴란드 이민자 출신의 혁명가 미에로수아프스키(Ludwik Mieroslawski)가 바덴 혁명군 총사령관에 임명되었지만, 혁명군은 가까이 다가오는 프로이센군의 공격을 효율적으로 대응할 능력을 갖추지 못했다.[53] 따라서 미에로수아프스키는 약 2만 7천 명에 달하는 바덴군과 팔츠군을 통합한 후 선제공격을 통해 불리한 상황에서 벗어나고자 했다. 6월 13일 프로이센군은 3면에서 팔츠를 공격하기 시작했다. 몇 차례의 치열한 전투 끝에 혁명군은 라인강을 건너 바덴으로 후퇴했다.

6월 15일과 16일 혁명군은 네카르(Neckar)강과 오덴발트(Odenwald)에서 침공하는 프로이센군을 맞아 싸웠으나 결국 퇴각하지 않을 수 없었다.[54] 프로이센군은 그동안 혁명군이 장악한 만하임을 장악했고 6월 21일 베커가 지휘하던 부대를 카를스루에에서 북쪽으로 35킬로미터 떨어진 바크호이젤(Waghäusel)에서 물리쳤다. 그러나 베커의 혁명군은 카를스루에를 점령한 후 무르크강으로 퇴각하는 혁명군을 엄호했다. 여기서 1만 5천여 명의 혁명군이 6월 29일 몇 배가 넘는 프로이센군과 마지막 결전을 벌였지만, 전투는 프로이센군의 승리로 돌아갔다. 잔류부대는 바덴의 상부를 통해 스위스 국경에 집합했다. 6천 명으로 구성된 빌리히 부대는 라슈타트에 포위된 채 7월 23일까지 버텼지만 결국 항복했다.

결국 바덴 소요는 프로이센군에 의해 진압되었고, 35명이 반역죄로 처형되었다.[55] 브렌타노를 위시해 바덴 소요를 주도한 슈트루베, 킨켈

---

53 미에로수아프스키는 1848년 1월 시칠리아에서 발생한 소요에 참여하여 적지 않은 임무를 수행했다.

54 이에 앞서 프로이센 왕세제 빌헬름은 6월 14일 라인란트팔츠를 전시체제 지역으로 선포했다.

55 혁명군을 완전히 진압한 후 프라이부르크, 만하임, 그리고 라슈타트 세 도시에는 혁명군 지도부를 재판하기 위한 특별재판소가 설치되었다. 바덴의 법률가와 프로이센 장교들로 구성된 특별재판소는 바덴 법에 따라 민간인 64명과 군인 51명에 대해 판결하기도 했다. 51명에게는 사형선고가 내려졌고 그중 27명은 프로이센군에 의해 실제로 사형이 집행되었다. 라슈타트 담장 안에서 사형집행을 직접 목격한 자의 증언에 따르면, 19명에 대한 총살을 집행한 프로이센군이 형장에서 돌아올 때는 '백지장처럼' 질린 얼굴이었지만, 상관의 사격 명령에 일사불란하게 따랐다고 한다. 특별재판소에 참석한 프로이센 장교는 혁명군 소령이

(Gottfried Kinkel), 슈르츠(Karl Schurz)[56] 등의 좌파 성향의 급진적 민주주의자들은 화를 면했다.[57] 그리고 바덴 전체 인구의 약 5.8%인 8만 명이 고향을 떠났다. 반란이 진압된 후, 바덴 대공국은 150만 탈러에 달하는 배

사형 집행 전에 쓴 작별 편지에서 용맹스러운 자세에 대해 감탄하기도 했다. 실제로 혁명군 소령은 편지에서 "바덴 신민의 해방을 위해 싸운 것에 대해 무한한 기쁨과 영광을 느낀다."라고 썼다. 바덴 소요에 참여한 바덴군은 징역형을 선고받았고 상당수는 10년형의 판결을 받기도 했다. 아울러 유죄 선고를 받은 군인들은 고액의 벌금형도 부과받았는데 이것은 군인들과 그들의 가족들이 오랫동안 가난에서 벗어나지 못하게 했다. 프로이센 정부가 이렇게 혁명군에게 강경하게 대응한 것은 그들이 유럽에서 반혁명적 강국으로 부상하려는 의도에서 비롯되었다는 관점이 제기되었다. 독일의 저명한 역사가인 발렌틴(Veit Valentin)이 자신의 저서인 『독일 혁명사 1848~1849(Geschichte der deutschen Revolution von 1848-1849)』에서 그러한 관점을 제시했다.

56 시인 겸 문화역사가로 활동하던 킨켈은 그가 가르치던 본대학 학생들과 더불어 제국헌법 제정을 위해 지그부르크(Siegburg)에 있는 무기고를 습격했지만, 실패로 끝났다. 이후 그는 1849년에 발생한 바덴의 혁명적 소요에도 주도자로 참여했다. 라인 지역 전투에서 킨켈은 체포되었고 프라이부르크까지 끌려갔다. 여기서 그는 무기징역형을 선고받았고 민간교도소에서 복역하게 되었다. 킨켈을 추종하던 대학생 슈르츠 역시 바덴 소요에 적극적으로 참여했다. 1847년 여름학기부터 본대학에서 철학과 역사를 공부하기 시작한 슈르츠는 1847/48년 겨울학기에 킨켈 교수의 강의를 들었고 이것은 그의 정치적 또는 개인 생활에 적지 않은 영향을 끼쳤다. 혁명적 소요가 진압된 후 체포된 슈르츠는 라슈타트 교도소에 갇혔다. 그러나 슈르츠는 교도소에서 탈출하는 데 성공했고 그 이후부터 스승의 석방을 위해 온갖 노력을 기울였다. 1850년 11월 슈르츠는 마침내 베를린 슈판다우 교도소에 수감 중이던 킨켈을 탈옥시키는 데 성공했다. 1년 동안 준비한 탈옥 계획은 담당 교도관에게 포도주에 과일·향료·샴페인·얼음 등을 섞어 만든 찬 음료, 즉 볼(Bowle)을 많이 마시게 한 후 한밤중에 체중이 많이 나가는 킨켈 교수를 20미터 높이에서 밧줄에 의지하게 하면서 천천히 교도소 밖으로 이동시키는 것이었다. 이후 킨켈은 런던으로 탈출했다가 1851년 미국으로 떠났다. 그러나 킨켈은 1866년 스위스로 돌아왔고 같은 해부터 그는 취리히대학에서 문화역사를 강의했다.

57 그동안 제국헌법 추종자들과 과격한 공화주의자들 간의 대립은 결국 파국을 맞게 되었다.

상금을 프로이센 정부에 지급해야만 했다.[58]

카를스루에로 돌아온 레오폴트 대공은 바덴 대공국 내 모든 단체를 강제로 해산시켰다. 그리고 그는 바로 바덴 정부군도 해체했는데 이것은 근대 독일 군사(軍史)에서 유일하게 확인되는 전례라 하겠다. 이어 레오폴트 대공은 프로이센의 감독하에 바덴 정부군도 재편성했다. 이제 바덴 정부군은 고향으로부터 멀리 떨어지고 모든 혁명 사상으로부터 격리된 프로이센 주둔 군영에서 머물러야 했다.

드레스덴의 '5월 소요', 베스트팔렌에서 발생한 '이절론 소요', 라인란트 엘버펠트의 '5월 소요', 그리고 '바덴 소요'는 3월 혁명의 마지막 불꽃들이었다. 통칭 '5월 소요'는 독일 연방 회원국 정부군과 이들을 지원한 프로이센군에 의해 모두 진압되었고, 그 과정에서 수많은 희생자가 발생했다. 그중에서도 독일 연방의 위임을 받은 프로이센군이 바덴 혁명군을 진압하는 동안, 프로이센 정부는 1849년 5월 말 잔류 국민의회 의원들을 프랑크푸르트로부터 추방할 준비를 했다. 이에 앞서 급진 민주주의 좌파 노선을 따를 의사가 없는 국민의회 의원들은 의원직을 사퇴하거나, 본국 정부의 종용에 따라 의원직을 포기했다.

1849년 5월 26일 프랑크푸르트 국민의회는 의원 수 부족으로 의결 정족수를 100명으로 낮추어야 했다. 1849년 5월 30일 법무장관을 겸한 뷔르템베르크 왕국 혁명정부 총리 뢰머 의원의 제의에 따라 국민의회를 프랑크푸르트에서 뷔르템베르크 왕국의 수도 슈투트가르트로 이전하

---

58 당시 프로이센군에 대한 바덴인들의 증오는 매우 심했는데 이것은 혁명가이자 문학가였던 파우(Ludwig Pfau)의 「자장가(Wiegenlied)」에서도 확인된다. "나의 아가야, 조용히 자라, 지금 밖에 프로이센 병사가 지나가고 있다. 그는 네 아버지를 살해했고, 네 어머니를 가난의 늪으로 빠트렸다. 아가야, 조용히 자지 않으면 프로이센군이 너의 눈도 힘껏 누를 것이다. 나의 아가야, 조용히 자라, 지금 밖에 프로이센 병사가 지나가고 있다."

는 결정이 내려졌다. 이것은 프로이센의 영향권에서 벗어나기 위함이었다. 뷔르템베르크 왕국은 독일 연방 소속 5개 왕국 중 프랑크푸르트 국민의회에서 제정된 독일 제국헌법을 가장 먼저 승인한 국가였다. 프랑크푸르트 국민의회는 슈투트가르트로의 이전 결정으로 사실상 해산된 것이나 마찬가지였다. 의원 수가 줄어들 대로 줄어들어 수족이 모두 잘려 나가고, 동체만 남은 형국이라 하여 조소를 담아 '몸통의회'라 지칭된 프랑크푸르트 국민의회의 잔해는 1849년 6월 6일부터 슈투트가르트에서 회의를 개최했다. 제국 섭정 요한 대공과 그의 과도정부는 슈투트가르트 몸통의회를 승인하지 않았다. 104명의 의원만이 참여한 슈투트가르트 몸통의회는 거꾸로 요한 제국 섭정의 역할을 부정하고, 1849년 6월 6일 라보, 포크트(Carl Vogt), 지몬(August Heinrich Simon), 실러(Friedrich Schüler), 베허(August Becher) 의원으로 구성된 5인의 제국 섭정단을 선출한 후, 납세 거부 및 프랑크푸르트 헌법 불승인 국가 정부에 대한 불복종 운동과 무력 저항을 선동했다.

슈투트가르트 몸통의회 선동으로 뷔르템베르크 왕국의 자율권이 크게 훼손된 데다가, 프로이센군이 뷔르템베르크에서 멀지 않은 팔츠와 바덴에서 발생한 5월 소요를 진압했기 때문에, 뢰머와 뷔르템베르크 정부는 더는 몸통의회의 슈투트가르트 잔류를 허용할 수 없었다. 6월 18일 프로이센 정부의 압력을 받은 뷔르템베르크 정부군이 슈투트가르트 몸통의회의 회의장을 점령하자, 의원들은 시위에 들어갔지만, 뷔르템베르크 왕국군에 의해 해산되었다. 국민의회 의원 중에서 뷔르템베르크 왕국 출신이 아닌 자들은 추방되었다. 몸통의회를 슈투트가르트에서 바덴 대공국의 카를스루에로 다시 이전하려던 계획은 독일 연방군의 자격으로 바덴 반란 진압에 동원된 프로이센군이 1849년 7월 23일 바덴 혁명의 마지막 보루로 남은 라슈타트 연방 요새를 접수하면서 무산되었다. 이로써 독일 연방 내에서 발생한 1848년 3월 혁명의 마지막 단계의 소요는 모두 종식되었다.

프로이센 국왕의 대관 거부로 프랑크푸르트 국민 의회의 독일 국가 창설 계획은 좌절되었다. 만일 프리드리히 빌헬름 4세가 그러한 제의를 수락했더라도 오스트리아와 이 국가를 지지하던 러시아가 바로 이의를 제기했을 것이다.[59]

5. 프로이센의 유니온정책과 올뮈츠 굴욕

프리드리히 빌헬름 4세는 프랑크푸르트 국민의회가 자신에게 수여한 독일 황제관을 거절했지만, 그는 여전히 동료 군주들이 동의할 수 있는 독일 통합을 바라고 있었다. 오스트리아 제국이 이탈리아 북부 및 중부 유럽에서 세력을 확장함에 따라 프로이센이 독일권에서 주도권을 장악할 수도 있다는 견해가 일부 정치가들로부터 제기되기 시작했다.[60] 이러한 관점을 주도한 핵심적 인물은 라도비츠(Joseph v. Radowitz)였는데 이 인물은 헝가리계의 가톨릭 귀족으로서, 프리드리히 빌헬름 4세가 왕세자였던 시절의 가까운 친구로서 유능하고 활력적이었다.[61]

국왕 요청에 따라 베를린에 온 라도비츠는 평소 신념에 따라 오스트리아 제국을 독일 통합 과정에서 배제한 가게른의 소독일주의적 연방국

---

59 이후 프로이센과 오스트리아는 혁명 이전의 정치체제로 회귀했다. 그러나 환원된 정치체제는 이전의 절대왕정 체제와는 달리 실제 정치에 자유주의적인 요소를 적지 않게 반영했다. 따라서 1850년대 말까지 지속된 이 체제는 기존의 절대주의 체제와 구분하기 위해 신절대주의 체제(Neoabsolutismus)라는 명칭으로 불린다.

60 실제로 빈 정부는 7천만 명의 제국(Siebzigmilionenreich) 건설에 대해서만 관심을 보였다.

61 라도비츠는 프랑크푸르트 국민의회에서 활동했을 뿐만 아니라 프랑크푸르트에서 프로이센 군사전권위임자(Militärbevollmächtiger)로서의 역할도 수행했다.

라도비츠

안을 부활하는 데 주력했다.[62] 그러나 그는 가게른의 방안이 공통의 외교·통상 정책에 기초한 다소 느슨한 연합체라고 평가했기 때문에 보완책 마련에도 신경을 썼다. 당시 라도비츠는 프로이센이 보수적 오스트리아와 협력관계를 구축한다면 적지 않은 이익도 챙길 수 있다고 확신했지만, 이것은 그가 빈 정부의 정책을 너무 안이하게 평가한 데서 비롯된 것 같다. 프로이센의 외교정책을 실제로 총괄한 라도비츠는 1849년 5월, 오스트리아가 가게른의 계획을 수용한다면 헝가리 폭동 진압에 프로이센도 동참해야 한다고 프리드리히 빌헬름 4세에게 진언했다. 아울러 프로이센이 요한 대공으로부터 제국 섭정의 직책도 잠정적으로 인수해야 한다고도 말했다. 그러나 당시 빈 정부의 실세였던 슈바르첸베르크는 베를린 정부의 지원과 그에 따른 요구 조건을 단호히 거부했다. 왜냐하면 그는 헝가리 반란을 진압하는 과정에서 러시아의 지원이 있으면, 프로이센의 압력에 굴복할 필요도 없다고 생각했기 때문이다.

오스트리아 제국의 거부에도 불구하고 라도비츠는 소독일주의 원칙에 따른 독일 통합을 위해 1849년 5월 26일 작센, 하노버와 더불어 3왕

---

62 가게른은 프랑크푸르트 국민의회에서 이중동맹안(Vorschlag zum Zweibund)을 제시했다. 거기서는 프로이센 주도로 제후들과 국민의회 합의를 통해 소독일주의적 연방을 창출한다는 것이 언급되었다. 그리고 이 연방은 오스트리아와 동맹체제를 구축하고 교역, 관세, 그리고 외교정책을 공동으로 추진한다는 것이다.

동맹체제(Dreikönigsbündnis)를 결성했다.[63] 여기서는 특히 프로이센 주도로 독일권을 연방국으로 변형시킨다는 것이 강조되었다. 그러나 이 동맹체제는 실제로 아무런 힘도 발휘하지 못했는데 그것은 우선 작센이 바이에른 가입을 전제로 동맹에 참여했다는 것과 하노버 역시 오스트리아 제국을 연방국에 포함한다는 약속을 이행하리라 믿고 동맹체제의 일원이 되었기 때문이다. 그러나 라도비츠는 작센과 하노버의 요구 조건을 수용할 생각이 없었기 때문에 동맹국 사이의 의견 조율은 거의 불가능했다.

그런데도 이 동맹체제에 17개의 국가가 자발적으로 참여했다. 오스트리아 제국이 배제된 상황에서 프로이센의 영향력이 독일권에서 상대적으로 커졌기 때문이다.[64] 실제로 1849년 여름 프로이센군은 바덴을 비롯한 몇몇 영방국가에서 일어난 소요를 진압하는 데 결정적인 역할을 했다. 같은 해 6월 26일 프랑크푸르트 국민의회 내에서 우파나 중도파로 간주했던 150여 명의 의원이 독일권에서 프로이센의 주도권을 논의하기 위해 고타(Gotha)에 모였다.[65] 이 중 130명은 프랑크푸르트 국민의회에서 제정된 헌법을 더는 시행할 수 없으므로 모든 영방국가는 동맹이 후원하는 헌법, 즉 에르푸르트 제국헌법(Erfurter Reichsverfassung)을 채택해야 한다는 문서에도 서명했다. 새로이 제정된 헌법에서는 프로이센과 밀접한 관계를 갖게 될 제국집행부(Reichsvorstand)와 절대적 거부권을 보유하고 양원제 의회와 입법권을 나누어 가지게 될 제후의회 등을 설

---

63 1849년 5월 17일 라도비츠는 하노버, 뷔르템베르크, 바이에른, 작센 왕국의 대표를 베를린으로 초청하여 자신의 구상을 설명했다. 그러나 바이에른과 뷔르템베르크의 대표는 그 구상에 대해 동의하지 않았다.

64 에르푸르트 동맹체제에 가입한 국가는 모두 28개국이었다.

65 6월 27일까지 계속된 이 회의에는 바서만, 달만, 가게른 형제, 하임(Friedrich Heim) 등이 참석했다.

치하도록 규정했다. 특히 하원의 권한은 크게 제한되었고, 의원 선출은 보통선거가 아닌 재산 유무에 따른 3계급 선거제에 따르도록 했다. 이에 따라 하원 의석의 3분의 1은 세금을 가장 많이 내는 4.7%의 신민들에게 배당되었고, 3분의 1은 그다음으로 세금을 많이 내는 12.6%의 신민들에게 부여되었고, 나머지 3분의 1은 82.7%의 신민들에게 할당되었다.[66]

1849년 8월 헝가리 문제가 해결됨에 따라 빈 정부는 다시 독일권으로 관심을 돌렸다.[67] 당시 슈바르첸베르크의 최우선 목표는 프로이센이

---

66 1918년까지 지속된 이러한 비민주주의적인 선거제도는 보수적 기득계층의 세력 기반을 유지하기 위한 것이었다.

67 부다페스트 정부는 1848년 12월 2일 오스트리아 황제로 등극한 프란츠 요제프 1세의 헝가리 국왕 즉위에 동의하지 않았다. 이에 따라 12월 16일 빈 정부는 10만 명에 달하는 군사를 동원하여 헝가리에 대한 공세를 다시 시작했다. 외덴부르크(Ödenburg)와 프레스부르크(Preßburg)를 점령한 오스트리아군은 1849년 1월 5일 부다페스트를 함락했으나, 헝가리 혁명군 역시 10월 소요에 참가한 폴란드 출신 벰 장군의 지휘로 전열을 정비해 역공했다. 다음 해 3월 헝가리군은 헝가리 대평원 지역을 회복했다. 같은 달 4일에 공포된 신헌법이 크렘지어 헌법을 모두 무효화시킴에 따라 헝가리 혁명세력에서 급진파가 득세했고 이로 인해 오스트리아와의 타협 가능성은 완전히 배제되었다. 그런데 혁명세력에서 급진파의 득세를 유발한 신헌법에는 지금까지 헝가리 왕국에 소속되었던 크로아티아 왕국과 슬라보니아(Slavonia)를 헝가리에서 분리해 독립적인 크론란트(Kronland)로 격상시킨다는 내용이 포함되었기 때문에, 헝가리 혁명세력은 이 신헌법이 1년 전, 즉 1848년 4월 19일 헝가리-크로아티아 동맹의 무효화를 선언한 옐라치치의 슬라브 민족주의 노선과도 일치한다는 것을 깨달았다. 헝가리 혁명군을 진압하기 위해 빈디쉬그래츠는 7만 명의 오스트리아군을 동원했지만, 혁명군의 저항으로 1849년 4월 10일 철수해야 했다. 코슈트는 같은 달 14일 헝가리 공화국을 선포하고, 오스트리아의 접근이 상대적으로 어려운 헝가리 동쪽 끝, 루마니아 국경 지역에 있는 데브레첸(Debrecen)을 혁명정부의 임시수도로 결정했다. 데브레첸의 대개혁교회에서 개원된 헝가리 혁명의회는 헝가리 국왕 프란츠 요제프 1세의 폐위를 선언하고, 민족주의자 코슈트를 국가원수로 선출했다. 국가원수 자격으로 코슈트는 합스부르크 가문의 헝가리 국왕 계승권을 무효화시켰고, 오스트리아 제국의 황제가 겸임하던 헝가리 왕권도 회수했다. 그러나 점차 3월 혁명의 영향에서 벗어나기 시작한 유럽은 헝가리 혁명을 그대로 좌시하지 않았다. 5

구상한 계획을 즉각 폐기하는 것이었다. 그러나 같은 해 9월 슈바르첸베르크는 오스트리아와 프로이센 사이의 분쟁을 평화적으로 해결하려던 오스트리아 황제와 러시아 차르의 견해에 따라 프로이센과 잠정적 협정을 체결했다. 이른바 '가협정'에서 오스트리아와 프로이센은 독일을 1850년 5월까지 공동으로 통제하기로 했다. 그러나 슈바르첸베르크는 가협정을 단순한 지연전술로 간주했는데 그것은 그가 강력한 노선을 취하는데 필요한 모든 여건을 조성한 후 가협정을 즉시 파기한다는 언급에서 확인할 수 있다. 이에 반해 라도비츠는 가협정 조인으로 프로이센의 지위가 독일권에서 크게 약화한다는 사실을 파악하지 못한 채 오스트리아 제국의 성실한 협력만을 기대했다.

오스트리아 제국이 독일권에 다시 관심을 보임에 따라 바이에른과 뷔르템베르크는 에르푸르트 연합에서 탈퇴하기로 했다. 1850년 2월 21일에는 하노버와 작센 역시 탈퇴했는데 그것은 양국이 연합으로부터 혹은 자신들의 주권을 위협하는 모든 독일 문제 해결책으로부터 오스트리아 제국이 그들을 적극적으로 지원해줄 것이라고 확신했기 때문이다. 2월 27일 하노버와 작센은 바이에른과 뷔르템베르크와 더불어 4왕 동맹 체

월 21일 프란츠 요제프 1세와 러시아의 니콜라이 1세가 바르샤바에서 회동했고 거기서 니콜라이 1세는 군사적 지원도 약속했다. 당시 니콜라이 1세는 폴란드 국왕의 역할도 수행했다. 이에 따라 러시아는 2만 명의 대군을 헝가리에 파병했다. 러시아군이 개입하자, 코슈트는 1849년 8월 11일 헝가리 혁명정부의 전권을 괴르게이(Arthur Görgei) 장군에게 이양하는 선언문을 채택한 후, 헝가리 국가원수 직에서 물러났다. 이틀 후인 8월 13일 헝가리 혁명군 사령부 어러드(Arad) 요새가 러시아군에게 점령되었고, 괴르게이 장군이 헝가리 혁명군 사령관직을 인수한 지 이틀 만에 아라드 근처인 빌라고스(Vilagos)에서 헝가리 혁명군은 러시아군에 항복하고 지휘권을 넘겨야만 했다. 괴르게이 장군과 그의 측근들은 러시아가 혁명군을 오스트리아군으로부터 보호한 후 이들을 러시아군에 편입시킬 것이라는 희망을 품었지만, 이 바람은 실현되지 않았다. 혁명군이 항복한 후 니콜라이 1세는 괴르게이만 사면했고 나머지 장군들은 오스트리아군에게 넘겼다.

제를 결성하면서 독일 통합은 이전의 독일 연방체제하에서 이루어져야 한다는 의견을 밝혔는데 이것은 1849년 3월에 제시된 슈바르첸베르크의 구상과도 일치했다. 사태가 이렇게 되자 오스트리아 제국과 러시아와의 우호 관계가 사회질서 체제 유지에 필요하다고 생각하던 프로이센의 보수주의자들은 라도비츠를 공격했다. 이로 인해 프리드리히 빌헬름 4세 역시 동요하기 시작했다. 그리고 베를린의 분위기가 이렇게 역전되자 고타파마저 기운을 잃었다.

1850년 3월 20일부터 4월 29일까지 작센의 프로이센령에 있는 에르푸르트에서 연맹의회(Unionsparlament)가 개최되었다.[68] 특히 하원은 열렬한 고타파가 다수를 차지하는 등의 개혁적 성향을 부각시켰다. 그러나 이들은 점차 연맹헌법을 더욱 제약하고, 헌법 준수에 관한 서약을 피하려던 프로이센 국왕에게 실망하게 되었다.

1850년 5월에 가협정 시효가 종료됨에 따라 슈바르첸베르크는 오스트리아 주도로 옛 연방의회를 부활시키는 한편 옛 연방의 개편과 독일 중앙정부의 설립 등을 구체적으로 논의하기 위해 영방국가들에 공문을 보내 프랑크푸르트로 대표를 파견해달라고 요청했다. 9월 1일부터 활동을 시작한 옛 연방의회에 10개국이 참여했으나 프로이센을 비롯한 에르푸르트 연맹의회에 참가한 국가들은 불참했다. 그리고 타협을 위한 모든 시도 역시 실패로 끝나게 되었다. 이렇게 프로이센이 에르푸르트 연맹에 집착함에 따라 프로이센과 오스트리아 제국과의 전쟁 가능성도 표출되기 시작했다.

그런데 슐레스비히-홀슈타인 문제는 당시 제기된 긴장을 한층 더 고조시키는 계기가 되었다. 1849년 4월 3일 홀슈타인 문제로 덴마크와 프

---

68 1850년 1월 31일에 실시된 연맹의회 선거에서 130명에 달하는 보수 정치가들이 당선되었다. 그러나 민주주의자들은 이 선거에 참여하지 않았다.

로이센 간의 전쟁이 재차 발발했다. 이에 영국과 러시아가 개입하게 되었다. 영국의 중재와 러시아의 강한 압박으로 프로이센은 1849년 7월 10일 덴마크와 휴전협정을 체결했다. 거기서 프로이센은 슐레스비히와 홀슈타인 지방의 단일화를 포기해야만 했다. 이제 슐레스비히는 프로이센-덴마크 통합 지방정부의 통치를 받게 되었고, 홀슈타인은 연방의회에서 파견된 독일 총독이 다스리게 되었다. 1850년 7월 2일 프로이센과 덴마크 사이에 평화조약이 체결되었다. 이 조약에서는 우선 프로이센 장교들이 슐레스비히-홀슈타인 군 조직에서 제외된다는 것이 거론되었다. 이어 덴마크 국왕이 독일인 반란세력의 도피처였던 홀슈타인의 질서 회복을 위해, 연방에 지원도 요청할 수 있는 권한도 가진다는 것이 명시되었다. 그리고 바로 이것이 프로이센의 치명적 약점이라는 것을 간파한 슈바르첸베르크는 덴마크 국왕에게, 새로이 활동을 재개한 연방의회의 소위원회에 연방집행(Bundesexekution)을 요구한다면 그를 지지하겠다는 약속도 했다. 이로써 전쟁의 위험성은 더욱 증대되었다. 왜냐하면 프로이센이 결정적 이해관계를 갖는 지역에서 오스트리아군 주도로 연방집행이 이루어진다면, 교전을 더는 피할 수 없었기 때문이다.

여기서 헤센 문제가 그 최종적인 위기를 조장했다. 당시 헤센 대공 프리드리히 빌헬름(Friedrich Wilhelm)은 신민들과의 관계 개선을 제대로 하지 못한 상태였다. 그러나 그는 1850년 2월 자유주의적 성향의 장관들을 해임하고 극단적 성향의 보수주의자였던 하젠프루그(Ludwig Hassenpflug)를 수상으로 임명했다. 상황이 이렇게 전개됨에 따라 프리드리히 빌헬름의 반동정책에 대한 신민들의 반발 역시 이전보다 심해졌다. 이에 따라 1850년 9월 헤센 대공국에 계엄령이 선포되었고 의회 역시 강제로 해산되었다. 이후 관리들은 세금 징수를 거부하고 군대 역시 신민들에 대한 무력 사용을 거부했다. 그러자 에르푸르트 연합에 참여했던 대공은 프랑크푸르트로 피신하여 연방의회에 도움을 요청했다. 이에 슈바르첸베르크는 헤센에 대해 연방집행을 할 수 있게끔 연방의회를 설득했다. 곧 오스트리아·바이에른·뷔르템베르크 사이에 군사동맹이 결성되었고, 바이에른과 뷔르템베르크의 병력 지원을 받은 오스트리아군이 북으로 진격했다.

이것은 프로이센에 대한 직접적인 도발이었다. 왜냐하면 라인란트와 브란덴부르크를 연결하는 전략적으로 중요한 도로가, 이 조그만 대공국의 영토를 지나고 있었기 때문에, 프로이센은 결코 오스트리아군의 헤센 점령을 허용할 수 없었다. 바로 이러한 중대한 시기에 프로이센의 정책은 다시금 동요되었다. 1850년 9월 26일부터 외무장관으로 활동하던 라도비츠는 각료회의에서 군대 동원을 요구했지만 실패했다. 당시 각료의 대다수는 오스트리아 제국과의 전쟁을 반대했는데 그 이유는 이들이 러시아의 영향력을 감지했기 때문이다. 1850년 10월 25일 러시아의 니콜라이 1세는 프로이센이 헤센에서 연방 집행을 반대한다면 오스트리아 제국에 대해 도덕적 지원을 하겠다는 약속을 했다. 동시에 그는 홀슈타인에서 연방 집행이 방해를 받을 경우, 러시아는 그것을 개전의 사유로 삼으리라는 것을 프로이센에 통보했다.

그러나 마지막 순간 프리드리히 빌헬름 4세는 도전적 태도가 신민이 바라는 것으로 생각했고 그것에 따라 1850년 11월 5일 군사동원을 명했다.[69] 연합군의 선발대가 11월 8일 헤센의 전략로를 방어하던 프로이센군과 충돌하면서 풀다-브론첼(Fulda-Bronzell)에서 소규모 전투가 벌어졌다. 여기에서 몇 명의 오스트리아군과 한 필의 프로이센 군마가 부상했다. 그러나 프리드리히 빌헬름 4세는 그 순간 후퇴를 명했는데 그것은 그가 에르푸르트 연합 때문에 오스트리아 제국과 전쟁을 해야 한다는 것을 절대로 생각하지 않았기 때문이다. 결국 프로이센 국왕은 연합

---

69 라도비츠는 1850년 11월 2일 외무장관직을 사임했다.

군에 의한 헤센의 점령을 48시간 이내에 승인하라는 오스트리아의 최후통첩에 굴복하고 말았다.

프로이센의 신임 외무장관인 만토이펠은 11월 29일 모라비아의 올뮈츠에서 슈바르첸베르크와 협정을 체결했다. 소위 올뮈츠 협정에서 프로이센은 에르푸르트 연합을 포기하고, 연방 부활에도 동의했다. 또한 양국은 프로이센이 먼저 그리고 전적으로, 오스트리아가 후에 그리고 부분적으로 동원을 해제하기로 약정했다. 그리고 헤센-카셀 및 홀슈타인 문제의 최종적인 해결은 연방에 위임시켰는데, 사실상 그것은 프로이센이 양 지역에서의 연방 집행을 인정한 것이었다.

프로이센의 관점에서 '올뮈츠의 굴욕(Schmach von Olmütz)'이라 표현되는 협정에서 오스트리아 제국 역시 얻은 것이 별로 없었다. 이 사건으로 독일권의 주도권 문제는 여전히 해결되지 않았고 오스트리아 제국은 프로이센을 완전히 굴복시킬 수 있는 절호의 기회를 놓쳐버렸다.[70]

---

70 1850년 독일 연방의 대표들이 연방 개혁 문제를 심의하기 위해 드레스덴에 모였고, 다음 해 5월에는 프랑크푸르트에서 회의를 속개했다. 여기서 프로이센은 오스트리아에게 의장국 교체를 제의했지만, 오스트리아는 동의하지 않았다. 당시 슈바르첸베르크는 프로이센을 자신의 야심찬 계획을 방해하는 경쟁자로 인식했다. 따라서 그는 필요할 경우 무력으로 프로이센을 제압해야 한다는 생각도 가지게 되었다.

3월 혁명의 업적과 한계

1830년 프랑스와 그 주변 국가인 벨기에 및 폴란드에서 발생한 혁명과 혁명적 소요는 독일인들에게 적지 않은 영향을 끼쳤고, 이들에게 독일 통합의 필요성과 그것의 이행 방법에 대해 심사숙고하게 하는 요인이 되었다. 1832년 함바흐 축제에서 독일인들은 그들의 입장, 메테르니히 체제 타파와 독일 통합의 필요성을 분명히 밝히면서 기존 질서체제와의 대립각도 구축하려 했다. 그러나 이후 기존 질서체제의 신속한 반격으로 통합운동은 위축 내지는 정지되는 상황에 놓이게 되었다. 그러다가 1848년 2월 프랑스에서 다시 혁명이 발생함에 따라 독일 전역에서도 정치적·사회적·경제적 요구들이 동시다발적으로 제기되었고 각국의 군주 역시 수십 년간 거부한 개혁 및 헌법 도입을 승인해야 하는 수세적 상황에 몰렸다.

구질서체제의 보루였던 오스트리아와 프로이센 역시 이러한 정치적 격랑에서 예외는 아니었다. 1848년 5월 18일 프랑크푸르트의 성 파울 교회에서 국민의회가 활동을 개시했는데 여기서의 주된 과제는 독일 연방을 하나의 통합국가로 변형하는 것이었다. 그러나 역사적으로 형성된 개별 영방국가들을 그대로 둔 채 강력한 중앙권력을 창출한다는 것은 쉬운 일이 아니었고 통합 방안에 대한 의원들의 의견 역시 일치되지 않았다. 그런데도 국민의회에서 제시된 통합 방안들, 특히 프로이센 주도로 독일권을 통합해야 한다는 소독일주의가 향후 독일 통합의 모델이 되었다는 점은 역사적 과업으로 인정해야 할 것이다. 아울러 국민의회가 제정한 헌법, 즉 입헌군주정 체제와 자유주의적 제 요소의 도입을 명시한 헌법은 향후 통합 독일 헌법의 모체역할을 담당하기도 했다. 그런데도 적지 않은 독일 역사가들은 3월 혁명을 실패 또는 좌절된 혁명으로 평가하고 있다.

실제로 3월 혁명을 통해 해결할 수 있었던 많은 난제는 성취되지 못했거나 향후 과제로 이월되었다. 시민사회로의 변혁을 개혁적 방법에서 혁명적 방법으로 실천하고 민주적 방식으로 종결할 수 있었던 1848~1849년의 기회는 무산되었다. 결국 3월 혁명을 통해 획득한 언론의 자유, 집회 및 결사의 자유, 보통선거권 도입 등은 완전히 혹은 부분적으로 폐지되었다. 그리고 시민적 의회제도를 정착하려던 모든 노력 역시 실패했는데 선거를 통해 구성된 국민의회가 해산되거나 정치적으로 무력화된 것이 그 일례라 하겠다. 많은 역사가는 혁명 초기에 혁명의 주도권을 장악한 대시민계층의 무계획적이고 이율배반적 행동을 3월 혁명의 주된 실패 원인으로 보고 있다. 혁명이 성공을 거두기 위해서는 모든 반봉건적 세력이 단합해야 하며 그러한 가능성은 전적으로 대시민계층의 정책에 달려 있다. 그러나 귀족계층의 반동에 대해 시민사회의 진보세력을 규합하고 3월 혁명을 통해 획득한 성과를 시민사회로의 개혁에 효율적으로 활용하는 대신 대시민계층은 이미 한풀 꺾인 봉건적 반동세력과의 결속만을 도모하는 실수를 저질렀다. 물론 이들 계층이 지속적으로 절대왕정 체제 타파 정책을 지향했지만, 3월 말부터 혁명적 민중, 즉 혁명적 하층민을 적대시하고 이들의 주도로 혁명을 지속하려던 모든 노력까지 저지했다. 반동세력, 즉 기존 질서체제가 의회와 정부에서 이들 세력을 제거하려 했을 때도 이들은 민중과 결속하려 하지 않았다. 대시민계층은 시민혁명을 주도하는 그들의 과제를 제대로 수행하지 않았기 때문에 모든 사회계층의 이해관계를 대변할 능력마저 잃게 되었다. 이에 따라 대시민계층은 혁명 초기 확보한 의회와 정부에서의 발언권 및 영향력을 상실했고 그것에 따라 3월 혁명 이후 일부 과격주의자들이 지향한 민주주의적 공화국 건설은 물론 자유주의자들이 추구하던 입헌군주제마저 성취되지 못했다. 그 대신 귀족계층과 군주들은 계속 권력을 장악했고 이들 세력의 경제적 기초인 대토지 소유 역시 전혀 훼손되지 않았다. 그리고 독일만의 특수한 분산 국가주의 역시 해결하지 못했기 때문에 프로이센과 오스트리아의 반동세력은 계속하여 주도권을 잡아갔으며 대독일주의적 통합국가와 그 이후 대안으로 등장한 소독일주의적 통합국가의 출현까지 방해했다.

정치적 분산주의 역시 혁명에 불리하게 작용했다. 당시 독일에서는 프랑스 파리와 같이 독일권 전역에 결정적 역할을 행사할 정치적 중심지가 없었다. 따라서 독일 혁명은 지역적 혁명으로 분산되었고 그것에 따라 혁명적 민중운동의 힘 역시 크게 약화되었다. 일반적으로 혁명이 중단되거나 약화하는 근본적 원인은 계층 간의 갈등이라는 객관적 상황과 혁명에 대한 이들의 주관적 태도에서 비롯되는데 독일권의 혁명은 이에 해당하지 않았다.

1848~1849년의 혁명이 외양상 실패했지만, 이 혁명이 시민계층 발전과 정착에 크게 이바지한 것은 사실이다. 여기서는 우선 자신의 역할, 즉 혁명의 성과를 효율적으로 완결해야 하는 과제를 의식적으로 포기하고 스스로 혁명을 배반한 대시민계층의 태도가 무엇에서 비롯되었는가를 살펴보도록 한다. 당시 대시민계층은 혁명적 민중을 두려워했고 처음으로 등장한 독자적 노동계급을 반동세력보다 훨씬 더 두려워했다. 이들은 혁명적 민중을 두려운 자연의 힘으로 간주해야 한다는 것과 자연의 힘과 마찬가지로 혁명적 민중이 종국적으로 지향하는 것을 예측할 수 없다는 것도 알게 되었다. 당시 혁명적 민중, 즉 하층민들은 정치적 사안보다 경제적 현안에 관심을 표명했는데 그것은 그들이 처한 경제적 곤궁에서 비롯된 것 같다. 여기서 급진주의적 성향의 지식인들은 산업혁명 초기과

정에서 비롯된 대중적 빈곤 현상을 활용했고 그 과정에서 이들은 '몇몇 소수만이 국가의 지배자이고 특권도 가진다(Einige sind die Herren des Staates. Darüber hinaus haben sie auch Privilegien.)'라는 왕정 내지는 귀족정 체제 대신에 '모든 사회구성원은 자신의 몫을 가진다(Jeder hat unbedingt seinen Teil)'라는 일종의 초기 사회주의적 관점을 표방하면서 그들의 정치적 목표인 공화정 체제도 달성하고자 했다. 즉 이들은 하층민을 응집한 후 혁명적 소요에 활용하는 데 적극적이었다. 그렇지만 처음으로 시민혁명에 참여한 독일 빈민계층은 혁명에서 큰 역할을 담당할 수 있을 정도로 성숙하지 못했다. 이제 이들은 겨우 한 계급으로 성장했으며 수적으로도 매우 허약했다. 노동자 대다수가 3월 혁명 기간 중 비로소 혁명 의식을 인지했으나 그들의 역사적 과제, 생산수단을 가진 계층을 타파해야 한다는 것을 인식하지 못하고 정치적·이념적으로 시민계층의 영향 아래 있었다. 그리고 혁명 기간 중 다소나마 발전된 무산자 계층의 정치의식은 시민계층이 포기한 역할, 즉 독일 시민혁명에서 주도 역할을 담당하기에는 역부족이었다.

당시 시민계층, 특히 대시민계층은 어떤 일이 있더라도 그들의 적대자인 무산자의 세력 강화에 동의하지 않았다. 스스로에 대한 투쟁을 조직할 수 있는 민주적 권리와 자유를 허용하지 않기 위해 대시민계층은 그들의 지배권이나 지배에의 동참도 기꺼이 포기했다. 이들은 정치적 목적을 실현하는 과제를 인식하고 있었지만, 귀족계층과의 갈등을 혁명적 방법으로 관철하려고 하지도 않았다. 왜냐하면 이들은 자본주의적 관계가 1789년의 프랑스혁명과 산업혁명을 통해 성숙한 국제적 분위기로 관철되었고 지금까지의 개혁을 토대로 자본주의적 경제가 발전될 수 있는 충분한 여지가 있다고 생각했기 때문이다.

대시민계층이 물러선 후 소시민계층 역시 혁명적 과제를 추진하고 혁명을 이끌어가는 임무에 나서지 않았다. 소시민계층은 모든 혁명적 투쟁에서 중요한 역할을 했고 많은 혁명 지도자들도 배출했다. 그러나 대시민 계층의 배반과 이탈로 혁명세력과 이들의 활동 강도가 크게 약화될 때 소시민적 민주파들은 독자적인 힘을 발휘하지 못했다. 무엇보다도 소시민 계층은 프랑스 대혁명 이후 본격적 궤도에 진입한 산업자본주의 체제로 생존권의 위협을 받으면서 힘도 잃어갔다.

독일인들은 독일 통합이 실현된 1871년까지 혁명과 그것의 영향을 직간접적으로 체험했고 거기서 혁명이 필연적이거나, 합법적이지 않다는 것도 간파했다. 또한 이들은 혁명을 효율적으로 활용하면 그들이 지향하는 목표 달성에도 도움이 된다는 사실을 인지했다. 동시에 이들은 혁명이 성공을 거두기 위해서는 확고한 사회적 지지 기반이 필요한데 독일의 상황은 그렇지 못하다는 것도 파악했다. 그뿐만 아니라 이들은 혁명이 목적 달성을 위한 효율적인 방안이 될 수 있지만, 때에 따라서는 많은 사람의 희생을 요구한다는 사실까지도 알게 되었다. 게다가 이들은 실제 상황을 고려하지 않고 혁명적 요구만을 고집하면 기존 질서체제의 반발이 가중된다는 사실 역시 파악했다. 실제로 사람들은 독일권에서 3월 혁명이 발생한 이후 수많은 사람이 희생된 것에 대해 크게 경악했고 혁명 초기에 제시된 제 요구가 단순 구호로 끝나게 된 것에 대해서도 좌절했다. 여기서 이들은 한 번의 혁명만으로 모든 것을 바꿀 수 없다는 것을 인지했지만 혁명을 통해 기존 질서체제의 견해 변화가 가시화될 수 있다는 희망적인 메시지 역시 간과하지 않았다.

Arens, P., *Die Deutschland Saga*(München, 2014)

Barclay, D.A., *Anarchie und guter Wille. Friedrich Wilhelm IV. und die preußische Monarchie*(Berlin, 1995)

Bauer, S-M., *Die verfassunggebende Versammlung in der badischen Revolution von 1849. Darstellung und Dokumentation*(Düsseldorf, 1991)

Becker, A., *Deutschlands Wiedergeburt(1832-1932). Stimmen der Zeit und Bilder aus der Heimat des Hambacher Festes*(Saarbrücken, 1932)

Best, H., *Die Männer von Besitz und Bildung. Struktur und Handeln parlamentarischer Führungsgruppen in Deutschland und Frankreich 1848/49*(Düsseldorf, 1990)

Blos, W., *Der Untergang des Frankfurter Parlaments*(Frankfurt, 1924)

Böhr, S., *Die Verfassungsarbeit der preußischen Nationalversammlung 1848*(Frankfurt, 1992)

Boldt, W., *Die Anfänge des deutschen Parteiwesens, Fraktionen, politische Vereine und Parteien in der Revolution von 1848. Darstellung und Dokumentatiom*(Paderborn, 1971)

Botzenhart, M., *Reform, Restauration, Krise Deuschland 1789-1847*(Frankfurt, 1985)

_____, *1848/49: Europa im Umbruch*(Paderborn, 1998)

Bruckmüller, E., *1848. Revolution in Österreich*(Wien, 1999)

Bußmann, W., *Zwischen Preußen und Deutschland. Friedrich Wilhelm IV. Eine Biographie*(Berlin, 1990)

Canis, K., "Die Preußische Gegenrevolution. Richtung und Hauptelemente der Regierungspolitik von Ende 1848 bis 1850", in: W. Hardtwig(Ed.), *Revolution in Deutschland und Europa 1848/49*(Göttingen, 1998)

Chorherr, T., *Eine Kurze Geschichte Österreichs*(Wien, 2013)

Chvojka, M., *Josef Graf Sedlnitzky als Präsident der Polizei- und Zensurhofstelle in Wien(1817-1848). Ein Beitrag zur Geschichte der Staatspolizei in der Habsburgermonarchie*(Frankfurt, 2010)

Clark, C., *Preußen: Aufstieg und Niedergang 1600-1947*(München, 2008)

Demps, L., "18.März 1948. zum Gedanken an 100 Jahre Märzrevolution in Berlin", in: W.Hardtwig(Ed.), *Revolution in Deutschland und Europa 1848/49*(Göttingen, 1998)

Dipper, C., "Nationalstaat und Klassengesellschaft(19. Jahrhundert)", in: G.Niemetz (Ed.), *Epochen der modernen Geschichte*(Würzburg, 1988)

Doering-Manteuffel, A., *Die deutsche Frage und das europäische Staatssystem 1815-1871*(München, 1993)

Engehausen, F., *Die Revolution von 1848/49. Seminarbuch Geschichte*(Paderborn, 2007)

_____, *Auf dem Weg zur Paulskirche. Die Heidelberger Versammlung vom März 1848*(Ubstadt-Weiher, 1998)

Eyck, F., *Deutschlands große Hoffnung. Die Frankfurter Nationalversammlung 1848/49*(München, 1973)

Faber, K.-G., *Deutsche Geschichte im 19.Jahrhundert. Restauration und Revolution. Von 1815 bis 1851*(Wiesbaden, 1979)

Fehrenbach, E., *Verfassungsstaat und Nationsbildung*(München, 1992)

Faber, K-G., *Deutsche Geschichte im 19.Jahrhundert.Restauration und Revolution. von 1815-1851*(Wiesbaden, 1979)

Fenske, H.(Ed.), *Vormärz und Revolution 1840-1849*(Darmstadt, 1976)

_____, *Quellen zur deutschen Revolution 1848-1849*(Darmstadt, 1996)

Fischhof, A., *Ein Blick auf Österreichs Lage*(Wien, 1866)

Foerster, C., *Europa zwischen Restauration und Revolution 1815-1848*(München,

1985)

Friedmann, O.B., *Zur Einigung Österreichs. Ein Denkschrift*(Stuttgart, 1862)

Geisthövel, A., *Restauration und Vormärz. 1815-1847*(Paderborn, 2008)

Görtemaker, M., *Deutschland im 19.Jahrhundert. Entwicklungslinien*(Opladen, 1988)

Grab, W.(Ed.), *Die Revolution von 1848/49*(München, 1980)

Gruner, W., *Die deutsche Frage in Europa 1800-1980*(München, 1993)

Grünthal, G., *Parlamentarismusin Preußen 1848/49-1857/58*(Düsseldorf, 1982)

Hachtmann, R., *Berlin 1848. Eine Politik- und Gesellschaftsgeschichte der Revolution*(Bonn, 1997)

_____, *Epochenschwelle zur Moderne. Einführung in die Revolution von 1848/49*(Tübingen, 2002)

Hein, D., *Die Revolution von 1848/49*(München, 2004)

Herdepe, K., *Die Preußische Verfassungsfrage 1848*(Neuried, 2002)

Hildebrandt, G., *Die Paulskirche. Parlament in der Revolution 1848/49*(Berlin, 1986)

_____, *Österreich 1849. Studien zur Politik der Regierung Schwarzenberg*(Berlin, 1990)

Höbelt, L., *1848. Österreich und die deutsche Revolution*(Wien-München, 1998)

Holborn, H., *Deutsche Geschichte in der Neuzeit*, Bd., II.(Frankfurt, 1981)

Hofmann, J., *Das Ministerium Campfhausen-Hansemann. Zur Politik der preußischen Bourgeoisie in der Revolution 1848/49*(Berlin, 1981)

Huber, E., *Deutsche Verfassungsgeschichte seit 1789*, Bd., I.(Stuttgart, 1986)

Jansen, C., Einheit, *Macht und Freiheit. Die Paulskirchenlinke und die deutsche Politik in der nachrevolutionären Epoche 1849-1867*(Düsseldorf, 2004)

Jessen, H.(Ed.), *Die deutsche Revolution 1848/49 in Augenzeugenberichten*(Düsseldorf, 1968)

Kühne, J-D., *Die Reichsverfassung der Paulskirche. Vorbild und Verwirklichung im späteren deutschen Rechtsleben*(Frankfurt, 1985)

Langewiesche, D., *Liberalismus in Deutschland*(Frankfurt, 1988)

_____(Ed.), *Die deutsche Revolution von 1848/49*(Frankfurt, 1989)

Lambrecht, L., *Arnold Ruge(1802-1880). Beiträge zum 200. Geburtstag*(Frankfurt am Main, 2002)

Lengemann, J., *Das Deutsche Parlament(Erfurter Unionsparlament) von 1850*(München-Jena, 2000)

Lill, R., *Geschichte Italiens vom 16.Jahrhundert bis zu den Anfängen des Faschismus*(Darmstadt, 1980)

Lippert, S., *Felix Fürst zu Schwarzenberg. Eine politische Biographie*(Stuttgart, 1998)

Lutz, H., *Zwischen Habsburg und Preußen. Deutschland 1815-1866*(Berlin, 1994)

Mai, G.(Ed), *Die Erfurter Union und das Erfurter Unionsparlament*(Köln, 2000)

Matz, K.-J., *Europa-Chronik. Daten europäischer Geschichte von der Antike bis zur Gegenwart*(München, 1999)

Mick, G., *Die Paulskirche. Streiten für Einigkeit und Recht und Freiheit*(Frankfurt-Mainz, 1997)

Möller, F., *Heinrich von Gagern. Eine Biographie*(Jena, 2004)

Mommsen, W.J., *1848. Die ungewollte Revolution*(Frankfurt, 1998)

Müller, F.L., *Die Revolution von 1848/49*(Darmstadt, 2002)

Niederhauser, E., *1848. Sturm im Habsburgerreich*(Wien, 1990)

Nipperdey, T., *Deutsche Geschichte 1800-1866. Bürgerwelt und starker Staat*(München, 1998)

Nonn, C., *Das 19. und 20. Jahrhundert. Orientierung Geschichte*(Paderborn-München-Wien-Zürich, 2007)

Obermann, K., *Einheit und Freiheit. Die deutsche Geschichte von 1815 bis 1849 in zeitgenössischen Dokumenten*(Berlin, 1950)

Piereth, W.(Ed.), *Das 19.Jahrhundert. Ein Lesebuch zur deutschen Geschichte 1815-1918*(München, 1997)

Rapport, M., *1848. Revolution in Europa*(Darmstadt, 2011)

Reichel, P., *Robert Blum. Ein deutscher Revolutioär 1807-1848*(Göttingen, 2007)

Ribhege, W., *Das Parlament als Nation. Die Frankfurter Nationalversammlung 1848/49*(Düsseldorf, 1998)

Ruge, A., *Aus früherer Zeit*(Berlin, 1862)

Salewski, M., *Deutschland. eine politische Geschichte*, Bd., 2(München, 1993)

Scholler, H., *Die Grundrechtsdiskussion in der Paulskirche. Eine Dokumentation*(Darmstadt, 1973)

Schulze, H., *Der Weg zum Nationalstaat*(München, 1985)

Schulz, M., *Das 19.Jahrhundert(1789-1914)*(Stuttgart, 2011)

Siemann, W., *Die Frankfurter Nationalversammlung zwischen demokratischem Liberalismus und konservativer Reform. Die Bedeutung der Juristendominanz in den Verfassungsverhandlungen des Paulskirchenparlaments*(Frankfurt, 1976)

_____, *Die deutsche Revolution von 1848/49*(Frankfurt, 1987)

_____, *Vom Staatenbund zum Bundesstaat:Deutschland 1806-1871*(München, 1995)

_____, *Metternich. Stratege und Visionär*(München, 2017)

Simm, B., *Kampf um Vorherrschaft. Eine deutsche Geschichte Europas 1453 bis heute*(München, 2016)

Sperber, J., *The European Revolutions, 1848-1851*(Cambridge-New York-Melbourne, 1994)

Stern, C., *Wendepunkte deutscher Geschichte 1848-1990*(Frankfurt, 1998)

Taylor, A.J.P., *The course of German History*(London, 1978)

Treitschke, H.v., *Deutsche Geschichte im 19. Jahrhundert Bd. IV.* (Leipzig, 1927)

Valentin, V., *Geschichte der deutschen Revolution von 1848-49*(Köln, 1970)

Vocelka, K., *Geschichte der Neuzeit 1500-1918*(Wien-Köln-Weimar, 2010)

Vogt, M.(Ed.), *Deutsche Geschichte. Von den Anfängen bis zur Gegenwart*(Frankfurt, 2006)

Vossler, O., *Die Revoution von 1848 in Deutschland*(Frankfurt, 1985)

Weis, E., *Der Durchbruch des Bürgertums 1776-1847*(Frankfurt a/M-Berlin-Wien, 1982)

Wollstein, G., *Das Großdeutschland der Paulskirche. Nationale Ziele in der bürgerlichen Revolution 1848/49*(Düsseldorf, 1977)

_____, *Deutsche Geschichte 1848/49. Gescheiterte Revolution in Mitteleuropa* (Stuttgart, 1986)

Zerback, R., *Robert Blum. Eine Biografie*(Leipzig, 2014)

Zechlin, E., *Die deutsche Einheitsbewegung*(Frankfurt-Berlin-Wien, 1979)

김장수 金長壽

한양대학교 사학과를 졸업하고, 베를린 자유대학교 역사학부에서 석사 및 철학박사를 취득했다. 저서로는 『Die politische Tätigkeit F. Palackýs(팔라츠키의 정치활동)』『Korea und der 'Westen' von 1860 bis 1900(1860년부터 1900년까지의 조선과 서방 세계)』『Die Beziehungen Koreas zu den europäischen Großmächten, mit besonderer Berücksichtigung der Beziehungen zum Deutschen Reich(한국과 유럽 강대국들과의 관계, 특히 독일 제국과의 관계를 중심으로)』『프란티셰크 팔라츠키의 정치활동』『독일의 대학생 활동 및 그 영향』『서양의 제 혁명』『비스마르크』『중유럽 민족문제』(공저)『유럽의 절대왕정시대』『주제별로 들여다본 체코의 역사』『주제별로 살펴본 서양 근대사』『체코 역사와 민족의 정체성』『슬라브 정치가들이 제시한 오스트리아 제국의 존속 방안』『후스로부터 시작된 종교적 격동기(1412~1648)』『19세기 독일 통합과 제국의 탄생』『메테르니히』『오스트리아 최초의 여왕 마리아 테레지아』『독일 통합의 비전을 제시한 프리드리히 2세』 등이 있다. 프란티셰크 팔라츠키의 친오스트리아슬라브주의와 19세기 오스트리아 제국의 민족 문제를 다룬 많은 논문도 있다. 현재 가톨릭관동대학교 역사교육과 명예교수이며 한국세계문화사학회(구 한국서양문화사학회) 명예회장으로 활동하고 있다.

1848 독일 혁명

초판 1쇄 인쇄 · 2022년 10월 20일
초판 1쇄 발행 · 2022년 10월 31일

지은이 · 김장수
펴낸이 · 한봉숙
펴낸곳 · 푸른사상사

주간 · 맹문재 | 편집 · 지순이 | 교정 · 김수란, 노현정 | 마케팅 · 한정규
등록 · 1999년 7월 8일 제2-2876호
주소 · 경기도 파주시 회동길 337-16
대표전화 · 031) 955-9111~2 | 팩시밀리 · 031) 955-9114
이메일 · prun21c@hanmail.net
홈페이지 · http://www.prun21c.com

ⓒ 김장수, 2022

ISBN 979-11-308-1960-0   93920
값 27,000원